요즘 애들,
요즘 어른들

요즘 애들, 요즘 어른들

대한민국 세대공감 프로젝트

김용섭 지음

21세기북스

주요 세대별 구분 및 특징

한국의

← New Sixty | Young Forty →

요즘 어른들

	Silent Generation (1954년 이전 출생자)	Baby Boomer & New Sixty (1955~1964년생)	X generation & Young Forty (1969~1979년생)
키워드	생존, 안정, 전쟁, 충효, 집단	생존, 경쟁, 소유, 부동산, 집단	경쟁, 소유, 경험, 글로벌, 개인
명명 이유	미국 퓨리서치센터가 제2차 세계대전 이전에 태어나 전쟁을 겪은 사람들을 전쟁의 공포 속에서 침묵이 일상화된 사일런트 세대라고 명명했다. 한국도 일제강점기와 해방, 한국전쟁을 거친 세대를 이렇게 부를 수 있다.	전쟁 후 출생자가 급증하는 베이비붐 시기에 태어나서 베이비붐 세대로 명명했다. 지금은 60대가 되어 퇴직과 노후를 겪는 세대이고, 그들 중 일부는 기성세대의 관성에서 벗어난 새로운 60대라는 의미의 뉴식스티로 진화했다.	기존에 없던 새로운 특성을 가진 세대, 무엇으로 정의할 수 없는 세대라는 의미로 X세대라고 불렀다. 신세대로 처음 명명됐으며, 지금은 이들이 40대가 되었다. 그중 일부는 여전히 신세대의 성향을 유지하고 있는데, 그들을 젊은 40대라는 의미로 영포티라고 부른다.
나이	66세 이상	56~65세	41~51세
다른 표현	해방 세대, 한국전쟁 세대	이름 없는 세대	신세대
특징	전쟁을 직접 겪은 터라 반공의식이 강하며, 극도로 보수적인 성향을 보인다. 한국사회의 가장 어려운 시기를 살아온 세대로 현재 노인세대다. 이들 중 일부는 그레이네상스를 지향하지만, 상당수가 노후 대비와 경제적 문제로부터 자유롭지 못하다.	한국전쟁 후 베이비붐 출생자들이다. 어렵지만 미래에 대한 기대가 컸던 세대, 한국의 경제 재건 시기의 주역 세대로서 자부심도 크다. 전반적으로 보수안정적 성향이 있으나, 이들 중 일부가 386세대이기도 하다. 이들이 60대가 되면서 노년이 아니라 중년 60대인 뉴식스티로 진화했다.	1990년대 초중반 등장한 세대로, 1970~1974년생이 중심이다. 해외 문화와 소비를 본격 받아들인 세대이자 가장 왕성한 대중문화 소비 세대다. 이들이 40대가 되면서 기성세대 같은 중년이 아니라 청년에 가까운 40대로 진화했는데 그것이 영포티다.
인구수	740만 명	780만 명	870만 명

BIG 4 세대

한국의 BIG 2 세대

Millennials | **Z Generation**

요즘 애들

Millennials generation (1984~1999년생)	Z generation (2000~2009년생)	Alpha generation (2010년 이후 출생자)
취향, 경험, 공유, 무경계, 개인	디지털, 공유, 환경, 탈국가, 동영상	하이테크, 우주, 미래, 미완
인류의 새로운 천년Millennial인 2000년대Y2K가 시작될 때의 첫 세대라는 의미로 밀레니얼 세대로 명명했다. X세대를 잇는다는 의미로 다음 알파벳인 Y 혹은 Y2K의 Y를 따서 Y세대라고도 한다. 현재의 신세대다.	알파벳 순서상, X세대와 Y세대(밀레니얼 세대)에 이어져 있어 Z세대로 명명했다. 넓게 보면 밀레니얼 세대에 포함시킬 수도 있지만, 이들이 10대가 되고 영향력이 커지면서 밀레니얼 세대와 구분하기 위해 Z세대로 분리시켰다.	세대를 지칭하는 로마 알파벳을 모두 소진하여 그리스 알파벳으로 다시 시작하는 의미도 있고, 알파는 최상위급에 붙이는 단어로 기성세대들을 능가할 특별한 미래 세대라는 기대감을 담은 의미로도 썼다.
21~36세	11~20세	1~10세
Y generation Net 세대 / Echo 세대	Digital native G generation	Tech generation
베이비붐 세대의 자녀 세대로서 미래의 기성세대이자 향후 경제·소비의 중심세력이다. 소유보다는 경험과 공유에 가치를 둔다. 기업에서도 점점 밀레니얼 세대 직원의 비중이 높아져가고 있으며, 소비와 생산활동 모두에서 향후 10년간 가장 큰 영향력을 가진 세대다.	역사상 가장 생산적이고 영향력 있는 10대로, X세대의 자녀 세대다. 부모의 소비에 영향력을 행사한다. 디지털 환경에 능숙하고 텍스트보다 동영상에 익숙하며, 어느 세대보다 소셜미디어를 주도하고 있다. 개인주의적인 성향이 강하고, 환경 및 사회적 인식에서 진보적이다.	Z세대보다 더 진화해 테크 중심적인 소비와 라이프스타일을 역사적으로 가장 크게 누릴 세대다. 아직은 소셜미디어를 비롯한 온라인으로 활동영역이 제한적이나 이들이 10대로 본격 진입하는 수년 후에는 주목할 세대로 부상할 가능성이 크다. 아직 특성이 제대로 드러나지 않는 미래 세대다.
1100만 명	520만 명	440만 명

나이, 인구수 : 2019년 한국 기준

우리는
요즘 애들뿐
아니라
요즘 어른들도
잘 모른다!

프롤로그

현재 한국사회의 Big 4 세대는 밀레니얼 세대, Z세대, 영포티(X세대), 뉴식스티(베이비붐 세대)다. 이 중에서 Big 2를 꼽자면 밀레니얼 세대와 영포티(X세대)일 것이다. 둘 다 각기 요즘 애들과 요즘 어른들을 대표하는 세대다. 우리 사회는 요즘 애들만 모르는 게 아니라, 요즘 어른들도 잘 모른다. 베이비붐 세대는 더 이상 1950~1960년대 사람이 아니다. X세대는 더 이상 1990년대 20대가 아니다. 베이비붐 세대도 X세대도 2019년을 살고 있다. 이젠 그들을 과거의 모습이 아니라 현재의 모습으로 봐야 한다. 밀레니얼 세대와 Z세대가 새롭고 중요한 만큼, X세대가 진화한 영포티Young Forty, 베이비붐 세대가 진화한 뉴식스티New Sixty도 우리 사회에서는 새롭고 중요하다. 소비자로서도, 유권자로서도, 조직 구성원으로서도 우린 이들 Big 4 세대를 잘 모르고 있었다. 이제 그들을 제대로 알 때다. 요즘 애들만 아는 건 반만 아는 것이다. 요즘 애들과 요즘 어른들을 다 알기 위한 대한민국 세대분석 보고서가 지금 시작된다.

왜 한국사회가 요즘 애들에 주목하는가?

요즘 한국사회에서는 밀레니얼 세대와 Z세대, 즉 현재의 2030대와 10대인 1990~2000년대 출생자들에 대한 사회적 관심이 크다. 말 그대로 요즘 애들이다. 기업도, 정치권도 이들에 대해 관심이 크다. 소비자로서의 요즘 애들, 유권자로서의 요즘 애들, 함께 일할 조직 구성원이자 가족으로서의 요즘 애들에 대한 관심이 커지다 보니 밀레니얼 세대와

Z세대를 다룬 책과 연구보고서가 쏟아져나온다. 가히 열풍이라 할 정도다. 요즘 애들을 이해하는 것은 새로운 기회를 잡기 위해서도, 위기에 빠지지 않기 위해서도 필요하다. 사실 한국사회는 예전부터 늘 새로운 2030대에 관심을 가져왔다. 그러고는 주저 없이 20대에게 신세대라는 타이틀을 부여해왔다. 우리는 20대를 중심으로 한 10대부터 30대까지를 요즘 애들로 보고 이들이 어떻게 변화했는지 지켜보는 데 익숙하다. 새로운 세대의 경제적·정치적·사회적 가치를 중요하게 보기 때문이고, 누가 그들을 잡느냐에 따라 기회와 위기가 엇갈리기 때문이다.

한국사회가 요즘 애들을 주목하는 이유는 그들의 활용가치와 영향력 때문이다. 그런 흐름 속에서 밀레니얼 세대와 Z세대에 대한 관심도 생긴 것이다. 과거의 10대나 2030대와 달리 지금의 밀레니얼 세대와 Z세대의 사회적·경제적·정치적 영향력은 기성세대들을 위협할 정도로 막강해졌다. X세대의 등장이 한국사회 기성세대에게 줬던 충격보다 밀레니얼 세대의 등장이 훨씬 클 정도로 우리는 역사상 가장 강력한 신세대를 만났다. 그래서 모두가 그들을 통해 기회를 잡기 위해 그들을 이해하려고 나섰다. 요즘 애들은 새로운 시장이자 기회의 땅인 셈이다.

하지만 요즘 애들만큼이나 요즘 어른들도 중요하고, 그들도 역시 변했다는 사실을 절대 간과해선 안 된다. 과거에는 신세대 시절에만 변화에 민감하고, 나이를 먹어 중년이 되는 순간 과거의 기성세대가 가진 전형적 모습에서 벗어나지 않는 경우가 많았다. 2030대는 변화하는 세대이고, 405060대는 변화하지 않는 세대로 여겨졌다. 하지만 요즘 어른들은 그렇지 않다. 세대를 막론하고 변화와 진화를 받아들이고 있는 것이다. 이는 어떤 세대를 이해할 때 그들의 과거 특성이 아니라 현재 특성으로 재조명해야 한다는 것을 뜻한다.

모든 세대는 과거가 아닌 현재를 살아간다

베이비붐 세대는 사라진 게 아니다. 그들은 거대한 인구집단으로서 사회적 영향력도 여전하다. 은퇴 시기를 맞았지만, 요즘은 과거처럼 은퇴가 인생의 끝을 의미하지 않는다. 수명이 크게 늘어나면서 은퇴하고서도 20~30년은 더 살 수 있다. 베이비부머의 경제력과 사회적 역할은 아직 유효하다는 이야기다. 베이비부머는 밀레니얼 세대의 부모 세대로서 그들에게 영향력을 행사할 수도 있다. 베이비붐 세대를 태어난 시점으로 볼 게 아니라 현재의 시점으로 재해석해야 한다. 그들은 베이비부머 세대에서 뉴식스티로 거듭났기 때문이다.

X세대도 마찬가지다. 일생 중 소득이 가장 높은 시기는 40대이고, 인구수가 가장 많은 세대가 X세대이기도 하다. 사실 X세대가 태어난 1970년대도 우리나라의 2차 베이비붐 시기였다. X세대는 한창 왕성한 경제활동과 사회적 역할을 하고 있다. 이들은 Z세대의 부모 세대기도 하다. 그리고 이들도 X세대에서 영포티로 진화했다. 모든 X세대가 영포티로, 모든 베이비붐 세대가 뉴식스티로 거듭난 건 아니다. 전형적인 아저씨 아줌마 같은 4050대 혹은 은퇴 후 노년의 삶을 사는 전형적인

60대들도 존재한다.

영포티와 뉴식스티는 우리가 잘 몰랐던 요즘 어른들이다. 밀레니얼 세대와 Z세대로 대표되는 요즘 애들, 영포티와 뉴식스티로 대표되는 요즘 어른들과 더불어 요즘 시대 노인세대도 주목해야 한다. 과거와 달리 새로운 노인세대는 그레이네상스라 할 정도로 소비세력화를 형성하는 등 사회적 영향력이 커지고 있다.

시대는 세대를 낳고, 세대는 시대를 만든다. 각 세대별로 살아온 환경과 가치관의 차이가 있다. 세대 분석은 그 차이를 이해하는 데서 출발한다. 그리고 서로 다른 시대를 살아온 세대들이 오늘날을 동시에 살아가고 있다는 점에 주목해야 한다. 각 세대의 시작 시기는 달랐어도 현재 시점에 우리는 다 같이 만났다. 동일한 시대에서 서로 어울려 살아갈 수밖에 없다. 이해와 포용이 필요하지만, 차이와 갈등이 커질 수 있고, 그곳에서 기회와 위기가 엇갈릴 수밖에 없다.

트렌드 분석가로서 나는 오랫동안 주요 세대를 관찰하고 분석해 왔다. 트렌드 분석에서 빠지지 않은 이슈가 바로 세대 이슈이고 연령별 코호트$_{cohort}$ 분석은 필수적이기에 매번 발간하는 『라이프 트렌드』(2013~2019)에는 세대 분석을 다루는 이슈가 한두 가지씩은 들어갔다. '라이프 트렌드' 시리즈의 시작인 『라이프 트렌드 2013 : 좀 놀아본 오빠들의 귀환』에서 X세대의 진화를 다뤘고, 『라이프 트렌드 2014 : 그녀의 작은 사치』에서 4050대 중년들의 변신을 다뤘고, 『라이프 트렌드 2015 : 가면을 쓴 사람들』에서 노인세대의 문제와 함께 일찍 철든 10

대들을 다뤘고, 『라이프 트렌드 2016 : 그들의 은밀한 취향』에서 영포티를 제시하며 X세대의 변신을 재조명했고, 『라이프 트렌드 2017 : 적당한 불편』에서 베이비붐 세대가 진화한 뉴식스티를 다뤘고, 『라이프 트렌드 2018 : 아주 멋진 가짜 Classy Fake』에서 밀레니얼 세대를 비중 있게 다뤘고, 『라이프 트렌드 2019 : 젠더 뉴트럴』에서는 Z세대를 중요하게 다뤘다. 그동안 주요 세대를 한 번씩은 다 다룬 셈인데, 이 책에서는 이들 세대에 대한 이해를 현재 시점으로 다시 분석하고, 각 세대별 연결과 갈등 관계까지 좀 더 복합적으로 분석한다.

한국의 주요 세대를 책 한 권으로 아우르는 작업을 하는 이유는 각 세대가 서로 연결되어 있고 같은 시대를 살아가고 있기 때문이다. 각기 세대를 따로 다룬 책이나 연구보고서에서 놓치는 간극을 메우기 위함이기도 하다.

한국에서 세대 분석이 더 중요한 이유는 무엇일까?

한국에서는 나이와 성별에 따른 공통점이 꽤 많다. 다른 나라와 달리 우리 문화에서는 나이를 중심으로 서열을 매긴다. 윗사람과 아랫사람, 선후배가 분명하며, 나이가 곧 계급이기도 하다. 이런 문화에서는 나이대에 어울리는 행동이 있고, 소비와 사회적 태도에서도 나이대별 차이가 생기기 쉽다. 아울러 한국사회는 여전히 집단성이 강하다. 개인주의적 성향이 강해진 1020대마저도 입시 위주의 교육환경 때문에 공통적 특징이 강제적으로 주어진다. 개인화보다 집단화가 견고하고, 혈연·학연·지연 같은 인맥도 크게 작용한다. 여기에 유행과 쏠림에 민감해 베스트셀러에 대한 접근성이 월등히 강하다. 남들의 시선을 의식하고, 집단 속에 편입되는 것을 안정적으로 여기는 이들도 많다. 이런 특성들이 세대 분석의 효과를 높이기에 충분하다. 적어도 현재는 나이를 기준으로 하는 연령대별·세대별 공통점을 분석하고, 그 결과를 활용할 필요가 있는 것이다. 따라서 소비자로서의 세대, 유권자로서의 세대, 조직 구성원이자 가족으로서의 세대에 대한 이해가 필요하다.

사일런트 세대(1954년 이전 출생), 베이비부머 세대, X세대, 밀레니얼 세대, Z세대, 알파세대로 이어지는 세대를 최초로 정의 내리고 구분한 것은 미국이다. 그 뒤로 전 세계적으로 이 세대 구분이 통용되고 있다. 우리도 이 기준을 따르겠지만, 출생연도는 미국과 다소 차이가 있어서 일종의 한국식 보정을 적용했다. 이 책에서 주로 다루는 세대는 베이비부머 세대(뉴식스티), 386세대, X세대(영포티), 밀레니얼 세대, Z세대와 알파세대다. 여기에 노인세대도 더한다. 이들 세대가 세대 간, 세대 내에서 드러나는 차이와 갈등에 주목했다. 각 세대가 가지는 소비자로서의, 유권자로서의, 조직 구성원이자 가족으로서의 특성과 관심사들을 통해 요즘 애들, 요즘 어른들을 이해하고, 그들에게 물건을 팔고, 그들에게 표를 얻고, 그들과 함께 일하며 살아갈 수 있는 방법에 대해 고민해볼 기회를 제공하는 것이 바로 이 책의 목적이다. 아울러 현재 한국사회에서 이슈가 되는 세대별 혹은 연령별 그룹, 즉 코호트의 주요 쟁점들을 통해 한국사회를 들여다보고자 한다.

세대 그리고 코호트 : 우리는 왜 사람들을 집단화해서 바라보려 하는가?

세대Generation는 한 사회 내에서 보편적 공통점을 가진 동일한 연령대를 일컫는다. 같은 시기에 태어나 같은 환경에서 자란 이들이 유사한 사회적·경제적·정치적·문화적 영향을 받았을 가능성이 크고, 사회를 바라보는 관점에서 유사한 특성을 지속적으로 드러내는 경우가 많다. 그래서 세대를 분석하고, 세대를 이해하려고 한다. 이는 세대 자체의 이해와 함께, 그 세대와 다른 세대 간의 갈등 해소, 상호 유대를 위해서도 필요하고, 정치적·경제적·사회적·문화적 측면에서 다양한 이해관계를 파악하기 위해서도 필요하다.

사회학에서는 한 세대를 30년 정도로 보는데, 이는 가족관계와 밀접한 관련이 있다. 태어나서 출가한 다음 아이를 낳기까지의 기간인 셈이다. 결혼과 출산이 필수이던 시대에는 세대의 보편적 특성이 유지되는 경우가 많았고, 라이프스타일과 가치관에서도 나이대별로 보편성이 컸다. 하지만 이젠 달라졌다. 사회구조도 바뀌고, 산업환경도 바뀌고, 라이프스타일도 바뀌었기 때문이다.

이 책에서 말하는 세대는 엄밀히 연령그룹Age Group이다. 그리고 코호트다. 특정한 기간, 동일한 시대배경과 특정한 경험을 공유하는 사람들의 집합체를 '코호트'라고 한다. 코호트는 본래 로마군단의 조직 단위(300~600명)를 의미하는데, 같은 특성을 공유하는 집단을 말한다. 비슷한 특징을 가진 사람의 집합체니 그들의 공통 경험과 특징을 통해 그들을 이해하고, 설득하고, 그들의 욕망을 해결할 수 있다. 사회과학적

연구조사나 마케팅 소비자 조사에서도 특정한 집단은 아주 중요한데, 오랫동안 나이를 기준으로 한 10년 단위 연령대와 세대가 중요한 코호트로 쓰였다. 모든 사람을 전수조사할 수 없으니 구분 가능한 특징별로 집단화시켜 마케팅을 좀 더 수월하게 하기 위해서였다. 애초에 마케팅이 모든 소비자에게 개별적으로 다가가는 게 아니라 그룹별, 타깃별로 다가가다 보니 코호트 분석이 유용했다.

가장 쉽게 구분할 수 있는 나이를 기준으로 집단화했는데, 대개 10년 단위, 좀 더 세분화하면 5년 단위, 좀 더 넓게 보면 세대(15~30년)로 나눈다. 나이는 모두가 동일하게 부여되는 데다, 같은 나이는 같은 시대배경과 경험을 공유하기 때문이다. 성별을 기준으로 집단화하는 것도 같은 맥락이다. 그래서 그동안 세대별, 연령대별, 성별을 중요한 기준으로 사람들을 분석하려 했다.

그런데 점점 세대라는 개념이 무의미해질 만큼 특정 연령대별 공통점이 희석되기 시작했다. 같은 또래, 같은 성별이라고 해도 다른 특성을 보이는 경우가 늘었다. 이러한 현상이 나타나는 원인은 나이와 성별이라는 물리적 속성이 그 사람의 사회적 태도, 욕망, 행동에 미치는 영향이 점점 줄어들기 때문이다. 요즘은 세대보다는 소득 수준이 라이프스타일과 소비 태도를 더 크게 결정한다. SNS를 통해 전 세계와 실시간 연결되어 다양한 사람들과 교류하다 보니 나이나 지역의 영향을 덜 받을 수밖에 없다. 그렇게 사람들이 개인화·개별화되고, 나이를 초월해 영원히 청년이고픈 이들이 늘어나고, 남녀평등을 통해 성별에 따른 구분도 희석되고 있다. 점점 세대라는 개념이 무의미해질 만큼 연령대별 차이가 줄어들면서 코호트의 종말이라는 얘기도 나온다. 과거에 비해 세대의 차이가 좁혀지고 있다. 국경도 나이도 인종도 성별도 초월하는 시대다. 더 이상 나이가 그 사람의 가치관과 성향을 결정하는 최고 변수가 아니다.

하지만 나이, 성별의 차이가 완전히 사라진 건 아니다. 세대차이와 세대갈등은 사라지지 않았고, 시대의 변화가 만든 세대의 진화는 과거에는 맞았지만 현재는 틀린, 혹은 과거에는 틀렸지만 지금은 맞는 상황을 만들어내고 있다. 세대에 대한 이해는 상대를 이해하기 위한 가장 기본이자 첫걸음일뿐더러, 정치·경제·사회·문화 모든 영역에서 필요하다.

우리가 요즘 애들, 요즘 어른들에게 진짜 궁금한 것은 무엇일까?

아마 당신이 '요즘 애들, 요즘 어른들 세대 분석'이라는 화두를 접했을 때 가장 먼저 떠오른 질문들이 있을 것이다. 우리가 그들에 대해 궁금해하는 것은 다른 말로 하면 우리가 그들에 대해 잘 모르기 때문이라 할 수 있다.

밀레니얼 세대인 요즘 신입사원들은 왜 입사 1년 만에 사표를 쓰는 걸까? X세대였고 신세대라 불렸던 40대가 왜 직장에서 선배 세대와 비슷하게 꼰대처럼 구는 걸까? X세대 중 영포티로 진화한 사람들은 어떤 사람일까? 베이비붐 세대 중 뉴식스티로 진화한 사람은 누구일까?

베이비붐 세대가 노인이 되면 기존 노인과 무엇이 다를까? 왜 노인들이 주로 이른바 '태극기부대'라고 불리는 정치활동을 할까?

왜 밀레니얼 세대와 Z세대는 유튜브에서 노는 걸까? Z세대인 요즘 10대들은 왜 과거세대의 10대 시절에 비해 음주와 흡연을 덜하는 걸까? 왜 Z세대는 환경과 젠더 문제에 민감하고, 사회적 목소리를 적극적으로 내는 걸까? 18세에게 투표권을 주면 어떤 정치세력에게 유리할까? 밀레니얼 세대가 정치권에 어떤 변화를 가져올까? 부모에게 용돈 받아 소비하는 Z세대를 왜 기업들은 소비자로서 중요하게 대하는가?

밀레니얼 세대가 왜 가장 강력한 소비세력일까? 밀레니얼 세대의 소비는 기성세대의 소비와 무엇이 다른가? 밀레니얼 세대의 여혐, 남혐의 실체는 무엇일까? 일자리를 두고 2030대와 5060대가 싸우는 것이 실제인가? 기성세대가 저출산과 인구절벽을 심각하게 생각하는 이유를 밀레니얼 세대와 Z세대는 공감하고 동의할 수 있을까? 기성세대의 연금과 노후를 위해 밀레니얼 세대와 Z세대가 돈을 내야 하는 현실이 문제는 없을까? 세대 간 갈등은 앞으로 더 심각해질 것인가?

이런 질문들에 대한 답을 찾고자 하는 것이 바로 이 책을 쓰기 시작한 배경이다. 이 책은 질문들로 이뤄져 있다. 큰 질문 아래 작은 질문들이 계속 이어진다. 순서대로 읽으면 더 좋겠지만, 자신이 궁금했던 질문부터 봐도 상관없다. 그리고 이 책에서 제시한 문제에 대해 독자들이 더 나은 답을 내놓을 수 있길 기대한다.

끝으로 당부한다. 요즘 애들을 걱정하지도 깎아내지도 마라. 그리고 두려워하지도 마라! 모르면 두려움부터 생기게 마련이다. 그리고 요즘 어른들을 미워하지 마라. 그들의 행동과 선택에도 이유가 있다. 이해가 없으면 오해를 낳고, 차이가 커져 갈등을 낳고, 이는 결국 세대전쟁까지 부를 수 있다.

트렌드 분석은 새로운 변화, 즉 트렌드가 가진 이유를 밝히는 것에서 출발한다. 세대 분석도 마찬가지다. 이 책은 우리가 궁금해했던 요즘 애들, 요즘 어른들이 왜 그렇게 하는지를 이해할 기회를 주고자 만들어졌다. 관대한 시선으로 서로 다른 세대의 욕망 속으로 들어가보자. 그 속에서 당신의 진짜 모습, 우리의 진짜 모습을 발견할 수 있을 것이다.

2019년 봄
트렌드 분석가 김용섭

Contents

주요 세대 구분 및 특징   004

프롤로그   006
우리는 요즘 애들뿐 아니라 요즘 어른들도 잘 모른다!

왜 한국사회가 요즘 애들에 주목하는가?
모든 세대는 과거가 아닌 현재를 살아간다
한국에서 세대 분석이 더 중요한 이유는 무엇일까?
세대 그리고 코호트 : 우리는 왜 사람들을 집단화해서 바라보려 하는가?
우리가 요즘 애들, 요즘 어른들에게 진짜 궁금한 것은 무엇일까?

Part 1
요즘 애들 : 밀레니얼 세대와 Z세대의 거침없는 도전

01. 밀레니얼 세대 신입사원은 왜   026
힘들게 들어온 회사에 사표를 쓰는가

밀레니얼 세대는 정말 끈기가 없어서 사표를 쓰는 걸까?
신입사원이 사표 쓰면 가장 큰 손해를 입는 건 누구일까?
왜 인사담당자들은 밀레니얼 세대 신입사원들이 불만족스러울까?
기성세대가 좋아하는 회식문화를 왜 밀레니얼 세대는 기피할까?
밀레니얼 세대 인재를 잡기 위해 어떤 변화가 생겼을까?
리버스 멘토링이 필요한 진짜 이유는 무엇일까?
밀레니얼 세대가 직장에 남아 있는 가장 큰 이유는 무엇일까?

02. 기성세대가 좋아하는 골프를 왜   060
밀레니얼 세대는 좋아하지 않을까

운동 좋아하는 밀레니얼 세대가 왜 골프는 재미없어할까?
골프산업의 쇠락은 진짜 밀레니얼 세대 때문일까?
왜 베이비붐 세대는 운동으로 사교를 할까?
왜 파파라치와 힙합 래퍼들이 피트니스 센터를 찾는 걸까?
왜 한국의 밀레니얼 세대는 서핑을 좋아할까?
왜 밀레니얼 세대는 미술관을 좋아할까?

03. 왜 밀레니얼 세대가 중요한가　　　　　　　　　　080

누가 밀레니얼 세대인가?
기성세대에겐 당연했던 것들이 왜 밀레니얼 세대에겐 통하지 않을까?
한국에서도 밀레니얼 세대의 정치세력화는 가능할까?
왜 기업들이 밀레니얼 세대를 공략하는 데 사활을 걸었는가?
정말 밀레니얼 세대는 미래가 불안한 N포세대이고 오늘만 사는 욜로족인가?
기성세대는 왜 밀레니얼 세대를 두려워하는 걸까?

04. 밀레니얼 세대의 5가지 소비 코드,　　　　　106
　　　그들의 소비는 무엇이 다른가

소비 코드가 된 공유, 왜 밀레니얼 세대는 내 집과 내 차를 버렸는가?
소비 코드가 된 취향, 왜 밀레니얼 세대는 취향을 소비하는가?
소비 코드가 된 젠더, 왜 밀레니얼 세대는 젠더 뉴트럴을 소비하는가?
소비 코드가 된 윤리, 밀레니얼 세대가 정말 착해진 걸까?
소비 코드가 된 환경, 왜 밀레니얼 세대는 지구를 걱정하는가?

05. 밀레니얼 세대는 왜 혐오에 빠졌는가　　　　134

헬조선과 틀딱, 왜 그들은 기성세대를 혐오하는가?
여혐과 남혐, 정말 밀레니얼 세대 내 남녀갈등이 심각할까?
왜 기성세대 정치권은 20대의 여론을 자기 마음대로 해석하는가?
누가 밀레니얼 세대를 화나게 하는가?

06. Z세대가 왜 중요한가　　　　　　　　　　　　　158

왜 호주 청소년들이 등교 거부를 하고 거리로 나섰을까?
Z세대의 정치세력화는 가능할까?
미국 고등학생들이 어떻게 미국총기협회를 위기에 몰아넣었을까?
Z세대가 어떻게 소비시장에서 영향력을 행사할 수 있을까?
왜 중고등학생의 음주율, 흡연율이 계속 줄어드는 걸까?
Z세대와 밀레니얼 세대는 무엇이 비슷하고, 무엇이 다른가?
요즘 애들 중에서도 요즘 애들인 1825는 어떤 코드에 꽂힐까?

Part 2
요즘 어른들 : X세대와 베이비붐 세대의 진화

---

07. 왜 X세대는 영포티가 되었나　　　　　　　　　　　194

왜 영포티가 등장했을까?
영포티의 6가지 주요 특징은 무엇일까?
모든 X세대가 다 영포티가 되는 걸까?
40대의 변신, 영포티의 등장을 누가 두려워했을까?

08. 소비자로서 영포티는 정말 큰손인가 212

왜 40대 남자는 패션과 뷰티에 적극 투자하는가?
수입자동차 시장이 가장 좋아하는 소비자는 누구일까?
영포티는 왜 요리도 잘하고 가정적일까?
출판, 공연, 여행 시장에서 영포티는 어떤 존재인가?
영포티는 왜 특별한 소비자인가?

09. 왜 베이비붐 세대는 뉴식스티가 되어야 하나 230

정말 베이비붐 세대는 다 꼰대고 지는 해일까?
베이비붐 세대가 왜 김칠두를 기억해야 하는가?
지금의 60대, 우린 왜 그들의 20대 시절을 떠올려보지 않았을까?
베이비붐 세대에게 자식과 부부란 어떤 존재일까?

10. 왜 태극기부대에 노인들이 많을까 250

왜 노인들이 태극기를 들고 길거리에 나왔을까?
왜 한국의 노인들은 가난할까?
왜 노인들은 변화를 받아들이는 것이 어려울까?
그레이네상스, 어떻게 노인들이 산업 지형을 바꿔놓는가?
왜 할아버지, 할머니의 날을 제정하는 국가가 늘어나는 걸까?
노인 기준을 70세로 하면 안 되는 걸까?

11. 나이가 들면 무조건 꼰대가 되는 걸까   274

꼰대는 어떻게 만들어지는가?
한때 신세대였던 X세대는 왜 꼰대화를 피하지 못했을까?
386세대는 아직도 민주화 세대인가?
나이는 숫자라고 얘기하는 사람을 왜 경계해야 하는가?
요즘 애들은 정말 버릇이 없는 걸까?
나이가 많으면 트렌드에 둔감해지는 게 당연한 걸까?

12. 왜 세대갈등은 과거에 비해 커지고 있는가   294

한국인들에게 가장 큰 갈등은 무엇일까?
누가 세대갈등 프레임을 원하는가?
세대갈등과 소통 단절로 누가 가장 손해를 볼까?

참고문헌   **310**

요즘 애들:
밀레니얼 세대와 Z세대의 거침없는 도전

대세는 우리다, 이미 주도권을 잡았다

밀레니얼 세대

Z세대

미래는 우리 것이다! 그날이 다가온다

요즘 애들에 주목해야 하는 이유는
그들이 미래를 주도할 세력이자
현재의 영향력을 계속 키워가는
세대이기 때문이다.
요즘 애들의 힘이 요즘 어른들을
능가할 만큼 강력해졌기에,
그들을 모르고선
기회를 얻을 수 없다.
아직 하고 싶은 것도 많고,
해야 할 것도 많은 밀레니얼 세대와
Z세대가 어떻게 소비를 하고,
세상을 바꾸는지 계속 지켜봐야 한다.

Part 1.

밀레니얼 세대 신입사원은 왜 힘들게 들어온 회사에 사표를 쓰는가

01.

취업은 말도 못 하게 어려운데, 그 관문을 힘들게 뚫고 들어온 지 얼마 안 돼서 사표를 쓴다고? 얼핏 보면 상식적이지 않은 상황이다. 한국경영자총협회의 '2017년 신입사원 채용실태 조사'에 따르면, 100명이 신입사원 채용에 지원할 경우 최종 합격되는 인원은 2.8명에 불과하다. 취업 경쟁률로 보자면, 2013년 28.6 : 1에서 2015년 32.3 : 1, 그리고 2017년에 35.7 : 1로 갈수록 높아진다. 특히 300인 이상 기업으로 한정할 경우 취업 경쟁률은 2013년 31.3 : 1, 2015년 35.7 : 1, 2017년 38.5 : 1로 더 높다. 대졸 신입사원이 되려면 경쟁에서 적어도 일인당 30~40명 정도는 이겨내야 하는 것이다.

이렇게 치열하게 경쟁에서 살아남아 입사한 대졸 신입사원의 1년 내

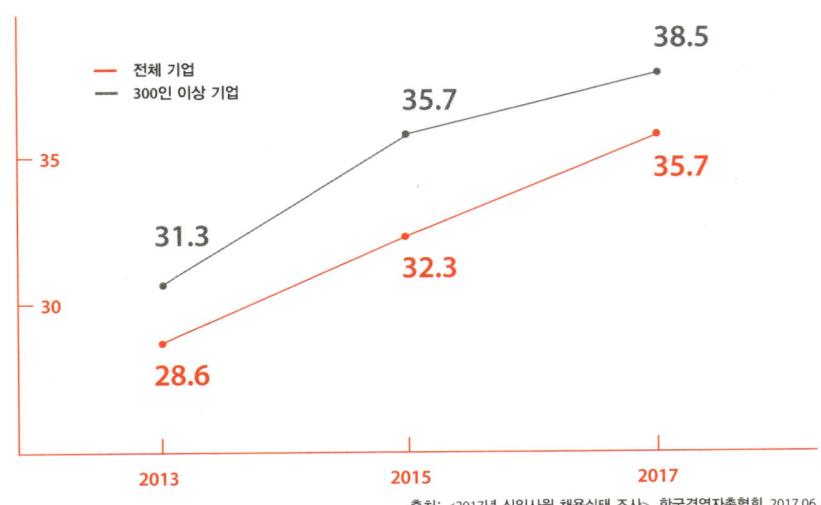

표 1. 기업 규모별 취업 경쟁률

출처: <2017년 신입사원 채용실태 조사>, 한국경영자총협회, 2017.06.

퇴사율은 27.7%였다. 한국경영자총협회에 따르면, 2016년 기준 대졸 신입사원의 1년 내 퇴사율은 27.7%인데, 2012년에는 23.6%, 2014년에는 25.2%로 지속적인 증가세다. 300인 미만 기업으로 범위를 좁혀보면 신입사원의 1년 내 퇴사율은 무려 32.5%다. 이것도 2012년 30.6%, 2014년 31.6%였던 것을 보면 확실한 증가세다. 대졸 신입사원 4명 중 1명이 1년 안에 사표를 쓰는데, 300인 미만의 중견·중소기업에서는 3명 중 1명의 신입사원이 사표를 쓴다는 이야기다.

이런 추세는 기업으로서도 심각한 일이다. 사람 뽑아 업무에 적응시켜놓을 만하면 관두는 격이니 말이다. 기업에서는 이런 손실을 막기 위해 신입사원 교육과 관리에 더 투자하고 있다. 그럼에도 불구하고 대

표 2. 대졸 신입사원 채용 후 1년 내 퇴사율 (단위: %)

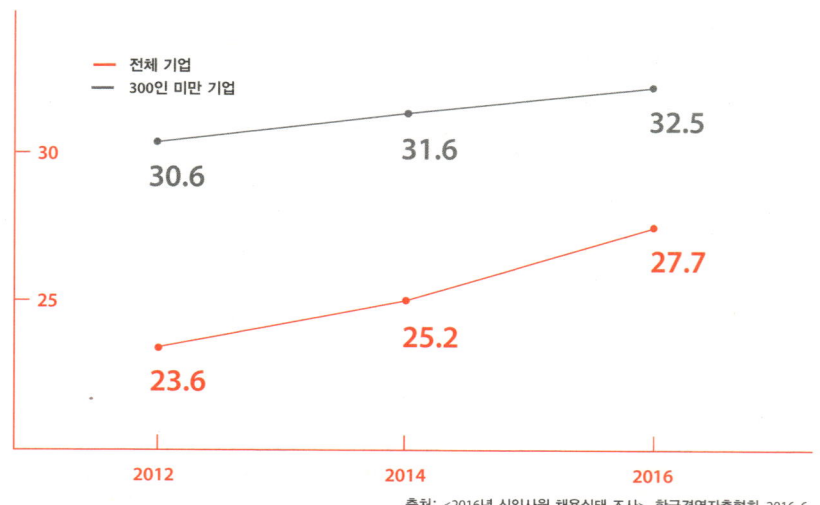

출처: <2016년 신입사원 채용실태 조사>, 한국경영자총협회, 2016. 6.

졸 신입사원의 1년 내 퇴사율은 낮아질 기미가 보이지 않는다. 과연 왜 그럴까? 원인을 어떻게 바라보느냐에 따라 대응방법도 달라진다. 그런데 이 원인을 바라보는 데 세대차이가 발생한다. '요즘 애들은 끈기가 없어'라는 건 기성세대가 가장 쉽게 진단 내리는 답이다. 기성세대들은 '우리 때는 안 그랬는데'라는 말도 덧붙이기를 좋아한다. 요즘 애들, 즉 밀레니얼 세대가 끈기가 부족하고 나약해서 조직생활을 견디지 못한다고 여기다 보니 조직에 대한 충성심과 끈기, 단결을 강조하는 메시지가 늘어나기도 한다. 정말 끈기의 문제일까?

밀레니얼 세대는 정말 끈기가 없어서 사표를 쓰는 걸까?

한국고용정보원의 「고용동향브리프」 2017년 11월호에 실린 '청년의 첫 직장과 잠재경제활동인구'에 따르면, 첫 직장 평균 근속기간이 15개월이었다. 2007년 평균 근속기간 18개월과 비교하면 3개월이나 줄었다. 퇴사 이유로 가장 크게 꼽힌 것이 '근로여건 불만족'인데 무려 51%나 된다. 흥미로운 사실은 2004년 조사 때는 '근로여건 불만족'의 비중이 39.4%였다는 것이다. 근로여건의 불만을 참지 못하고 사표 쓰는 밀레니얼 세대가 늘어난 것이니, 이것만 보면 끈기 부족이라는 말이 틀리지 않아 보일 수 있다. 하지만 핵심은 근로여건를 바라보는 관점이다. 과거세대들은 불합리한 환경에도 버티고 참았던 것이지, 문제가 없었던 게 아니다. 그걸 못 참는다고 해서 끈기가 없다고 하는 게 맞을까? 문제가 있으면 근본적으로 해결을 해야지 덮어두는 걸로는 결코 문제가 해결되지 않는다. 우리는 끈기라는 말로 부당한 조직문화의 문제를 덮어버리지는 않았는가 생각해봐야 한다.

물론 취업이 어려워 무조건 붙고 보자는 식으로 자신의 적성이나 전공과 상관없이 문어발식으로 지원을 하다 보니, 들어온 직장에 적응하지 못하고 나간다고 볼 수도 있다. 하지만 대학의 전공이 기업의 직무와 직접적으로 연관되는 경우는 별로 없다. 이 문제는 입사 후 몇 달간 적응기간을 거치며 해결할 수 있다. 그렇다면 적응하는 과정의 힘겨움을 견디지 못할 만큼 끈기가 부족한 밀레니얼 세대가 많은 걸까? 스펙은 과거 기성세대가 신입사원이던 시절에 비해 월등히 뛰어나다. 외국어 실력이나 업무용 소프트웨어를 다루는 능력도 충분하다. 업무에 적응하는 데 어려움이 크지 않을 수 있다는 이야기다.

더 좋은 직장이 생겨서 사표를 썼을 가능성도 배제할 수 없다. 하지만 대졸 신입사원 시험에서 100명 중 2.8명이 붙는 것이 현실인데, 신입사원 4명 중 1명이나 되는 사람들이 1년 내 새로운 직장을 바로 구해서 옮겨간다는 말이 설득력 있을까? 1년도 안 된 신입사원이 경력직으로 옮길 리도 없다. 따라서 업무 적응의 문제나 이직의 문제가 신입사원 사표 급증의 진짜 이유가 아닐 수 있다. 우리의 조직문화 속에서 이 문제의 답을 찾아볼 필요가 생기는 이유다.

기성세대의 조직문화에는 나이나 직급을 서열처럼 여기거나, 상명하복 같은 군사문화가 녹아 있다. 퇴근시간을 얼마나 못 지켰으면 칼퇴근이라는 말이 생겼겠는가. 상사가 퇴근하기 전까지는 자신의 일이 끝났어도 남아 있거나, 불필요한 야근을 하거나, 형식과 서류에 짓눌려 내용이 부실한 보고서를 올리거나, 정말 쓸데없을 듯한 과잉 의전을 하거나, 부하의 공을 가로채가는 상사를 묵인하거나, 단합을 한답시고 술 마시며 회식을 하거나, 가족 같은 끈끈함을 강조하거나, 좋은 게 좋은 거라고 넘어가거나, 인맥을 중심으로 사내 정치를 하는 조직문화가 우리의 근로여건에 녹아 있다. 과연 이러한 것이 합리적인 조직문화이고 근로여건인가?

기성세대는 이런 과거의 조직문화에 어느 정도 적응하며 악습을 받아들였다. 베이비붐 세대는 물론이고, 민주화를 외친 386세대도, 개성을 추구한 X세대도 이런 조직문화와 근로여건을 암묵적으로 세습해오는 데 반기를 들지 않았다. 오히려 이런 조직문화에 반기를 드는 소수들을 배신자나 부적응자로 낙인 찍기도 했다. 386세대나 X세대는 살아남기 위한 방편으로 악습에 적응해버리며 일종의 동조자가 되었고, 이제 조직에서 과거의 악습을 없앨 수 있는 위치에 있지만 조직문화를 혁신할 생각이 없다. 익숙해져서일 수도 있고, 직급이 높아져 이런 조직문화의 수혜자가 되어서일 수도 있다.

견고하게 유지되던 한국식 조직문화에 대놓고 저항하기 시작한 것이 바로 밀레니얼 세대다. 그들은 이런 조직문화와 과거 관성에 사로잡힌 상사를 받아들이기가 쉽지 않다. 그들에겐 이런 상사가 꼰대다. 합리적이지도 상식적이지도 효율적이지도 않은 걸 요구하는 상사에게 이들이 할 수 있는 저항은 한계가 있다. 그래서 선택하는 것이 퇴사다.

과거세대들은 힘들고 더러워도 참고 견디면 언젠가 좋은 날 오겠지라는 심정으로 버텼겠지만, 요즘 애들은 그렇지 않다. 평생직장이라는 의미도 사라진 시대다. 하지만 기성세대에겐 아직까지 평생직장에 대한 동경이 남아 있다. 현 직장에서 정년까지 버티고 싶다는 이들도 여전히 많다. 하지만 밀레니얼 세대는 다르다. 애초에 그들은 '평생직장'은 생각지도 않는다. 긱 이코노미 Gig Economy(빠른 시대 변화에 대응하기 위해 비정규 프리랜서 근로 형태가 확산되는 현상)도 낯설지 않은 세대다. 이런 밀레니얼 세대에게 참고 버티는 직장생활이 가능할까?

자신이 선택한 첫 직장이 평생직장이 되거나, 평생 그 분야에서만 일한다고 여겼던 기성세대에겐 자신의 첫 직장이 많은 걸 좌우한다. 자신의 선택에 대해 무모할 만큼 끈기 있는 책임감을 가진 셈이다. 하지만 밀레니얼 세대는 새로운 도전에 대한 결과를 스스로가 감수하면서, 방향을 계속 수정해갈 수 있다. 살면서 여러 가지 직업을 가질 수 있다고 여기는 세대다. 직장생활을 바라보는 관점 자체에서 기성세대와 밀레니얼 세대는 차이가 있다. 사표를 품고만 살던 기성세대와 달리 밀레니얼 세대는 사표를 과감히 쓰는 것이다.

그렇다면 왜 베이비붐 세대는 사표를 과감히 쓰지 못했을까? 어릴 적부터 집단주의적 사고를 배워온 데다, 직장이라는 소속감을 무엇보다 중요하게 여긴다. 직장을 나가는 순간 가혹한 어려움이 생긴다는 위기의식도 강한 데다, 조직에 기대서만 살다 보니 독립적으로 일하거나 능력을 발휘할 엄두를 못 낸다. 물론 과거에는 프리랜서나 1인 기업으로 일하는 것이 보편화되지 않았다. 그러다 보니 어떻게든 조직에서 오래 버텨야 했다. 그들이 품고 다니는 사표는 심리적 위안이자 부적 같은 것일 뿐, 실제 제출할 서류가 아니었다. 베이비붐 세대는 전형적인 조직형 인간이었고, 한때 신세대라 불렸던 X세대조차도 조직형 인간으로 적응해갔다.

밀레니얼 세대는 한국에서 처음 본격적으로 등장한 개인형 인간이라 할 수 있다. 물론 모든 밀레니얼 세대가 그런 건 아니다. 나이는 밀레니얼 세대지만 기성세대적 관점과 성향을 가진 이들도 많다. 그런 환경에서 살았기 때문이다. 하지만 사회적·산업적 변화 속에서 점점 밀레니얼 세대로서 자각하게 되는 이들이 늘어날 것이다. 다시 말해 밀레니얼 세대 신입사원들이 사표 쓰는 일은 더 늘어나면 늘어났지 줄어들지는 않을 것이라는 이야기다.

신입사원이 사표 쓰면 가장 큰 손해를 입는 건 누구일까?

구인구직 사이트 '사람인'이 2018년 3월 기업 인사담당자 657명을 대상으로 진행한 '퇴사자 현황과 변화' 조사에 따르면, 퇴사율이 가장 높은 연차는 1년 차 이하로 무려 49%였다. 2년 차가 20.9%, 3년 차가 13.4%, 4년 차가 5% 순이다. 직급으로 보면 사원이 61.4%로 압도적으로 많았다. 확실히 신입사원의 퇴사율은 여러 지표를 보더라도 기성세대는 상상하기 어려울 만큼 높아졌다. 신입사원의 퇴사는 심각한 문제일 수밖에 없다. 퇴사로 인한 업무 공백이 생기고, 대체 인력 채용에 따른 비용도 발생하고, 조직 분위기도 어수선해지고, 구성원들의 사기도 떨어진다.

직장인들에겐 일 자체가 힘든 게 아니라 조직 내 사람과의 갈등이 가장 힘들다. 특히 상사(이른바 꼰대)와의 갈등이 가장 심각한 문제가 된다. 취업포털 '인쿠르트'가 직장인 750명을 대상으로 '꼰대'에 대해 조사한 결과에 따르면, 무려 90%의 직장인들이 사내에 꼰대가 있다고 답했고, 꼰대 때문에 퇴사하고 싶었던 적이 있다는 응답이 88%였다. 꼰대는 과거에도 있었다. 어쩌면 더 심했을 수도 있다. 하지만 기성세대는 참았다. 밀레니얼 세대는 참지 않는다. 절이 싫으면 중이 떠나는 게 맞다. 하지만 이렇게 자꾸 떠나다 보면 그 절도 무너진다. 그래서 기업의 경영진들은 사표를 내는 신입사원이 늘어나는 현상을 심각하게 받아들여야 한다.

변화한 환경에 대한 고려 없이 관성에 따르는 폐해가 여전히 꽤 존재한다. 사업환경이 바뀌고, 소비자도 바뀌고, 산업 패러다임도 바뀌는 현실에서는 당연히 인재의 기준도 바뀌고, 업무방식과 조직문화도 바뀌어야 한다. 밀레니얼 세대는 20대에서 30대 중반까지로 조직에서 사원과 대리급이다. 조직의 젊은 피이자 가장 왕성하게 일할 실무자다. 그들에게는 수평화된 환경이 필요하다. 수직화된 환경에서 그들에게 동기를 부여하고 상사를 자발적으로 따르게 하려면 상사가 더 탁월해야 한다. 단지 직급이 높고 나이가 많고 경력이 많다는 이유로 부하직원을 짓누르거나 일을 주도해서는 안 된다.

지금은 기업이 과거와 똑같은 비즈니스만 하는 시대가 아니다. 한 번도 해보지 않았던 비즈니스에 계속 도전하는 시대다. 조직에서 신입사원이건 부장이건 그 일을 경험해본 적이 없긴 마찬가지인 사업을 해야 하는데, 이 과제를 과거의 관점으로 푸느냐 아니면 새로운 관점으로 푸느냐는 아주 중요한 문제다. 그런데 이 상황에서 직급 높고, 나이 많은 상사들은 주도권을 놓치지 않기 위해 수직구조를 이용한다. 여기서 꼰대가 등장하는 것이다. 아무리 나이가 많고 직급이 높아도 그 사람이 제시하는 사업방향이 합리적이고 논리적이고 설득적이라면 그 상사를 누구도 꼰대라 하지 않는다. 결국 밀레니얼 세대 신입사원들이 조직에서 꼰대를 거론하며 사표까지 쓰는 것은 능력보다는 직급으로 밀어붙이는 상사들이 많아서는 아닐까 생각해봐야 한다.

조직에서 약자인 신입사원들이 강자인 상사들의 잘못된 관행과 문화를 바꿀 수는 없다. 그들이 밀려나거나 쫓겨날 뿐이다. 사표를 자발적으로 쓰기보다 도저히 못 견뎌서 쓰는 것일 수 있다는 이야기다. 신입사원의 퇴사율이 높아지는 현상은 기업의 위기를 초래할 수도 있다. 지금 시대의 기업에서는 오래 일한 직원이 더 좋은 답을 가지는 게 아니다. 과거에는 산업이 급변하지 않았고, 지금과 산업구조도 달랐다. 당연히 인재상도 다르고, 수직적 위계구조나 피라미드 구조의 조직문화가 유리한 업종도 많았다. 대기업들이 IT 스타트업의 조직문화로 불리던 애자일Agile 조직문화를 적극 받아들이며 조직구조를 개편하고 있다. 임원급을 대폭 줄이고, 직급단계도 단순화시켜 슬림한 조직으로 바꾸고, 리버스 멘토링Reverse Mentoring을 도입해 임원과 신입사원 사이의 수평화를 위해 애쓰고 있다. 사무실 환경을 공유오피스처럼 리모델링하는 것도 변화한 산업환경에서 밀레니얼 인재들을 적극 활용하기 위함이다. 이런 변화를 가장 두려워하는 건 기성세대다. 기업이 기성세대 직원들에게 바라는 건 변화한 환경에 적응하거나 명예퇴직 둘 중 하나다.

안타깝지만 기업의 수명도 급격히 줄어들고 있다. 4차 산업혁명과 디지털 트랜스포메이션Digital Transformation 같은 급변하는 진화 흐름 속에서 무너지고 사라지는 기업이 급증한다. 스타트업 중에서 새로운 기회를 만들어내는 기업도 많아졌다. 이런 시대에 1980년대식 조직문화와 새로운 산업적 진화를 담아낼 그릇이 안 되는 상사들만 가득한 곳에서 어떻게 미래를 고민할 수 있을까? 이들이 군사문화 같은 조직문화에서 못 버티는 이유는 육체적 고단함이 아니라 상사에게 자신의 미래를 믿고 맡기기 어렵다는 불안감 때문이다. 평생직장도 사라진 시대, 공룡기업도 하루아침에 무너지는 시대에 믿고 버티다 보면 좋은 날이 온다는 기성세대의 이야기를 따를 수 있겠는가?

물론 일방적으로 밀레니얼 세대를 옹호하려는 건 아니다. 분명 책임감이 부족하거나 끈기 없는 밀레니얼 세대도 있다. 나이만 어른이지 사회성이 어린이 같은 경우도 분명히 있다. 대학생 자식을 위해 교수에게 성적 정정을 요구하거나, 군대 간 자식을 위해 중대장이나 대대장을 찾아가거나, 입사한 자식을 위해 직장 상사를 찾아와 자식 잘 부탁한다는 얘기를 하는 부모가 있다는 사례를 들면서 요즘 애들이 부모의 과잉보호 때문에 나약하고 철이 없다고 얘기하는 기성세대도 있다. 하지만 이런 애들은 소수다. 이들이 전체 밀레니얼 세대를 대표한다는 일반화의 오류에 빠져선 안 된다. 기성세대가 자신이 신입사원이던 시절만 떠올리면서 요즘 애들의 문제를 지적하면 문제해결은 더 요원해진다. 세대차이를 인정해야 한다. 밀레니얼 세대를 적극 활용하기 위해서라도 조직문화를 개선해야 한다. 기성세대는 이런 변화에 다시 적응하고 살아남아야 한다. 기업은 친목모임이 아니다. 나이나 연차와 상관없이 누가 더 좋은 답을 가졌는가, 누가 더 문제해결을 잘하는가가 중요하다.

왜 인사담당자들은 밀레니얼 세대 신입사원들이 불만족스러울까?

인사담당자들 입장에서는 사표 쓰는 신입사원들이 밉다. 구조조정이 필요할 때 직급 높고 연봉 많은 이들이 명퇴를 받아들이는 건 좋지만, 한창 일해야 할 사원, 대리급이 사표 쓰는 건 불편한 일이고, 그중에서 신입사원이 사표를 쓰는 건 더 불편한 일이다. 인사담당의 회사 내 역할 때문이기도 하다. 그리고 신입사원들이 불만족스럽다는 인사담당자는 기성세대인 경우가 많다. 달리 말하면 인사담당자조차도 조직 내에서 세대갈등을 겪고 있다는 얘기이고, 기업의 인사 파트에서 밀레니얼 세대에 대한 대응전략이 아직 미비하다는 해석도 가능하다.

구인구직 사이트 사람인에서 2019년 1월 기업 인사담당자 479명을 대상으로 조사한 '밀레니얼 세대 신입사원의 특징'에 따르면, '회사보

표 3. 인사담당자들이 생각하는 밀레니얼 세대 신입사원의 특징

단위: %

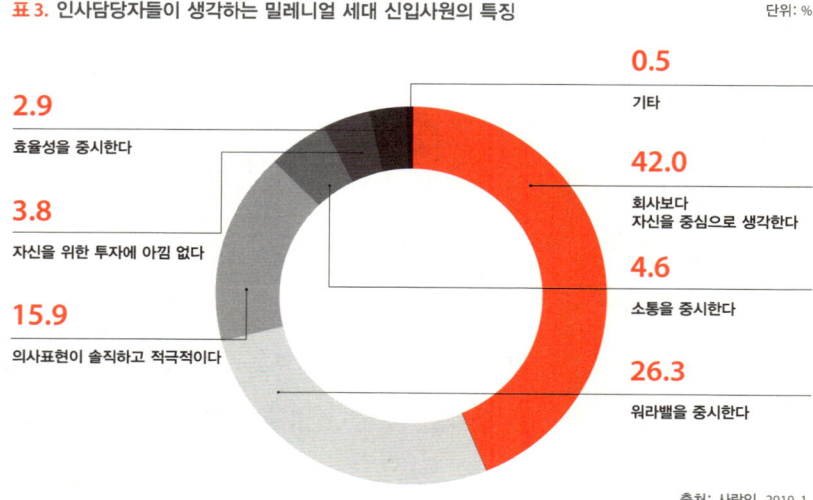

출처: 사람인, 2019. 1.

다 자신을 중심으로 생각한다(42.0%)' '워라밸을 중시한다(26.3%)' '의사표현이 솔직하고 적극적이다(15.9%)' '소통을 중시한다(4.6%)' '자신을 위한 투자에 아낌 없다(3.8%)' '효율성을 중시한다(2.9%)' 순이었다. 기성세대가 자신보다 회사를 중심적으로 생각하는 경향이 있었고, 워라밸은 생각도 해보지 않았고, 상사를 배려해 의사표현에 소극적이었던 점을 감안해보면 조직에서 기성세대 직원과 밀레니얼 세대 직원 간의 차이가 두드러진다. 이런 차이는 갈등과 불만의 소지로 작용할 수 있다. 기성세대 인사담당자들이 평가한 밀레니얼 세대 신입사원에 대한 만족도는 고작 평균 58.7점이었다. 과거 신입사원과 비교했을 때 요즘 신입사원의 만족도는 '불만족한다(48.6%)'가 '만족한다(18.4%)'보다 3배 정도 높았다. 확실히 기성세대 인사담당자들이 밀레니얼 세대 신입사원에게

불만이 있음을 확인할 수 있다. 특히 대기업과 중견기업에 비해 중소기업일수록 밀레니얼 세대 신입사원에 대한 불만족이 컸는데, 중소기업이 좀 더 보수적인 조직문화를 가졌기 때문일 수도 있고, 상대적으로 조직이 작다 보니 세대차이와 세대갈등을 겪을 상황이 더 많이 발생하기 때문이라고도 볼 수도 있다.

세대차이는 상대 세대의 관점을 이해하는 과정 없이 각자 자신이 속한 세대의 관점으로 상대 세대를 바라보기 때문에 생긴다. 직장에서 베이비붐 세대나 X세대가 밀레니얼 세대를 보면서 가장 큰 차이이자 문제라고 지적하는 것 중 하나가 자기중심적 성향이다. 밀레니얼 세대 사원들을 보며 "요즘 애들은 자기밖엔 몰라"라는 얘기를 해본 기성세대 직장인들이 많을 것이다. 하지만 이렇게 비난하는 순간부터 함께 일하기 어려워진다. 밀레니얼 세대는 분명 기성세대와 다른 환경에서 나고 자랐다. 기성세대들이 집단주의적 환경에서 살아 협동을 무엇보다 중요하게 여기는 것도 자신이 자란 환경에서 영향을 받았기 때문이다. 밀레니얼 세대가 자기중심적인 성향을 띠는 것은 그들의 환경적 특성이지 개개인적 인성의 문제가 아니라는 이야기다. 서로의 다름을 인정하고 시작해야 한다.

밀레니얼 세대의 자기중심적 성향은 오히려 사내정치의 폐해가 많던 기성세대식 조직문화를 해결하는 데 긍정적으로 작용하기도 한다. 회사에는 일을 하러 와야 한다. 그 속에서 친목 도모와 사내정치를 하는 것은 구시대적 유물이다. 워라밸을 중시 여기는 밀레니얼 세대에 대

표 4. 인사담당자들이 생각하는 밀레니얼 세대의 강점

단위: %

- SNS 등 신기술 활용: 44.1
- 다양한 활동 경험: 28.0
- 글로벌 역량: 26.1
- 창의력: 17.7
- 강한 소신 및 추진력: 15.0

출처: 사람인, 2019. 1.

표 5. 밀레니얼 세대의 강점이 발휘된다고 느끼는 순간

단위: %

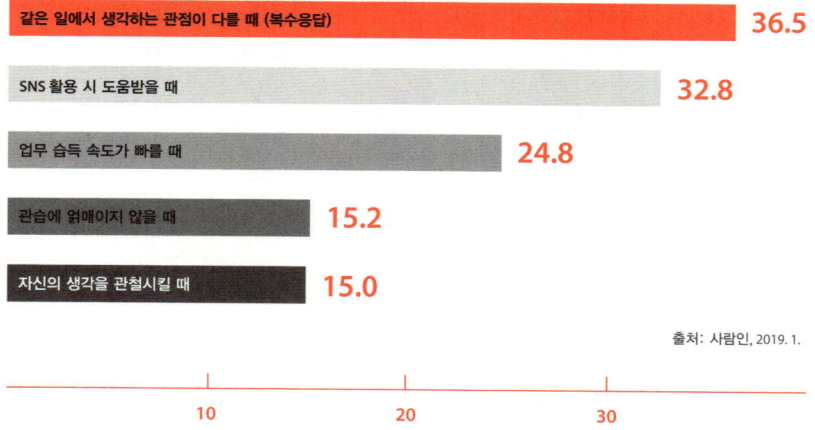

- 같은 일에서 생각하는 관점이 다를 때 (복수응답): 36.5
- SNS 활용 시 도움받을 때: 32.8
- 업무 습득 속도가 빠를 때: 24.8
- 관습에 얽매이지 않을 때: 15.2
- 자신의 생각을 관철시킬 때: 15.0

출처: 사람인, 2019. 1.

표 6. 밀레니얼 세대의 부족한 점

단위: %

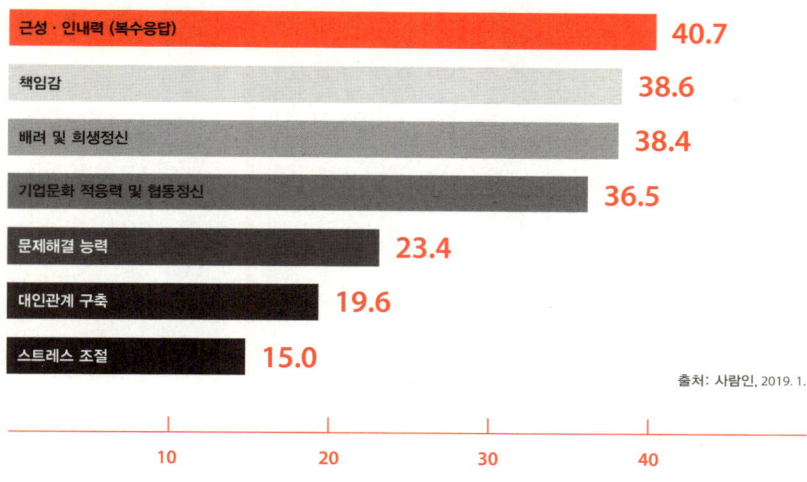

출처: 사람인, 2019. 1.

표 7. 밀레니얼 세대 신입사원이 조직 적응력이 낮다고 생각하는 이유

단위: %

출처: 사람인, 2019. 1.

해 기성세대가 못마땅하게 여기는 것도 자신들이 안 하던 걸 하려 하기 때문이다. 밀레니얼 세대는 기성세대와의 차이가 갈등을 불러일으키는 경우가 있을 뿐 능력과 장점이 풍부하다.

인사담당자들이 꼽은 밀레니얼 세대의 강점으로 'SNS 등 신기술 활용(44.1%)' '다양한 활동 경험(28.0%)' '글로벌 역량(26.1%)' '창의력(17.7%)' '강한 소신 및 추진력(15%)' 등이 있었고, 이런 강점이 발휘된다고 느끼는 상황은 '같은 일에서 생각하는 관점이 다를 때(36.5%·복수응답)' 'SNS 활용 시 도움받을 때(32.8%)' '업무 습득 속도가 빠를 때(24.8%)' '관습에 얽매이지 않을 때(15.2%)' '자신의 생각을 관철시킬 때(15.0%)' 등으로 꼽았다. 반면 이들의 부족한 점을 묻는 질문에는 '근성·인내력(40.7%·복수응답)' '책임감(38.6%)' '배려 및 희생정신(38.4%)' '기업문화 적응력 및 협동정신(36.5%)' '문제해결 능력(23.4%)' '대인관계 구축(19.6%)' '스트레스 조절(15%)' 순으로 답했다. 과거 신입사원보다 요즘 신입사원의 조직 적응력이 낮다는 의견이 많은데, 그 이유로 '조기 퇴사하는 경우가 많다(64.2%·복수응답)' '불만 표출 증가(35.8%)' '단체행사 불참(30.3%)' '상사와 트러블 증가(16.8%)' 등이 꼽혔다. 확실히 과거세대의 신입사원과 다르게 장단점이 확실한 세대인 것만은 분명하다. 이들의 능력을 최대치로 끌어올리도록 만드는 것이 지금 기업이 직면한 최고의 숙제다.

취업포털 잡코리아가 2017년 3월 구직자 2935명을 대상으로 실시한 직장 선택의 기준을 묻는 설문조사 결과에 따르면, 경력직 구직자들은 '연봉 수준(24.0%)' '근무시간 보장(17.4%)' '고용 보장(15.9%)' '복리

후생(15.5%)' '성장 가능성(15.0%)' 순으로 답했고, 신입직 구직자들은 '근무시간 보장(24.8%)' '복리후생(20.7%)' '성장 가능성(18.3%)' '연봉 수준(16.6%)' '고용보장(10.4%)' 순으로 답했다. 경력직이 가장 중요하게 꼽은 연봉 수준이 신입직에게선 4번째 순위에 불과했고, 근무시간 보장을 가장 중요하게 여겼다. 여기서 신입직이 바로 밀레니얼 세대다.

기성세대 직장인에게는 돈이 가장 중요했다면, 밀레니얼 세대 직장인에게는 근무시간 보장과 성장 가능성이 돈보다 더 중요했다. 기성세대가 돈을 벌기 위해 다른 많은 것을 감내하거나 포기했다면, 밀레니얼 세대에게 직장은 돈 버는 곳보다는 일하는 곳이라는 의미가 더 강하다. 그렇다고 기성세대가 직장을 일하는 곳이라 여기지 않는다는 게

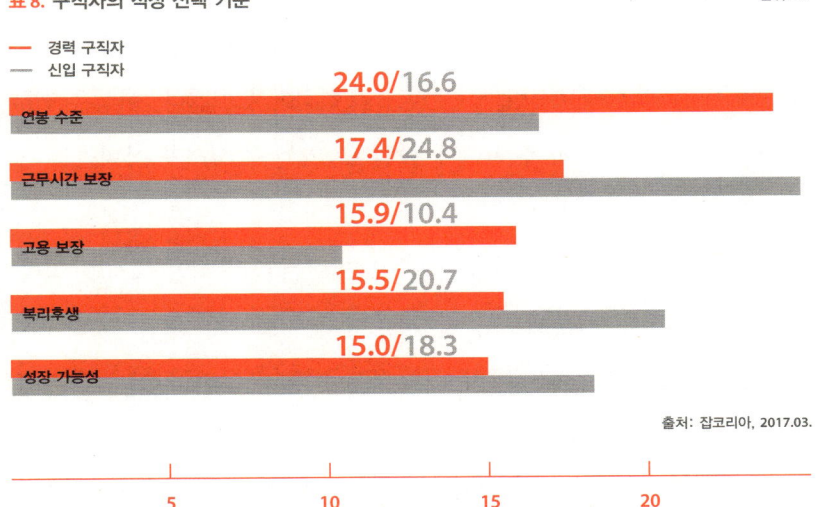

표8. 구직자의 직장 선택 기준   단위: %
출처: 잡코리아, 2017.03.

아니다. 그들은 일도 하지만, 그 속에서 서열도 만들고 친목도 하고, 심지어 친구까지 만든다. 사내정치도 하고 의전도 한다. 가끔은 주객이 전도될 정도로 업무능력보다 다른 능력으로 승진하는 경우도 있다. 경영자 또는 기업의 입장에서는 오히려 밀레니얼 세대 중심으로 조직문화가 만들어지는 것이 더 좋을 수 있다. 더 합리적이고 효율적일 수 있기 때문이다. 이제 한국의 주요 대기업들은 밀레니얼 세대 직원들을 중요하게 여기기 시작했다.

기성세대가 좋아하는 회식문화를 왜 밀레니얼 세대는 기피할까?

밀레니얼 세대 직장인들이 가장 불편하게 여기는 것 중 하나가 회식문화다. 기성세대는 회식 자리에서 술 마시면서 단합과 소통을 한다고 생각한다. 하지만 밀레니얼 세대는 평소 사무실에서도 안 되던 소통을 술자리에서 하겠다는 발상 자체가 못마땅한 데다, 술 취한 상사의 잔소리나 술을 마시라고 강권하는 것도 폭력적이라 여긴다. 회식은 업무의 연장이다. 회식이 마음 편하게 즐길 수 있는 술자리가 아니라는 말이다.

　직장인의 회식에 대한 세대차이를 보여주는 직관적인 예시가 있다. 팀장인 기성세대는 '혼냈으니 술 사주며 풀어줘야지' 혹은 '일하느라 고생했으니 회식으로 풀어야지' 식의 태도로 회식을 바라보는 데 반해, 팀원인 밀레니얼 세대는 '혼난 것도 힘든데 회식까지 하면서 더 힘들게 하네' 혹은 '일하느라 고생했다면서 일찍 퇴근시켜주진 못할망정 술로

괴롭히네'라는 태도로 회식을 바라본다. 격려하고 싶고 치하하고 싶은 기성세대 팀장의 의도는 분명 순수하다. 하지만 방법을 바꿔야 한다. 밀레니얼 세대는 고기 먹고 술 먹는 회식 자리가 즐겁지 않다.

　기성세대는 왜 이런 회식을 좋아하는 걸까? 없이 살아서다. 직장인의 회식문화는 1970년대로 거슬러 올라간다. 풍족하지 않던 시대에 고기와 술은 격려하고 치하하는 역할을 톡톡히 한다. 베이비붐 세대가 회식문화를 유독 좋아하는 데는 그런 배경이 있다. X세대도 이런 문화를 이어받았고, 일부 영포티는 회식문화에 흥미를 잃었지만 여전히 회식문화에 호의적인 4050대가 꽤 있다. 그들도 풍요의 시대를 충분히 누린 세대가 아니긴 마찬가지였다.

　하지만 밀레니얼 세대는 다르다. 이들은 과거 선배 세대에 비해 훨씬 풍요로운 시대를 살고 있다. 태어났더니 이미 한국은 경제성장을 이루었고, 고기는 평소에도 충분히 먹는다. 고기 먹는다는 이유로 회식하느니 그 시간만큼 일찍 퇴근해서 자기 시간을 갖는 게 좋다고 여긴다. 밀레니얼 세대는 술도 과거세대와 달리 별로 안 마신다. 취하려고 죽을 듯 마시던 문화는 X세대 때까지의 문화일 뿐, 밀레니얼 세대에게 그런 술 문화는 불편하다. 하지만 기성세대는 기성세대대로 이러한 회식문화를 달가워하지 않는 밀레니얼 세대가 불편하다.

　한국의 베이비붐 세대가 유독 술을 좋아했던 이유는 술 없이는 재미있게 노는 법을 몰라서일 수도 있다. 여가생활을 할 때도, 사람들과 사귈 때도 술의 힘을 빌렸다. 인맥 만든다면서 유독 술을 마시는 것도 이런 이유다. 술 마시면서 허심탄회하게 속마음을 터놓고 친해진다는 것도 기성세대 방식이다.

밀레니얼 세대는 술 없이도 놀 줄 안다. 맨 정신에도 자신의 속마음을 적극 표현한다. 자기주장도 강하고 의사소통에 능하다. 오히려 술 마시고 진심인 양 주정 부리는 걸 싫어하기도 한다. 기성세대는 술에 관대했다. 큰 죄를 지어도 술 취해서 그랬다고 하면 벌을 감경해주던 시절도 있었다. "사람은 참 좋은데 술만 먹으면 좀 그래, 그것만 빼면 참 좋은 사람이야"라는 얘기를 쉽게 하는데, 술 먹고 사고 치는 사람은 좋은 사람이기는커녕 그냥 나쁜 사람일 뿐이다.

세계적으로 밀레니얼 세대가 소비세력으로 부상하면서 헬스클럽을 비롯한 운동 관련 시장이 성장했다. 반면 술집은 감소세를 이어오고 있다. 우리나라도 마찬가지다. 최근 헬스클럽을 비롯한 스포츠 시설은 급증하는 반면 술집 매출은 계속 감소세다. 통계청의 '서비스업 동향조사'에 따르면 2018년 4월 기준 주점업(술집)의 생산지수는 97.3이었다. 2008년 4월 기준으로 128.6이었는데 매년 감소하더니 역대 최저 수준까지 떨어졌다. 반면 비알코올 음료점업(커피숍)은 생산지수가 2008년 4월 기준 87.0에서 2018년 4월 기준 143.8로 상승했다. 확실히 술집과 커피숍이 엇갈린 흐름을 보여주고 있다.

2018년 1월, 동아일보와 블라인드(직장인 익명 소셜네트워크서비스)가 직장인 7956명을 대상으로 온라인 설문조사를 한 결과에 따르면, '회식 때문에 일상에 어려움을 겪었다'는 응답이 69.8%에 달했다. 적정한 수준의 회식을 묻는 질문에는 저녁식사로 1차만 하는 것을 45.7%가, 저녁 대신 점심으로 간단히 회식하는 것을 34.5%가 선호한다고 답했다. 대부분의 직장인들이 간단한 회식을 원하는 것이다. 저녁식사를 겸한 술 회식과 함께 노래방까지 가는 2차 회식을 원하는 응답자는 0.5%에 불과했다. 이 정도 비율이면 부장만 원한다고 해도 과언이 아니다.

아무도 원치 않는 술자리를 위해 왜 회삿돈을 써야 하는가? 직원들의 화합이나 단결과도 무관하다. 오히려 회식이 화합을 더 해칠 수 있다. 팀의 단합 명목으로 예산이 주어지고, 법인카드를 쓸 수 있는 환경이 과도한 회식문화를 만들어낸 주범이기도 하다. 만약 직장인들이 자기 돈으로 회식을 해야 한다고 하면 기존의 회식 횟수가 극단적으로 줄어들 것이다. 단합과 사기 진작을 위해 정 돈을 쓰고 싶다면 그냥 돈을 나눠주는 것도 방법이다. 아니면 공연티켓을 나눠주거나 선물을 사주는 방법도 있다. 굳이 집단적으로 뭘 해야 한다는 발상 자체를 버릴 필요가 있다.

무조건 술로 돈을 쓰고 싶다고 고집 부리는 상사가 있다면 싱글몰트위스키(100% 보리[맥아]만을 증류한 위스키를 몰트위스키라고 부르며 한 증류소에서 나온 몰트위스키를 싱글몰트위스키라고 부른다. 맛과 향이 뛰어나지만 생산량이 적어 전체 스카치위스키 시장의 5%를 차지한다)를 사줘라. 또는 비싼 위스키를 한잔씩 사주며 간단히 대화하고 집으로 갈 수도 있다. 한국에서 싱글몰트위스키 시장이 커지는 데에는 영포티들이 큰 영향을 끼쳤다. 영포티를 비롯해 3040대를 중심으로 새로운 술 문화가 형성되고 있고, 20

대들도 동조한다. 싼 술을 많이 마시고 정신 잃을 정도로 취하는 술 문화는 퇴조하고, 비싼 술을 조금만 마시면서 가볍게 즐기는 술 문화가 급부상했다. 엄밀히 따지면 이른바 '혼술'이 확산되는 데에는 1인 가구가 아니라 밀레니얼 세대가 일조했다. 과거에도 1인 가구는 있었지만 술을 혼자 마시는 게 대세는 아니었다. 주류업계, 주점업계로선 이런 변화가 위기가 되기도 하지만, 새로운 기회도 만들어낼 수 있다. 이 또한 밀레니얼 세대를 모르고선 안 될 일이다.

밀레니얼 세대 인재를 잡기 위해 어떤 변화가 생겼을까?

"근무시간의 80% 이상을 칸막이에서 혼자 일하고, 만나는 사람은 인사만 나눈 사람을 포함해도 하루에 20명이 안 될 것이다. 이렇게 일하면 새로운 시도와 비즈니스 모델 변화가 가능하지 않다." SK그룹 최태원 회장은 2018년 신년사에서 공간 혁신을 주문했다. SK의 공유오피스 실험은 회장 주도로 추진된 셈이다. SK그룹은 사무실을 공유오피스로 전환시킨 대표적 대기업이다. 계열사는 물론이고 본사도 바꿨다. 물리적 공간을 리모델링한 이유는 애자일 모델을 업무에 적극 뿌리내리기 위해서다. 수직적 위계구조가 아니라 수평적 조직을 만들어 발 빠르게 시장 변화에 대응하기 위해서다. 일종의 고인물을 없애는 것이다. 같은 부서별로 배치되고 고정좌석이 있는 것이 그동안 대기업 사무실의 전형적 모습이었다면, 고정좌석을 없애고 부서별이 아닌 실질 수행 업무인 프로젝트별로 일하게 하는 애자일 조직으로 바꾸면 직급에 기대어 묻어가는 고인물이 설자리가 없어진다. 업무능력 중심으로 프로젝트팀이 꾸려지기 때문에 나이나 직위와 상관없이 유능한 사람이면 중요한 직급을 준다. 유능한 밀레니얼 세대 직원들은 이런 변화가 반갑다. 나이와 연차가 아니라 능력 중심으로 평가되는 조직에서 더 기회가 많아지기 때문이다.

SK그룹은 대대적인 구조조정을 통해 세분화된 단계를 다 없애고 슬림한 임원진을 만들었다. 임원이 되는 나이도 파격적으로 낮췄다. 이렇게 슬림하고 젊은 조직으로의 변화 또한 밀레니얼 세대의 환영을 받는다. 반면 오래 일하고 높은 직급을 가진 기성세대에게 이런 변화는 낯설다. 하지만 조직문화는 특정 세대를 위해서가 아니라 기업의 경쟁력을 위해서 변화한다. 디지털 트랜스포메이션은 기업의 생존 문제로서, 과감한 혁신을 실행할 수 있는 인재들이 필요할 수밖에 없다.

SK그룹뿐 아니라 국내 주요 대기업들도 임원진의 나이를 낮추고 있고, 애자일 문화를 적극 받아들이고 있다. 도요타는 2019년 1월부터 임원 중 상무직을 폐지했는데 임원 수가 절반 이상 사라졌다. 아울러 상무, 이사, 부장급, 실장급 등을 통합해 간부로 명명하고 40대 초반도 기용될 수 있도록 했다. 슬림하고 젊은 조직으로의 전환인 셈이다. 자동차 제조업에서 모빌리티 컴퍼니로 거듭나는 자동차 회사로서 혁신을 위해서는 조직문화 변화가 필수라고 판단한 것이다.

기업의 생존을 위해서는 위계구조를 단순화하고, 조직 전반을 수평적 환경으로 바꿔야 했는데, 이런 변화는 밀레니얼 세대가 원했던 변화기도 하다. 앞서 사표 쓰는 신입사원들이 가장 불만으로 여겼던 근로여건 불만, 즉 불합리하고 구시대적인 조직문화가 근본적으로 바뀌기 때문이다. 대기업들이 사무실을 공유오피스로 만들고, 애자일 문화를 받아들이는 가장 큰 이유가 산업적 변화 시대에 살아남기 위해서다.

글로벌 시장에서는 창업한 지 얼마 안 된 스타트업이 백 년 이상 된 공룡기업을 대체하는 일이 비일비재하다. 과거에는 스타트업과 대기업을 다윗과 골리앗의 일방적 싸움으로 여겼다면, 지금은 강력한 다윗이 등장하면 대기업은 더 이상 강자의 자리를 유지할 수 없다. 경력과 나이 많은 기성세대가 어린 요즘 애들에게 비즈니스에서 지는 경우도 많아지고, 밀레니얼 세대가 소비세력으로서의 영향력도 점점 커지고 있으니, 밀레니얼 세대 인재를 잡는 것은 기업에게 무엇보다 중요한 일이 되었다. 결국 조직개편과 사무실 리모델링이 밀레니얼 세대 인재 확보와 무관하지 않은 셈이다.

밀레니얼 세대는 공정성을 중요하게 생각한다. 상사가 단지 직급 높고 나이가 많다는 이유로 성과를 가로채가는 걸 묵인하는 조직문화는 결코 공정하지 않다. 객관적으로 냉정한 평가가 이뤄지는 공정한 조직이 필요하다. 아울러 나이나 직급에 갇혀 더 나은 답이 아닌 상사의 답을 따라야 하는 것도 이들이 받아들이기 어려운 불공정성이다.

또한 밀레니얼 세대에게 젠더, 환경, 윤리적 이슈는 기성세대가 가졌던 인식보다 훨씬 진보적이다. 구글, 페이스북, 애플, 인텔, 마이크로소프트 등 대표적인 IT 기업들은 다양성 보고서를 내고, 성별·인종별·국적별 다양성을 기업 경쟁력의 핵심으로 다루며, 심지어 다양성 총괄 책임자Head of Global Diversity 같은 역할도 있다.

  글로벌 기업이 다양성을 중요하게 여기는 것 또한 밀레니얼 세대 인재 확보와 관련이 있다. 밀레니얼 세대에게 젠더 다양성은 상식이다. 젠더 다양성이 확보되지 않는 기업, 즉 남성 중심의 조직문화를 가진 기업은 유능한 여성 인재뿐 아니라 유능한 밀레니얼 세대 인재들도 꺼려 한다. 기업의 입장에서는 남자냐 여자냐, 기성세대냐 밀레니얼 세대냐는 상관없다. 유능한 인재들을 더 많이 유치하는 것만이 중요하다. 기업들이 젠더와 세대에 대한 특정 이해관계를 가지는 것과 별개로, 유능한 인재들을 충분히 확보하려면 반드시 젠더 다양성을 갖추어야 한다는 이야기다.

  이제 유능한 인재들은 구시대적 조직문화를 가진 기업이나, 사회적으로 문제 있는 나쁜 기업에서 일하려 하지 않는다. 2018년 10월부터 150년 전통의 글로벌 금융기업 골드만삭스 CEO가 된 데이비드 솔로몬David Solomon은 조직에 여성 인력과 밀레니얼 세대 인재를 더 많이 중용해야 한다는 생각을 가진 경영자다. 금융업은 모든 산업 중에서 가장 보수적인 산업이라고 해도 과언이 아니다. 남성중심적이고 관료적이다. 이런 기업의 수장이 가진 인재관의 변화는 결국 조직문화의 변화 방향과도 무관치 않다. 글로벌 IT기업들은 이미 밀레니얼 세대를 중용하고 있다. 이제 밀레니얼 세대 인재를 어떻게 활용하느냐가 기업의 경쟁력인 시대다. 기업에선 인사부서의 역할이 더욱 중요해졌다. 산업적·기술적으로 급변하는 상황에서 궁극적으로 그 변화 문제를 풀고 일을 하는 건 바로 사람이기 때문이다. 밀레니얼 세대 신입사원들의 사표를 줄이고, 그들이 조직에서 더 적극적으로 일할 수 있도록 하는 방법을 강구하는 것이 모든 기업의 과제다.

리버스 멘토링이 필요한 진짜 이유는 무엇일까?

직장에서 기성세대는 직급이 상대적으로 높다. 나이와 연차가 곧 회사의 직급이나 서열과 연관되어 있기 때문이다. 그래서 직장에서 사원, 대리급인 밀레니얼 세대는 의사결정권을 갖지 못한 경우가 많다. 하지만 이들의 역할은 과거 조직에서의 사원, 대리급보다 훨씬 중요해졌다. 왜냐하면 지금 가장 중요한 소비자들이 밀레니얼 세대이기 때문이다. 밀레니얼 세대에게 팔아야 하는데, 밀레니얼 세대를 모르는 기성세대들만 모여서 의사결정을 한다고 생각해보라. 배가 산으로 가기 십상이다. 하지만 수직화된 서열구조의 조직에서는 이 문제를 해결하기 어렵다. 외부 전문가에게 자문을 아무리 받아도, 결국 의사결정하는 사람들이 밀레니얼 세대에 대한 이해도가 낮으면 문제해결에서 한계가 있을 수밖에 없다. 그래서 기업들이 수평화된 조직을 적극적으로 만들려고 하는 것이다. 직급도 낮고 연차도 낮지만 밀레니얼 세대가 더 잘하고, 더 잘 아는 것이 바로 밀레니얼 세대에게 무엇을 팔지, 어떻게 팔지에 대한 답이기 때문이다.

밀레니얼 세대가 가장 좋아하는 명품 브랜드 구찌는 한때 심각한 위기에 빠졌다. 하지만 추락하던 브랜드 가치가 2015년 마르코 비자리Marco Bizzarri가 CEO로 오면서 부활하기 시작했다. 그는 위기의 원인을 밀레니얼 세대의 외면으로 보고, 밀레니얼 세대를 이해하기 위해 리버스 멘토링Reverse Mentoring을 실시했다. 30세 이하 밀레니얼 세대 직원들과의 모임인 그림자위원회Shadow Committee를 만들어, 임원회의가 끝난 후 임원회의의 주제를 가지고 그림자위원회를 열어 다시 토론했다. 밀레니얼 세대 직원들의 발언권이 높아졌고, 이들의 목소리가 회사의 의사결정에 영향을 끼쳤다. 또한 35세 이하 직원들과 정기적인 점심모임을 열어 회사 문화와 복지 등에 대한 아이디어 세 가지씩을 가지고 토론했는데, 여기서 나온 아이디어로 회사정책을 바꿨다. 경영자가 밀레니얼 세대 사원들에게 배운 것을 의사결정에 반영한 것이다. 2017년부터 구찌는 밀레니얼 세대가 가장 사랑하는 브랜드로 화려하게 부활했다. 2018년에도 매출은 급증했고, 2019년에도 여전히 가장 사랑받는 밀레니얼 세대의 브랜드다.

한때 잘나가던 명품 브랜드 중 쇠락의 길을 걷는 브랜드가 많다. 밀레니얼 세대에게 외면당하면 순식간에 위기에 빠지는 시대다. 소비재 기업이 살아남으려면 반드시 중요한 소비자인 밀레니얼 세대에 대한 대응을 잘해야 하고, 당연히 조직에서 밀레니얼 세대의 역할은 커질 수밖에 없다. 선배를 어시스트하는 조연이 아니라 주연으로서 조직에서 권한 있고 중요한 역할을 맡을수록, 밀레니얼 세대들의 업무 만족도는 높아진다. 자신의 가치와 능력을 키워간다고 여기기 때문이다.

밀레니얼 세대는 조직을 통한 자신의 성장을 중요하게 여긴다. 과거 세대에게 회사의 성장이 더 중요했다면, 평생직장이 사라진 시대를 받아들인 밀레니얼 세대에게 자신의 지속적 성장은 생존의 문제와 직결되어 있다. 회사가 자신을 성장시켜주지 못한다고 여기는 순간 더 이상 남아 있을 이유가 없는 것이다. 이렇기에 기업은 밀레니얼 세대 직원을 위한 교육에 더 적극적으로 투자해야 하는 동시에 권한과 책임을 부여해줘야 한다. 시키는 대로만 일하는 직원을 원한다면 밀레니얼 세대와 일하기 어렵다.

밀레니얼 세대는 자신이 하는 일에서 부속품처럼 여겨지는 것을 힘들어한다. 업무에 대한 공정한 평가를 원하는 밀레니얼 세대에게는 상대평가보다 절대평가가 필요하며, 연말에 몰아서 하는 게 아니라 수시로 하는 평가가 필요하다. 조직문화에서 투명성과 공정성이 중요한 이유다. 사실 밀레니얼 세대가 원하는 조직문화가 일 잘하는 사람에겐 전혀 불리할 게 없다. 오히려 계급장만 믿고 일하지 않거나, 일을 못하는 사람들이 불리할 뿐이다. 결국 조직은 밀레니얼 세대의 능력을 최대치로 활용하는 방안을 계속 모색해야 한다. 그것이 그들을 더 열심히 일하게 하고, 조직의 가치에 집중하게 만든다.

밀레니얼 세대가 직장에 남아 있는 가장 큰 이유는 무엇일까?

'2014 밀레니얼 임팩트 THE 2014 MILLENNIAL IMPACT' 보고서에 따르면, 밀레니얼 세대가 직장에 남아 있는 가장 큰 이유로 '자신의 열정과 재능을 발휘할 수 있고 인정받기 때문이라고 답했다(53%)'. 그다음 이유로 '동료와의 유대감(20%)' '회사의 사명과 목적에 대한 신념(20%)'을 꼽았다. 이는 역으로 자신의 열정과 재능을 발휘할 수 없고, 자신이 하는 일을 제대로 인정받지 못한다면 굳이 회사에 남아 있을 필요를 못 느낀다는 의미다. 밀레니얼 세대에게 '인정받는다'는 건 아주 중요하다. 여기서 '인정받는다'는 피드백을 의미한다. 회사가 알아주든 말든 묵묵히 자기가 맡은 업무를 열심히 하라는 얘기는 이제 통하지 않는다. 회사가 지금 하고 있는 일이 잘 되고 있는지, 무슨 문제는 없는지 수시로 피드백해주기를 원한다. 이를 다른 말로 '소통'이라 부른다.

기성세대는 소통이라는 말을 참 좋아한다. 하지만 직장에서 베이비붐 세대가 좋아하는 '소통'이란 후배가 자신의 말을 잘 듣는 걸 말한다. 쌍방향으로 서로 주고받는 게 아니라, 답정너(답은 정해져 있어 너만 잘하면 돼) 같은 식도 소통이라 여긴다. 일방적이고 하향식이다. 모든 기업에서 소통 타령을 하지만 소통이 잘 안 된다. 아니 소통이 잘 안 되니까 그렇게 소통을 중요하게 거론하는 것이다. 소통이 잘 되는 조직에서 조직 화두를 소통으로 삼을 리는 절대 없다.

밀레니얼 세대와 일하려면 진짜 소통을 해야 한다. 서로 피드백을 주고받는 것이다. 문제제기를 하든 칭찬을 하든 방향을 제시하든 직급과 상관없이 더 좋은 답이거나 더 새로운 대안이라 여기면 과감히 말할 수 있는 조직문화를 만들어야 한다. 밀레니얼 세대가 그런 소통에 익숙하기 때문이다. 밀레니얼 세대는 SNS에 익숙한 세대다. 실시간으로 표현하고 그에 대한 피드백을 실시간으로 받는 것에 익숙하다.

자신의 생각을 적극적으로 표현하고 피드백을 받길 원하는 것은 서로 연결되어 있는 밀레니얼 세대의 특징이다. 인스타그램과 페이스북, 유튜브에 뭔가 돈을 바라고 자신의 경험과 일상, 자기주장을 콘텐츠로 올리는 게 아니다. 피드백을 받고 인정받는 즐거움 때문이다. 따라서 이들과 일할 때도 빠른 피드백은 중요하다. 과거의 관료적이고 수직적인 조직은 여러 단계를 거쳐야 하기에 피드백이 느리다. 그리고 기성세대는 일에 대해서 비판과 질책은 자주 하면서도 칭찬에는 인색했다. 그러면서 동기부여는 돈으로 해왔다.

직업을 얘기할 때, 많이 벌든 안정적으로 벌든 다 돈과 밀접하게 관련되어 있다. 여기서 돈이란 물리적 돈의 의미와 함께 사회적 지위를 포함한다. 직업의 가치가 자본주의적인 경제적 가치에 의해 매겨지는 것이다. 그렇지만 우리는 돈을 벌기 위해서만 직업을 갖는 것이 아니다. 성취욕구, 인정받고 싶은 욕구는 돈으로 주는 인센티브보다 더 강력한 동기를 부여할 때가 많다. 특히 밀레니얼 세대에게는 과시욕이건, 인정받고 싶은 욕구건, 성취욕이건 내부적 욕구가 중요하다. 승진과 인센티브만으로는 한계가 있다. 조직 내에서 밀레니얼 세대에게 중요한 '인정'과 '피드백'을 시스템화할 필요가 있다. 밀레니얼 세대의 능력과 역할을 충분히 인정해줘서 그들이 가진 능력과 열정을 끌어낼 궁리를 해야 한다. 아울러 밀레니얼 세대에게 상시적으로 피드백을 줘서 그들이 더 적극적으로 일할 수 있도록 해줘야 한다.

2018년 11월 열린 '글로벌 인재포럼 2018'에서 황성현 카카오 인사총괄 부사장이 밀레니얼 세대에 대해서 한 얘기를 생각해볼 필요가 있다. 황성현 부사장에 따르면, 밀레니얼 세대는 기존의 보상이나 평가 틀로는 잠재력을 끌어낼 수 없는데, 과거세대처럼 안정적인 삶을 추구하는 것이 아니라 어떤 아이디어로 세상에 기여할 수 있을까에 대한 관심이 많기 때문이다. 개인적 가치와 사회적 기여 모두에 관심이 많은 것이 특징인데, 이들은 즉각적 보상이 있어야 성과를 내기에, 과거처럼 연말이나 연초에 1년치를 평가받고 그에 따른 보너스를 지급받는 방식으로는 동기부여를 하거나 자극을 주기 어렵다고 했다. 황성현 부사장은 구글코리아 시니어 HR 비즈니스 파트너(2007~2010)를 거쳐, 구글 본사 시니어 HR 비즈니스 파트너(2010~2014)를 역임했다. 따라서 그의 주장은 구글을 이끄는 밀레니얼 세대 직원들과 카카오의 밀레니얼 세대 직원들을 경험하며 내린 결론인 셈이다.

최근 몇 년간 기성세대가 조직에서 가장 많이 얘기하는 화두가 소통이다. 하지만 그들이 말하는 소통은 자신들의 입지를 강화하기 위한 하향식 커뮤니케이션을 일컫는 경우가 많다. 가짜 소통이다. 진짜 소통을 하려면 우선 밀레니얼 세대의 문화를 이해해야 한다. 그들의 입장에서 생각해보고, 그들의 관점으로 세상을 봐야 한다. 그래야 눈높이가 맞아 소통이 이뤄진다.

밀레니얼 세대는 기성세대를 더 열심히 이해하려 노력한다. 자신들의 상사를 이해하지 못하면 스스로 힘들기 때문이다. 기성세대도 밀레니얼 세대를 이해하려고 노력해야 수평적 소통이 가능해진다. 회사에 들어서는 순간, 나이와 직급이 만든 서열을 잊어야 한다. 일을 할 때는 더 좋은 답을 가진 직원이 발언권과 주도권을 가져야 한다. 설령 그 사람이 후배일지라도 말이다. 나이 서열 관성에서 벗어나지 못하면 가짜 소통만 하게 된다. 직급이 높더라도 일 앞에서는 계급장 떼고 치열하게 경쟁하며 일할 줄 아는 기성세대가 기업에겐 더 필요하다. 감독 같은 선배가 아니라 플레잉 코치 같은 선배가 더 많아야 하기 때문이다.

회사를 위해 일하는가, 나를 위해 일하는가? 기성세대는 이런 이분법적 질문을 좋아했다. 그리고 그들은 회사를 위해 일했다. 회사가 곧 자기 인생이라 여기고 맹목적으로 충성했다. 평생직장이 가능하던 시대엔 그래도 된다. 하지만 세상은 바뀌었다. 변화에 적응하지 못하면 도태될 뿐이다. 밀레니얼 세대의 변화를 불편해하기보다 기성세대 스스로가 변화를 받아들여야 한다. 변화를 받아들인 세대만이 살아남을 것이기 때문이다. 왜 밀레니얼 세대를 미래를 주도할 세력이라고 말하는지 생각해봐야 한다. 조직문화의 혁신이 필요한 이유다.

기성세대에는 조직의 문제를 외부로 끌고 나가는 사람을 공익제보자가 아니라 배신자라고 생각했다. 아무리 심각한 문제라도 회사 안에서 조용히 처리하고 덮는 걸 좋아했다. 부정과 비리, 심각한 범법도 그렇게 조직 내에서 눈감아준 경우가 많았다. 하지만 이제는 투명한 조직이 필요하다. 환경, 윤리, 젠더, 사회적 책임 등에서 한국 기업들도 글로벌 스탠더드를 받아들여야 한다.

'우리가 남이가'라는 말은 기성세대가 가장 좋아하는 말이다. 하지만 우리는 남이다. 가족 같은 회사를 표방하는 회사가 최악의 회사다. 가족은 진짜 가족에게 맡기고, 회사는 회사다워야 한다. 워라밸은 그런 차원에서 필요한 화두다. 워라밸이 밀레니얼 세대가 일하기 싫어서, 야근하기 싫어서 만든 문화가 아니다. 워라밸은 기업을 위해서도 필요하고, 밀레니얼 세대뿐 아니라 모든 사람들을 위해 필요하다. 자기 충전 시간이 있어야 생산성도 더 높아지기 때문이다. 결론적으로 밀레니얼 세대를 기성세대식 조직문화에 적응시키는 게 기업의 숙제가 아니라, 기성세대를 밀레니얼 세대식 조직문화에 적응시키는 게 진짜 숙제일 수 있다.

기성세대가
좋아하는
골프를
왜
밀레니얼 세대는
좋아하지 않을까

02.

한국의 중년 남성들이 가장 좋아하는 스포츠 중 하나가 골프다. 기성세대에게는 한때 동경하는 스포츠였다. 부자들의 스포츠로 여겨지던 시절이 있었기 때문이다. 골프는 부자 또는 성공한 사람의 이미지를 드러내기에 좋았다. 소득 수준이 높아지면서 골프에 관심 갖는 사람들이 늘고, 특히 스크린골프장이 등장한 이후 4050대가 대거 골프를 경험했다. 노래방 가듯 스크린 골프장에 간다. 이제 골프는 대중 스포츠가 되었다.

그런데 4050대와 달리 밀레니얼 세대는 골프에 그리 열광하지 않는다. 오히려 그들은 서핑을 훨씬 더 좋아한다. 왜 기성세대와 달리, 밀레니얼 세대는 골프를 재미없어하는 걸까? 복잡하게 생각할 필요 없다. 기성세대가 그곳에 있기 때문이다. 밀레니얼 세대가 서핑을 좋아하는 이유도 같은 맥락이다. 그곳엔 기성세대가 없기 때문이다. 사실 이 얘긴 오해 없이 들어야 한다. 쉽게 이해시키기 위해서 이런 극단적인 답을 얘기한 것이지, 밀레니얼 세대가 기성세대를 싫어한다는 게 답은 아니기 때문이다.

골프는 서핑과 달리 개인의 취향과 개성을 반영하는 데 한계가 있다. 새롭게 뭘 만들어낼 여지가 없이 정해진 룰에 따라야 하는 일종의 굳은 문화다. 서핑은 하고픈 대로 마음껏 해도 된다. 좀 더 자유롭고 개성이 넘친다. 누가 뭐라고 잔소리할 일도 없다. 골프를 배우는 건 학습이다. 정해진 룰을 따르는 것일 뿐, 서핑처럼 경험을 통한 자기 방식을 만드는 데 제약이 따른다. 기성세대는 먼저 경험한 선생으로부터

하달받는 학습이 효율적이라 좋아했지만, 밀레니얼 세대는 뭐든 직접 경험해보고 좋은지 나쁜지 뭐가 문제인지를 스스로 따져보면서 자기만의 방식을 만드는 걸 재미있어한다. 그리고 결정적으로 골프는 가성비가 낮다. 밀레니얼 세대에겐 골프를 대체할 다른 것들이 너무 많다.

운동 좋아하는 밀레니얼 세대가 왜 골프는 재미없어할까?

골프의 최대 대체재가 바로 피트니스다. 2018년 2월, 영국 「파이낸셜타임스」에서 덤벨 이코노미Dumbbell Economy가 뜨고 있다는 기사를 다루면서, 덤벨 이코노미라는 말이 퍼졌다. 덤벨이 아령이고 이코노미가 경제니까 직역하면 '아령경제'인데, 한마디로 운동으로 자기관리하는 시장이 만든 경제효과를 말한다. 영국의 관련 업계에서는 피트니스 산업이 황금기를 맞았다고 얘기하는데, 전체 피트니스 센터 회원 수가 1000만 명을 넘었다고 추산했다. 피트니스 센터의 시장가치는 50억 파운드(약 7조 3000억 원) 정도다. 미국도 황금기다. 미국의 마켓워치marketwatch에 따르면 2017년 미국에서 피트니스 센터의 시장 규모가 190억 달러(약 21조 원)였고, 운동 장비와 용품 시장 규모는 330억 달러(약 37조 원)였다. 즉 미국인들이 1년간 피트니스 센터에 다니고, 운동 장비와 용품을 사는 데 520억 달러(약 58조 원)를 쓴 셈이다. 덤벨 이코노미의 일등공신으로 밀레니얼 세대를 꼽는다. 밀레니얼 세대가 좋아하는 운동장소는 피트니스 센터다. 이른바 헬스라고 하는 것이 밀레니얼 세대가 가장 좋아하는 운동인 셈이다.

이런 변화가 호텔업계에도 영향을 끼쳤다. 글로벌 여행 마케팅 기업 MMGY Global의 2016년 조사에 따르면, 호텔을 선택할 때 최우선 순위가 피트니스 클래스라고 응답한 밀레니얼 세대가 50%나 된다. 고급 피트니스 센터가 있는 호텔이 유리할 수밖에 없다. 2016년 아메리칸 익스프레스 트래블이 실시한 조사에서도, 호텔을 선택하는 가장 중요한 요소로 운동시설을 꼽은 밀레니얼 세대가 49%였다. 이러다 보니 미국 호텔에서는 피트니스 시설에 적극 투자할 수밖에 없다. 미국 호텔/숙박협회의 조사에 따르면, 2004년에는 전체 호텔의 63%가 피트니스 시설을 갖췄는데, 2016년에는 85%의 호텔이 피트니스 시설을 갖췄다. 시설 수준도 점점 고급화된다. 구색을 갖추는 수준으로는 고객 유인 효과가 없기 때문이다.

전 세계 어디라도 특급호텔에 묵을 경우 피트니스 센터나 수영장을 가보라. 운동하는 사람 중 밀레니얼 세대로 보이는 이들이 유독 많을 것이다. 과거에는 그 나이대의 숙박객들은 호텔 바에서 한잔하는 경우가 많았다. 심지어 그런 호텔 레스토랑에서는 건강한 몸매의 남녀가 스테이크보다 샐러드를 먹는 모습을 자주 볼 수 있다. 미국과 영국의 대도시에는 기존 회원제 헬스클럽(피트니스 센터)보다 규모는 작아도 개인별 운동 프로그램을 제공하는 부티크 짐이 확산 중이다. 런던 피카딜리에 문을 연 에퀴녹스 클럽은 가입비 500파운드(약 73만 원)에 월 회비 350파운드(약 51만 원)로 비싼 부티크 짐인데, 고객 중 밀레니얼 세대 비중이 높다. 밀레니얼 세대는 대부분 자기 관리를 위해 투자하는데,

자신을 위한 작은 사치로 비싼 부티크 짐을 적극 이용한다. 밀레니얼 세대가 골프에 관심이 없는 걸 돈이 별로 없어서라고 오해하는 기성세대가 있다. 하지만 밀레니얼 세대가 운동하는 데 쓰는 돈은 절대 적은 액수가 아니다. 오히려 돈보다는 재미, 효율성, 가성비의 문제가 더 크다.

미국 스포츠피트니스산업협회에 따르면, 18~34세 인구 중 골프인구는 2009년 740만 명에서 2014년 630만 명으로 줄었는데, 달리기를 하는 인구는 2009년 1680만 명에서 2014년 2800만 명으로 크게 늘었다. 골프가 밀레니얼 세대에게 점점 외면당하는 상황임을 보여주는 지표다. 운동에 대한 관심이 높아진 밀레니얼 세대에게는 혼자서 하는 피트니스 클럽이 효율적이다. 골프는 2인 이상 함께 하는 운동인 데다가, 투자비용에 비해 운동효과가 크지 않다. 참고로 몸무게 68킬로그램 남성이 1시간 동안 운동할 때 소모되는 칼로리를 비교하면, 달리기 668kcal, 수영 648kcal, 자전거 580kcal 등인 데 반해 골프는 캐디와 카트 없이 한다는 전제하에서도 273kcal에 불과하다. 실제로 캐디 쓰고 카트로 이동하는 경우라면 이보다 칼로리 소모가 훨씬 줄어들 수밖에 없다. 같은 시간 동안 달리기나 수영을 하는 것보다 2분의 1 혹은 3분의 1 정도의 칼로리가 소모되면서 비용은 몇 배가 더 들 수도 있다. 바쁜 밀레니얼 세대가 가성비 높은 운동을 선택하는 것처럼 Z세대도 크게 다르지 않을 것이기에 골프산업은 앞으로 더 부정적일 수 있다.

골프산업의 쇠락은 진짜 밀레니얼 세대 때문일까?

미국에서 골프인구의 정점은 3000만 명이었던 2003년이다. 그 뒤로 계속 줄어들어 2013년 2500만 명, 지금은 2000만 명 초반대로 본다. 그 원인은 밀레니얼 세대가 신규 골프인구로 유입되지 않은 탓이기도 하고, 금융위기 이후 이탈한 골프인구가 회복되지 않았기 때문이기도 하다. 분명한 사실은 반등할 가능성이 없다는 점이다. 미국은 2013년을 기점으로 골프산업의 위기를 아주 심각하게 바라보고 있다. 나이키와 아디다스는 2013년을 기점으로 골프용품 관련 매출이 매년 10~15%씩 감소세를 보였고, 나이키는 2016년 의류와 신발 일부만 남겨두고 골프용품 사업을 전격 철수했다. 아디다스는 2017년 자사가 보유한 골프용품사 테일러메이드, 애덤스 골프, 애시워스 등을 매각했다. 아디다스는 1997년에 국민소득 3만 달러대로 진입하자 골프산업의 성장 기회를 보고 테일러메이드를 인수했고, 쇠락기에 접어들자 의류와 신발 일부만 남겨두고 골프 관련 사업을 정리한 것이다. 미국에서는 골프장, 골프용품 업계 모두 위기를 맞았다.

이런 현상은 미국 얘기이고 한국은 다르다고 여기는 사람도 있을 것이다. 물론 미국과 한국은 다르다. 우리는 2018년에 1인당 국민소득 3만 달러대에 진입했다. '1인당 국민소득 1만 달러 시대에는 차를 바꾸고, 2만 달러 시대에는 집을 바꾸고, 3만 달러 시대에는 가구를 바꾼다'라는 속설이 있다. 가구를 바꾼다는 의미는 윤택한 삶을 위해 투자한다는 의미다. 레저와 여행, 취미에 대한 투자도 늘어날 수밖에 없는 시기다. 그래서 3만 달러 시대에 골프산업도 커진다는 속설도 있다. 우리나라가 국민소득 2만 달러에 진입한 건 2006년이다. 당시에는 몇 년 안에 국민소득 3만 달러에 진입할 거라는 장밋빛에 들떴고, 소비 수준은 이미 국민소득 3만 달러 대의 나라들을 능가했다. 2004년 시행된 주 5일 근무제는 몇 년 만에 자리를 잡았고, 레저와 여행 시장은 급성장했다. 그런 상황 속에서 한국의 골프산업도 성장했다. 골프장이 대거 만들어졌다. 2010년 우리나라의 골프장 수가 407개였는데 4년 만에 102개가 늘어서 2014년에 509개가 된다.

하지만 그렇게 기대하던 3만 달러 시대를 맞이했는데도 골프산업의 성장에는 한계가 있다. 골프산업이 위기라고 얘기하면 이해하지 못하는 한국 기성세대들이 많다. 그들이 골프장에 가면 늘 사람이 많고, 주변에 골프 안 치는 사람이 없어 보이기 때문이다. 골프가 부자의 스포츠에서 중산층의 스포츠를 지나 이제 서민까지도 누리는 스포츠가 되었다. 아직 한국에서는 위기가 크지 않은 건 맞다. 하지만 그 속을 들여다보면 위기는 이미 시작되었다.

미국은 1996년에 국민소득 3만 달러에 진입했다. 그러자 바로 골프산업의 전성기가 찾아왔다. 우리도 이제 3만 달러대에 진입했으니 앞으로 한참은 골프산업이 성장할 것이라고 예측하는 사람들이 꼽는 대표적 이유도 이것이다. 하지만 이러한 시각은 국민소득 증가만 보고 밀레니얼 세대를 간과해서 생긴 것이다. 미국에서 골프산업이 쇠락하기 시작한 가장 큰 원인은 소득 감소가 아니라 밀레니얼 세대의 이탈이다. 지금 미국의 1인당 국민소득은 우리의 두 배인 6만 달러가 넘는다. 아이러니하게 소득이 더 늘었는데 골프인구가 줄어들었다. 분명 골프가 다른 운동에 비해 돈이 더 들어가기에 소득이 늘면 골프인구도 늘어야 하는데 미국은 그 반대의 상황이 되었다. 밀레니얼 세대가 골프산업 쇠락의 결정타를 날린 건 미국만의 얘기가 아니다. 한국도 예외일 수 없다.

한국레저산업연구소에서 발표한 「2018년 골프장 산업 전망」 자료에 따르면, 연간 골프장 이용객 수가 2015년 3388만 명에서 2016년 3416만 명, 2017년 3542만 명, 2018년 3615만 명으로 매년 계속 늘었다. 골프장 수도 2015년 518개에서 2018년 537개로 늘었다. 골프장이 늘어난 만큼 골프장의 영업이익율은 갈수록 떨어졌다. 반면 골프인구는 2015년 399만 명에서 2016년 385만 명, 2017년 377만 명으로 줄어들었다. 물론 골프인구를 계산하는 방식은 들쭉날쭉이다. 골프장 이용 인구만으로 한정시킬 경우 100만 명이 채 안 되는 걸로 보기도 하고, 스크린 골프장 때문에 실질 골프인구가 500만 명이 넘는다고 보기도 한다.

흥미로운 사실은 스스로 골프인구라고 하면서도 골프장에 가보지 않는 이들이 많다는 것이다. 골프존이 마크로밀엠브레인과 함께 2017년 전국 만 20~69세 남녀 5000명을 대상으로 조사한 결과를 기준으로 추정한 골프 경험 인구는 835만 명이다. 구력 2년 이하의 신규 골프인구 중 85.5%가 스크린 골프장을 이용하는데, 심지어 필드 골프장은 전혀 안 가고 스크린골프장만 이용한다는 비율이 59.1%였다. 골프는 치는데 골프장은 안 가본 사람들이 점점 늘어나는 것이다. 이걸 운동이라고 할 수 있을까? 직장인들이 회식하고 노래방 가듯 실내골프장 가는 건 운동이라기보다는 유흥이나 사교에 가깝다. 운동효과보다는 같이 어울려 노는 방법 중 하나가 된 것인데, 이런 식으로 집단으로 어울리는 실내골프장 문화를 좋아하는 건 4050대들이다.

밀레니얼 세대는 실내골프장에서 재미를 찾기 어려울 수 있다. 애초에 집단적으로 어울리는 문화보다는 혼자 술 마시고, 코인노래방에서 혼자 노래 부르는 걸 문화적으로 받아들인 세대 아니던가. 골프는 치지만 골프장에는 안 가는 사람들이 많아질수록 골프를 둘러싼 세대 차이는 커진다. 기성세대가 골프를 필드에 나가서 하는 운동이 아니라 스크린 앞에서 하는 놀이로 받아들인 건 골프가 가진 사교의 기능만 살린 것이다. 한국인에게 골프는 사교 그 이상도 이하도 아닌 셈이다. 스크린 앞에서 아무리 신나게 놀아봤자 운동효과를 기대하긴 어렵기 때문이다. 골프가 운동으로서의 기능을 하지 못할수록 운동을 통한 자기 관리를 필수로 여기는 밀레니얼 세대에게 골프에 대한 흥미를 이끌어내기는 더욱 어려워질 것이다.

왜 베이비붐 세대는 운동으로 사교를 할까?

사실 베이비붐 세대뿐 아니다. 그 이전 세대도 마찬가지였다. 다만 베이비붐 세대는 여전히 그런다는 것이고, 이들의 영향으로 X세대도 운동으로 사교를 하는 경우가 많다. 집단주의적 문화의 영향이다. 개인보다는 집단으로 뭔가를 하는 것을 안정적이라 여기고, 소속감을 중요하기 생각하는 기성세대로선 당연한 선택이다. 기성세대는 혼자서는 자기 앞에 닥친 수많은 문제를 다 해결하고 대처할 수 없던 시대를 살았다. 지금은 스마트폰 하나면 수많은 문제를 해결할 수 있고, 누구의 주선이나 소개 없이도 필요한 사람이나 방법을 검색해서 찾아내는 시대다. 혼자서 할 수 있는 게 너무 많다. 이런 시대에 나고 자란 밀레니얼 세대와 Z세대가 베이비붐 세대나 X세대처럼 집단주의와 소속감을 가지기란 불가능하다. 이런 차이가 사교와 인맥을 바라보는 관점의 차이를 만들어낸다.

2014년 전미골프재단이 18~30세 1200명을 대상으로 실시한 골프 인식 조사 결과에 따르면, 57%가 골프를 '지루하다Boring'는 단어로 표현했다. 왜 기성세대가 좋아하는 골프를 밀레니얼 세대는 지루하다고 여길까? 기성세대가 골프를 하는 이유 중에는 사교가 큰 비중을 차지한다. 직장을 옮기거나, 사업을 하거나, 영업을 할 때 골프는 인맥을 쌓고 관계를 다지기에 좋은 수단이었다. 하지만 밀레니얼 세대는 골프가 아닌 페이스북, 링크드인, 인스타그램 등 소셜네트워크를 활용해 사람을 사귀고 인맥을 형성한다. 시간 대비 효율성도 높고 더 쉽다.

기성세대에게 사교운동은 골프만이 아니다. 축구는 조기축구회, 등산은 산악회, 심지어 실내수영장에 가도 같은 수영반끼리 커피 마시고, 밥 먹고, 아예 회비를 거둬 간식을 사거나 수영강사 선물을 사주기도 한다. 기승전 친목이라 해도 과언이 아닐 정도로 운동이 조연이고 친목이 주연이 되는 경우도 많다. 이런 현상은 기성세대식 인맥관과 관련이 있다. 혈연·학연·지연 같은 인맥으로 이해관계를 다지고, 아쉬울 때 도움받을 수 있는 사람을 많이 확보해두는 걸 중요하게 여긴다. 심지어 인맥을 과시하기도 한다.

하지만 밀레니얼 세대는 운동할 땐 운동 자체만 한다. 수영하러 갔으면 수영만 하면 되지, 굳이 같은 반 사람들과 어울려 밥 먹고 수다 떨 필요를 못 느낀다. 등산도 마라톤도 자전거도 혼자 하고 싶을 때 하면 되지, 굳이 사람들과 모여서 할 필요는 없다고 여긴다. 단체스포츠에 대한 관심이 줄어드는 것도 같은 맥락이다. 축구·야구·농구 같은 팀스포츠는 여럿이 모여야 가능하기 때문에 서로의 시간을 맞추는 문제부터 팀 안에서 나이 서열이 만들어지는 문제까지 밀레니얼 세대, 특히 개인주의적 사고를 하는 사람들에겐 불편하기 짝이 없다. 건강하려고 하는 운동인데, 인간관계의 스트레스를 감수해야 하므로 꺼릴 수밖에 없다. 밀레니얼 세대와 베이비붐 세대가 함께 운동을 할 때 가장 크게 갈등을 겪는 부분이 이런 것이다.

운동만 하고 친목을 원치 않는 세대와 운동하며 친목 쌓는 걸 필수라 여기는 세대가 함께 운동을 하기는 어렵다. 결국 기성세대가 좋아하는 운동과 밀레니얼 세대가 좋아하는 운동이 서로 분리되기 쉽고, 장기적으로 보면 베이비붐 세대가 좋아하는 운동은 산업적으로 위기를 겪을 가능성이 커진다. 미래에는 밀레니얼 세대가 더욱 강력한 소비 세력이 될 것이기 때문이다.

홈트레이닝 시장이 갑자기 성장한 것도 바로 밀레니얼 세대 때문이다. 집에서 혼자 유튜브 보면서 운동하는 사람들이 늘어나는 현상을 돈을 아끼기 위해서라고만 해석해서는 안 된다. 남들 의식할 필요 없고, 남과 어울릴 필요 없고, 밤이든 낮이든 상관없이 시간을 최대한 효과적으로 활용하며 건강관리를 하기엔 홈트레이닝만한 게 없다. 피트니스만 홈트레이닝하는 게 아니다. 이제 뭐든 "유튜브로 배웠어요"라는 말이 자연스럽다. 코치의 역할을 유튜브가 대신하고, 가상현실과 증강현실, 혼합현실 기술도 도와준다.

왜 파파라치와 힙합 래퍼들이 피트니스 센터를 찾는 걸까?

파파라치와 힙합 래퍼들도 바꾸어놓은 게 바로 밀레니얼 세대의 힘이다. 파파라치는 유명한 스타들의 사생활이 담긴 사진을 찍는 일이 직업이다. 과거에는 주로 고급 호텔 바 혹은 유명한 나이트클럽 등 술집 주변에서 대기하는 경우가 많았다. 스타들이 자주 출몰하는 곳이기에 사진 찍을 확률이 높아서다. 그런데 이젠 파파라치가 대기하는 장소가 바뀌고 있다. 유명 피트니스 센터 혹은 요가나 줌바 같은 운동 프로그램을 하는 곳을 선호하고 있다. 요즘은 술에 취하거나 화려한 옷을 입은 모습보다는 피트니스 센터에서 트레이닝복이나 레깅스 차림으로 나오는 연예인 사진이 많이 찍힌다. 밀레니얼 세대에게 운동을 통한 건강과 자기 관리가 필수가 되면서, 스타들도 운동하는 모습이 대중에게 멋진 이미지가 된다는 것을 알아챘다. 대중들도 열심히 운동하며 자기 관리 하는 스타에게 더 열광하고 있다. 유명 스타가 운동하는 모습을 보고 비슷한 피트니스 센터에 가서 운동하면서 스타와 자신을 동일시하기도 한다. 밀레니얼 세대에겐 무슨 운동을 어디서 하는지, 누구와 하는지, 어떤 옷을 입고 하는지도 중요해졌다. 유튜브에 홈트레이닝하는 영상이 수도 없이 올라오고, 자신의 운동하는 모습과 날씬해지고 건강해진 모습을 공유하고 자랑한다. 밀레니얼 세대에게 운동의 의미가 이렇다 보니, 관련 산업이 커지는 건 당연하고, 밀레니얼 세대를 팬으로 갖고 있는 스타가 바뀌는 것도 당연하다. 심지어 힙합 래퍼들까지도 건강관리에 신경 쓰고 있을 정도다.

"Health Is the New Wealth(건강이 새로운 부유함이다)"는 미국 최대 헬스클럽 체인인 에퀴녹스 CEO 하비 스페박Harvey Spevak이 한 말이면서, 다큐멘터리 〈Feel Rich: Health Is the New Wealth〉의 제목이기도 하다. 이 말은 운동으로 건강을 챙기는 게 요즘 부유한 사람들의 특징이라는 의미이기도 하고, 헬스 관련 산업이 호황이라는 의미이기도 하다. 과거에도 헬스클럽과 관련 산업이 있었는데 왜 갑자기 이런 분위기가 만들어진 걸까? 바로 밀레니얼 세대 때문이다. 밀레니얼 세대에게 운동과 건강관리는 필수다. 재미있는 건 앞서 소개한 다큐멘터리의 내용이다.

예전에는 과소비로 자신의 성공과 능력을 과시했던 것과 달리, 최근에는 몸에 좋은 음식을 먹고 운동을 하며 건강관리하는 힙합 뮤지션들이 늘어나고 있다는 이야기다. 어렵게 살다가 성공해 보석과 비싼 자동차 등으로 과시는 하지만 정크푸드나 먹으며 자기관리에 소홀했던 힙합 뮤지션들이 건강을 새로운 부유함으로 받아들이고 있다. 거침없는 디스와 욕설, 갱스터 같은 이미지의 힙합 래퍼들마저도 건강한 음식과 운동을 즐기는 걸 중요하게 여기기 시작했다는 건 확실한 변화다. 이것이 바로 밀레니얼 세대가 바꾼 변화다. 살찐 사람을 부자 이미지로 여겼던 있었지만 이젠 그 반대다. 실제로 비만인구는 소득 하위계층일수록 더 많다. 부를 과시하는 게 미덕인 힙합 래퍼들도 아무리 큰 금목걸이를 걸고 현금 다발 휘두르며 벤틀리나 포르셰를 타도 몸매나 건강 상태가 좋지 않으면 부자 이미지가 되지 않는다는 걸 인식했다. 대중의 지지를 받지 못하는 스타는 존재할 수 없다. 인기를 먹고사는 스타들은 대중이 원하는 대로 따를 수밖에 없는데, 밀레니얼 세대는 현재 가장 강력한 소비세력이자 대중이다.

왜 한국의 밀레니얼 세대는 서핑을 좋아할까?

왜 갑자기 국내에서 서핑이 트렌드가 되었을까? 국내에서 서핑이 시작된 건 1990년대로 추정되나, 트렌드로서 본격적으로 확대되기 시작한 기점은 2015년으로 볼 수 있다. 래시가드 열풍이 시작된 시점과도 겹친다. 이때부터 여름철 잘나가는 여자 연예인들의 이미지는 비키니가 아닌 래시가드 입고 서핑하는 모습으로 바뀌었다. 2015년 전까지 서핑은 레포츠의 의미가 강했다. 소수의 마니아들이 서핑 자체에 집중했다. 하지만 2015년부터 밀레니얼 세대의 힙한 문화이자 놀이로 부각되었다. 얼마나 파도를 잘 타느냐보다 서핑하면서 도전하고 즐기는 그 자체에 주목한다. 서핑한 후 서퍼들끼리 맥주 한잔 하면서 어울리고 해변에서 음악을 들으며 즐긴다. 특히 서핑 전용 비치에서는 낮엔 서핑을, 밤엔 클러빙을 즐기는 게 하나의 문화가 되고 있다. 주류업계가 이런 트렌드를 반영해, 서퍼들이 오는 서핑 스팟에 공연이나 먹거리를 갖추고 축제 분위기를 만들어 마케팅에 활용하기도 한다.

국내의 대표적 워터파크인 캐러비안베이는 2017년 여름부터 야외 파도풀에 서핑 체험장을 운영하기 시작했다. 신라호텔을 비롯한 제주의 주요 특급 호텔은 여름철에 서핑 클래스를 운영하고 있다. 심지어 대형마트에서도 서핑보드를 팔기 시작했다. 한국에서 수십 년간 소수가 누리던 서핑문화가 최근 몇 년 새 밀레니얼 세대가 누리기 시작하면서 서핑인구도 급증했고, 서핑에 대한 심리적 진입장벽도 사라졌다. 서핑은 비싸다거나, 특별한 사람들만 누리는 것이라는 선입견이 지워진 것이다. 그러면서 서핑에 대한 흥미로운 태도가 만들어졌다.

광고회사 이노션 월드와이드가 2017년 8월 소셜 빅데이터 분석을 기반으로 한 서핑 열풍에 대한 트렌드 보고서를 발표했는데, 서핑에 대한 인식에서 가장 많이 드러난 연관어가 '사진 찍다' '멋있다' '새롭다' '도전하다' '배우다' 등이었다. 서핑에 대한 태도를 단적으로 보여주는 사례다. '서핑을 누구와 함께 즐기는가'에 대한 분석도 흥미로웠는데, '혼자'가 53%를 차지해 '친구(19%)' '가족(16%)' '커플(12%)'보다 훨씬 높았다. 혼자서도 강원도나 제주도로 서핑하러 간다는 이야기다.

바다는 당연히 친구나 가족과 함께 놀러 가는 걸로 여겼던 이들은 기성세대다. 반면 밀레니얼 세대는 혼자서도 전국 어디든 간다. 서핑은 혼자서 하는 스포츠인 데다 룰도 복잡하지 않다. 대개 서핑 스팟이 있는 해변에는 서핑스쿨이 늘어서 있는데, 이런 서핑스쿨은 게스트하우스를 겸한다. 초보자가 주말을 이용해 1박 2일로 서핑을 즐기러 온다면 첫날 서핑 강습을 받고 하룻밤 자고 다음 날 자유 서핑을 즐기는 식이다. 그러면 그다음 주말부터는 강습 필요 없이 자유 서핑만 이틀 즐기다 간다. 이렇게 서핑에 푹 빠지면 매주 바다를 찾고, 전국의 서핑 스팟을 찾아다니고, 해외의 서핑 스팟으로도 간다.

국내에서는 제주가 서핑의 원조인데, 제주 중문해수욕장, 부산 송정해수욕장, 양양 하조대, 태안 만리포해수욕장 등이 대표적 서핑 스팟이다. 2030대에게 여름철 누릴 수 있는 가장 멋있고 새로운 이미지는 서핑을 하는 자신의 사진이다. 인스타그램이나 페이스북에 서핑하는 사진을 올리는 게 중요해졌다. 남들에게 부러움을 사기 위해 서핑을 해야 하는 것이다. 서핑 열풍은 타투 인구 증가에도 영향을 끼쳤다. 밀레니얼 세대에게는 멋지게 서핑하는 자신의 사진을 소셜미디어에 올려 공유하는 것만큼 타투도 개성 있는 선택이기 때문이다. 기성세대가 관심을 두지 않았던 서핑, 기성세대가 금기시하던 문신(타투)이 밀레니얼 세대로 인해 기회를 만났다.

물론 서핑 열풍이 계속된다는 보장은 없다. 밀레니얼 세대에게 서핑이 힙하다는 느낌은 서핑 인구가 더 늘어나고 서핑이 흔한 일이 될수록 줄어들 것이기 때문이다. 서핑의 대중화는 기성세대들도 서핑을 즐기는 계기를 만들어줄 것이다. 그래서 서핑이 더 이상 밀레니얼 세대만의 문화로 남아 있지 못하면 힙하고 트렌디한 이미지를 잃어갈 것이기 때문에 서핑은 다시 레저스포츠의 의미로 돌아갈 수 있다. 2015년 서핑 열풍의 시작을 알렸던 힙스터나 트렌드세터들은 슬슬 이탈하고 있다. 개성과 취향이 중요한 사람들에게 희소성은 중요하다. 서핑 자체가 재미없어진 게 아니라 너무 흔해지면 가치도 흥미도 떨어지기 때문이다. 제2, 제3의 서핑이 될 스포츠는 무엇일까? 골프의 위기, 서핑의 기회, 이 모든 중심에 밀레니얼 세대가 있다.

왜 밀레니얼 세대는 미술관을 좋아할까?

밀레니얼 세대에게 가장 사랑받는 미술관은 단연 대림이다. 2010년대 들어, 사진과 디자인에 특화된 대림미술관이 폴 스미스Paul Smith, 카를 라커펠트Karl Lagerfeld, 디터 람스Dieter Rams, 핀 율Finn Juhl, 라이언 맥긴리Ryan McGinley, 토머스 헤더윅Thomas Heatherwick, 코코 카피탄Coco Capitan 등 2030대의 취향을 저격한 전시들을 연이어 흥행시키며 밀레니얼 세대의 핫플레이스로 자리잡았다. 대림문화재단은 대림미술관의 성공에 힘입어 밀레니얼 세대를 타깃으로 하는 복합문화공간인 디뮤지엄, 나아가 구슬모아당구장까지 만들어졌다. 대림미술관, 디뮤지엄, 구슬모아당구장 등 대림문화재단의 세 전시관이 보여준 전시는 잇달아 흥행에 성공했다.

　대림미술관은 사진 찍기 좋은 작품들로만 전시를 한다고 해도 과언이 아닐 정도로 대중의 욕망을 잘 읽었다. 덕분에 한국의 2030대 여성들의 인스타그램이나 페이스북에 가장 많이 등장하는 미술관이 되었다. 대림미술관은 사진 촬영 허용을 적극적으로 가장 먼저 시작한 미술관 중 하나인데, 덕분에 해시태그 수도 다른 미술관들에 비해 압도적으로 많았다. SNS에서의 입소문 효과를 가장 잘 누린 미술관이다. 사진과 디자인이라는 장르 자체가 사진 촬영 허용에 영향을 줬을 수도 있지만, 소셜미디어를 향한 2030대의 욕망을 가장 잘 반영했다고 할 수 있다. 상업적 미술관이 어떤 방향으로 가야 하는지를 보여준 대림의 세 전시관의 전략을 따라 하려는 곳들이 계속 생기는 걸로 보아 대림은 전시계의 트렌드세터라 할 만하다.

밀레니얼 세대는 전시관 입장객에서 절대적인 비중을 차지한다. 그 중에서도 여성의 비중이 높다. 즉 20대 여성의 마음을 누가 사로잡느냐가 중요한 것이다. 이들의 성공비결에서 가장 큰 요소는 밀레니얼 세대가 좋아할 코드를 잘 반영하고 있다는 점이다. 유명 예술가의 이름에 주눅 들며 그들의 명성을 보러 가는 기성세대와 달리, 밀레니얼 세대에겐 공감을 주는 게 무엇보다 중요하다. 명성보다 공감할 요소가 얼마나 있는지에 따라 전시에 갈지 말지를 결정한다. 그리고 이런 공감은 사진으로 옮겨질 수 있어야 한다. 인스타그램에 올리기 좋은 사진을 찍을 수 있느냐도 중요한데, 요즘 전시에서 이른바 사진빨 잘 받는 공간과 작품들을 중요하게 배치하는 것이 이런 이유에서다. 기성세대에게 미술관은 근엄하고 진지한 공간이었고, 사진을 찍는다는 것은 엄두도 낼 수 없었다. 하지만 최근에 밀레니얼 세대에게 사랑받는 전시공간에서는 사진 촬영이 마음껏 할 수 있다.

 전시관에서의 사진 촬영 허용은 한국만의 상황이 아니라 세계적 대세다. 뉴욕의 MOMA는 오래전부터 사진 촬영 금지를 해제해서 자유롭게 작품 사진을 찍을 수 있었지만, 뉴욕이든 런던이든 서울이든 사진 촬영을 금지하는 전시공간이 많았다. 미술관에서 사진 촬영 금지 규칙이 생긴 이유는 작품 보호와 저작권 문제, 타인 관람 방해 때문이었다. 하지만 글로벌 경제위기로 미술관에 대한 정부 지원이나 후원이 줄어들어 관람객 유치가 더 절실해진 상황과 함께, 스마트폰과 소셜 네트워크의 거센 흐름은 이런 규칙을 없애게 만들었다. 프랑스의 오르세 미술관도 2015년부터 작품을 훼손시키지 않는 선에서 사진 촬영을 허용하고 있다. 이미 영국 런던의 대영박물관, 프랑스 파리의 루브르박물관과 퐁피두센터, 미국 뉴욕의 메트로폴리탄 등은 그전부터 사진 촬영을 허용했다.

 인스타그램이나 페이스북에서 사진 공유를 통한 홍보효과가 커지면서 흥행 차원에서 사진 촬영 금지를 해지하거나, 아예 사진 찍기 좋은 작품들을 전시하는 경향도 늘고 있다. 덴마크 국립미술관은 2014년부터 사진 촬영 금지 푯말을 모두 제거했고, 프랑스 파리박물관협회는 영향력 있는 인스타그램 사용자를 고용해 홍보에 활용하기 시작했다. 사진 촬영을 금지할지 허용할지는 미술관과 박물관의 흥행에 영향을 준다. 뉴욕 브로드웨이의 뮤지컬 공연장도 인터미션과 공연이 끝난 뒤 극장 안에서 사진 찍는 것을 허용하게 되었다. 미슐랭 별을 받은 유명 레스토랑 중에서도 과거에는 사진 촬영을 금지하던 곳이 많았는데 지금은 그런 곳을 찾기 어렵다. 오히려 사진 찍는 걸 적극적으로 도와주기도 하고, 인스타그램에 음식 사진을 올려달라는 얘기까지 한다. 미슐랭 레스토랑에서도 사진 찍는 걸 허용하는 게 대세다. 음식 먹기 전에 사진 찍어서 공유하는 건 음식 자체를 공유하는 게 아니라 그 음식을 선택하고 즐기는 자신의 취향과 라이프스타일을 공유하는 것이다. 적극적 공유를 통해 자신의 매력을 드러내고 안목과 취향을 과시하는 게 하나의 문화가 되었다.

우린 언제 사진을 찍을까? 나만의 비밀로 간직할 것을 위해서도 사진을 찍지만, 남들에게 매력적으로 보일 만한 사진을 SNS에 올리기 위해서도 찍는다. 멋진 식당과 멋진 전시, 멋진 공연, 멋진 물건, 멋진 여행지가 대표적이다. 무엇을 먹고 무엇을 입고, 어디를 가고, 누구를 만나는지는 그 사람의 취향과 안목을 말해주는데, 우리는 이런 사진을 주로 공유함으로써 자신을 돋보이고자 한다. 이전에는 무엇을 소비하는지가 그 사람을 말해주는 소비의 사회를 살았다면, 이제는 어떤 취향과 안목을 가졌는지가 그 사람을 말해주는 취향의 사회를 살고 있다. 밀레니얼 세대는 기성세대보다 전시와 공연을 많이 찾는다. 여행도 훨씬 더 많이 간다. 취향을 쌓는 것이 필수가 되어서다. 공연을 보고, 여행을 가고, 전시를 보는 것이 기성세대보다 훨씬 보편적인 일이 되었고, 자연스러운 일상이 되어간 것은 밀레니얼 세대의 욕망을 보여주는 단적인 사례다.

밀레니얼 세대가
왜
중요한가

03.

가장 중요한 소비세력이다. 이미 소비시장에서 판도를 바꾸는 데 영향을 미치고 있지만, 앞으로는 더 큰 영향력을 가질 소비세력이다. 그들의 선택에 따라 흥하는 기업과 망하는 기업이 생기고, 그들의 영향력이 소비시장뿐 아니라 기업의 비즈니스 방식도 바꿀 수 있다. 이것이 밀레니얼 세대의 중요성을 얘기하는 첫 번째 이유다. 두 번째 이유는 밀레니얼 세대가 막강한 유권자 그룹이라는 것이다. 그들이 전체 유권자 중 차지하는 비중이 커졌으며, 소셜미디어를 비롯한 온라인과 모바일 세상을 장악하고 있다. 여론과 트렌드 생성에서 중요한 역할을 한다는 것이 밀레니얼 세대의 중요성을 얘기하는 세 번째 이유다. 밀레니얼 세대의 소비자로서의 영향력, 유권자로서의 영향력, 트렌드 생산자로서의 영향력은 앞으로 더 커질 것이다.

   아직 밀레니얼 세대의 진짜 전성기는 오지 않았다. 이제 겨우 사회적 태동을 하고 영향력을 만들어내기 시작했을 뿐이다. 그럼에도 그들의 경제적·정치적·사회적·문화적 영향력은 이미 베이비붐 세대를 능가하고, X세대와도 어깨를 겨룰 정도가 되었다. 밀레니얼 세대를 이해하고 사로잡지 못하면 기업도 정치권도 위기를 맞을 수밖에 없다. 현재 20대와 30대 초중반인 밀레니얼 세대가 30대와 40대 초중반이 되는 시점을 상상해보라. 그들이 가진 경제력과 정치력은 지금보다 더 커질 수밖에 없다.

누가 밀레니얼 세대인가?

밀레니얼 세대Millennials, Millennial Generation라는 말은 미국의 닐 하우Neil Howe와 윌리엄 스트라우스William Strauss가 쓴 『세대: 미국 미래의 역사Generations:The History of America's Future』(1991)에서 처음 등장했는데, 1980년부터 2000년까지 태어난 사람들을 칭했다. 이후 밀레니얼 세대의 범위에 대해선 연구기관과 조사자들에 따라 조금씩 차이는 있지만 보편적으로 1980년대 초반에서 1990년대 중반이나 2000년대 초반까지 태어난 사람들로 봤다.

사실 처음 밀레니얼 세대라는 말이 만들어지고 논의가 시작된 1990년대만 해도 밀레니얼 세대는 어린이들이었다. 2000년대 들어서부터 이들의 가치가 부각되기 시작했고, 이들의 범위를 좀 더 구체화시키기 시작했다. 오스트레일리아 매크린들 리서치는 1980~1994년생, 미국 갤럽은 1980~1996년생, 영국 어니스트앤영Ernst and Young은 1981~1996년생으로 범위를 정하고 있고, 2018년 3월 미국의 퓨리서치센터가 10년간의 연구 끝에 1981~1996년생을 밀레니얼 세대라고 정의한다고 발표하기도 했다. 이 정의에 따르면 2019년 기준 만 23~38세다.

미국이나 유럽은 베이비붐 세대가 제2차 세계대전 이후인 1940년대인 데 반해 한국은 한국전쟁 이후인 1950년대다. 미국의 X세대가 1960년대 초부터인데 한국은 1970년대생들이다. 점점 간극이 좁혀지고 있지만 미국의 기준을 그대로 적용하기보다 한국식으로 보정할 필요가 있다. 필자는 『라이프 트렌드』시리즈를 통해 밀레니얼 세대를 1985~1999년생으로 제시한 바 있는데, 한국식 나이로는 2019년 기준

만 21~35세다. 이들의 인구수만 1005만 명인데, 범위를 1~2년 넓히면 최대 1200만 명에 이를 수 있다.

　이들을 중요한 차세대로 보기는 미국뿐 아니라 전 세계가 마찬가지였고, 이후 밀레니얼 세대는 다양한 이름으로 불리기도 했다. 밀레니얼 세대가 X세대의 다음 세대라서 알파벳 순서상 Y세대로 부르기도 한다. 인터넷 시대에 태어나 디지털 기기와 친숙하고 인터넷과 모바일을 익숙하게 다룬다고 해서 테크세대Tech Generation, 디지털 네이티브Digital Native 등으로 부르기도 했고, 미국 시사잡지 「타임」에선 자기중심적으로 사고하고 행동하는 세대라는 의미로 미 제너레이션Me Generation이라 명명하기도 했다. 베이비붐 세대의 자녀 세대라고 해서 에코붐세대echo boomers 혹은 에코세대로도 불린다. 한국에서는 이들을 출산, 결혼, 취업 등 여러 가지를 포기했다고 해서 N포세대, 네트워크에 능하다고 해서 넷세대, 2000년대를 주도한다고 해서 새천년세대로 부르기도 했다. 이름이 많다는 건 그만큼 그들에 대한 관심이 많다는 뜻이다. 이들의 특성을 담아낸 여러 이름만 잘 파악해도 밀레니얼 세대를 이해하는 데 도움이 된다.

　중요한 건 밀레니얼 세대가 경제활동인구에서 차지하는 비중이 점점 높아질 것이라는 점이다. 통상 15세 이상 인구 중 수입이 있는 일에 종사하고 있거나 구직활동 중에 있는 사람을 경제활동인구라고 하는데, 주로 15세에서 64세 사이로 보고, 이 중 핵심 나이로는 20대 중후반에서 50대 초중반까지라고 할 수 있다. 2019년 1월 기준 통계청 경제활동 인구조사 결과 경제활동인구는 2745만 5000명으로, 15~64세 중

61.9%다. 1000~1200만 명의 밀레니얼 세대가 한국의 경제와 미래를 이끌 차세대 주자라고 얘기하는 건 이 때문이다. 지금도 이들이 병역·근로·납세·소비에서 결정적 역할을 하고 있는데, 앞으로는 그 역할이 더 커질 것이다.

한국경제뿐 아니라, 세계경제에서도 밀레니얼 세대의 역할은 크다. 퓨리서치센터는 2020년 이후 세계 노동인구의 35%를 밀레니얼 세대가 차지할 것으로 봤다. 「파이낸셜타임스」에 따르면, 밀레니얼 세대가 세계 인구 중 4분의 1 정도인 18억 명에 이른다. 노동인구 기준으로는 3분의 1이 밀레니얼 세대다. 세계 인구에서 신흥국과 개발도상국의 비중이 큰 데다, 상대적으로 출산율도 높았기에 세계 밀레니얼 세대의 86%도 신흥국과 개발도상국에 있다. 특히 중국의 밀레니얼 세대 인구는 3억 5100만 명으로 미국 전체 인구를 능가한다. 베트남, 말레이시아, 인도 등 아시아 주요 국가의 평균연령(전체 인구 나이의 평균값)과 중위연령(전체 인구 나이의 가장 중간값)이 20~30대인 경우가 많아 앞으로 밀레니얼 세대의 역할은 더 커질 수밖에 없다. 참고로, 2017년 11월 베트남에서 개최한 APEC 회의 중 베트남 총리 응웬 쑤언 푹Nguyen Xuan Phuc은 베트남 인구 중 35세 미만이 전체의 60%가량이라고 밝힌 바 있다.

기성세대에겐 당연했던 것들이 왜 밀레니얼 세대에겐 통하지 않을까?

'왜?'라고 따져보지 않고 '원래 그런 거야'라며 받아들이는 세대들이 사회를 계속 이끌어오다 보니 이런 태도가 전통이 되고 관행이 되었다.

그런데 '왜?'를 따지고 전통이나 관행에 적극적으로 반기를 드는 세대가 등장하면서 당연했던 것들과의 결별이 지속적으로 이뤄지고 있다. 미국의 크레딧카드닷컴creditcards.com의 조사 결과에 따르면, 밀레니얼 세대의 5분의 1 정도는 서비스를 이용하면서 팁을 내지 않는 것을 선호한다고 답했고, 3분의 1은 최소한의 팁을 낸다고 답했다. 과거세대에 비해 팁에 인색해진 것은 돈의 문제가 아니라 관성에 대한 반감이기도 하다. 서비스 종사자의 급여가 팁에 의존하는 노동 환경이 불합리하다고 인식하는 것이다. 팁 문화가 있는 곳에서는 서비스 종사자의 열악한 임금을 팁으로 어느 정도 보전해준다. 당연히 노동자에게 불리하다. 합리적 평가에 익숙한 밀레니얼 세대는 이런 관행을 방치하는 것도, 이런 관행에 일조하는 것도 못마땅해한다.

한국인에게는 낯설지만 영국이나 미국 등에 널리 퍼져 있는 팁 문화는 18세기부터 시작되었다. 300년 넘은 전통을 자랑하는 문화인 셈인데, 밀레니얼 세대들은 이 전통을 그대로 이어가지 않을 기세다. 팁 문화를 관성적으로 받아들였던 과거세대들과 달리 밀레니얼 세대는 서비스가 마음에 들었을 때만 비용을 지불하겠다는 입장이다. 밀레니얼 세대뿐 아니라 Z세대들도 이런 입장에 가까우니 앞으로 팁 문화는 지금보다 더 위축될 것이 분명하다.

팁뿐 아니라 사회적 가치를 소비에 적용하는 것도 마찬가지다. 환경적으로나 사회적으로 문제가 있는 기업이 만든 상품은 아무리 품질이 좋더라도 사주지 않으려 한다. 평가하고 판단하는 데 익숙한 세대라서 좋은 물건의 기준을 더 이상 물건 자체의 품질에만 두지 않는다. 전통 있는 유명 브랜드라도 하루아침에 외면당할 수 있다는 뜻이다. 종교에 대한 태도도 마찬가지다. 모든 종교에서 밀레니얼 세대를 새로운 신도로 유입하기가 어렵다며 우려한다. 밀레니얼 세대는 종교에 대해서도 합리적·논리적 관점으로 판단하다 보니 흥미를 가지기 어려웠다.

저축에 대한 태도도 다르다. '젊어서 고생은 사서도 한다' '노후를 위해 젊어서 저축을 많이 해야 한다' 같은 얘기는 금리가 높아 저축으로 돈이 불어나는 게 실감났던 과거세대에나 해당된다. 지금처럼 저금리 시대를 살아가는 밀레니얼 세대로서는 저축할 돈으로 자신의 가치를 높이는 데 투자하는 것이 미래를 위한 합리적인 대비로 보일 수 있다. 밀레니얼 세대가 미래를 위해 오늘의 즐거움을 포기하지 않고 욜로YOLO와 작은 사치를 받아들인 건 그들이 소비지향적이서도, 일하기보다는 놀고 싶어서도 아니다. 미래를 대비하는 방법이 주로 저축이었던 과거와 달리, 지금은 각자의 방법이 있다. 이들은 경험을 쌓고 실력을 키우는 데 투자를 하는 것이 저축 이상의 가치 있는 미래 준비라고 생각한다.

어떻게 살아갈 것인가에 대한 생각에서 기성세대보다 밀레니얼 세대가 더 개별적 다양성이 크다. 기성세대가 아는 인생의 방향은 몇 가지 안 되었고, 성공한 인생이라 하면 돈과 지위를 우선 떠올렸다. 자신이 원하는 인생, 자신이 만족하고 즐거워하는 일을 하는 것은 과거세대에겐 사치일 때가 많았다. 하지만 밀레니얼 세대가 과거세대의 성공관을 따르기는 어렵다. 좋은 일자리는 점점 더 줄어들고 있다. 결혼해 가정을 이루고, 내 집을 마련하고, 노후자금까지 마련하기가 점점 어렵다. 과거세대의 성공관을 따르다 보면 실패한 인생, 이른바 루저가 되기 쉽다. 반대로 과거세대의 방식을 버리고 오늘에 충실하고 즐겁게 사는 것이 성공한 인생이라고 여기면 위너가 된다고 생각하는 것이다.

기성세대에게 당연했던 것이 밀레니얼 세대에게 당연하지 않게 된 가장 큰 배경은 평생직장 개념이 사라지고, 누구나 직업을 가지고 경제활동을 하면 현재보다 더 나은 미래의 경제력을 가질 수 있었던 시대가 끝났기 때문이다. 그동안은 다음 세대가 늘 이전 세대보다 더 풍요로웠다. 경제는 계속 성장했고, 기회는 더 많아졌다. 하지만 밀레니얼 세대는 이전 세대보다 가난해질 첫 번째 세대다. 따라서 이전 세대들이 갖고 있는 돈과 소유, 성공에 대한 관점을 대신할 그들만의 관점이 필요해졌다. 밀레니얼 세대가 특이한 별종이라서 과거로부터 이어져오던 전통과 관성을 거부하는 게 아니라 자신이 처한 환경에 맞게 스스로 적응하고 있어서다. 중요한 건 밀레니얼 세대의 적응과 진화가 향후 경제, 정치, 사회, 문화 모든 분야에 변화를 불러올 것이라는 점이다.

신입사원이 사표를 쓰는 것도, 결혼과 출산을 기피하는 것도 이런 변화 중 하나다. 모두가 결혼하는 시대를 살았던 과거 사람들은 결혼을 비롯해 기성세대가 당연하다고 여겼던 것들을 포기한 세대라고 해서 이들에게 N포세대라는 이름을 붙이기도 한다. 사실 당연한 것이냐 당연하지 않은 것이냐는 세대별 차이가 있다. 기성세대에겐 결혼하지 않는 밀레니얼 세대가 결혼 포기 세대로 보이겠지만, 밀레니얼 세대에겐 결혼 자체가 애초에 당연한 것이 아니다. 포기한 게 아니라 선택하지 않은 것이다.

설령 결혼을 하더라도 과거처럼 결혼식을 거창하게 치르지 않는다. 스몰웨딩의 확산은 한국만의 상황이 아니다. 전 세계적으로 대규모 연회장을 가진 웨딩산업은 위기다. 미국 최대 웨딩기업 데이비즈 브라이덜David's Bridal은 2018년 파산보호를 신청했고, 미국의 유명 웨딩드레스 제작업체 앨프리드 안젤로Alfred Angelo는 2017년에 파산했다. 한국에서도 대규모 예식장이 잇달아 파산하고 있다. 예식장을 호텔이나 다른 용도로 전용하는 경우도 늘어간다. 일본에서는 예식장을 주중에는 공유 오피스나 뷔페식당, 카페 등으로 사용하고 주말에만 결혼식을 치르는 곳이 늘어났다. 밀레니얼 세대들의 결혼관의 변화로 말미암아 웨딩산업이 위기를 맞고 있는 것이다. 이는 혼수시장, 신혼집 부동산 시장, 출산과 육아 시장에도 영향을 준다. 결혼관의 변화가 만들어내는 나비효과는 꽤 커질 수 있다. 밀레니얼 세대의 결혼관, 출산관의 변화에 대한 이해 없이 결혼과 출산을 장려하는 각종 지원이나 유도 정책들은 실패할 수밖에 없다.

당연한 것이 당연하지 않게 되었을 때는, 당연한 것에 대한 기준 자체를 바꾸는 것부터 시작해야 한다. '원래 그랬어' '우리 때는 그랬어'라는 식으로는 절대 간극을 좁히지 못한다. 밀레니얼 세대는 단지 결혼관만 바뀐 게 아니다. 지향하는 삶의 방향이 바뀌고 있고, 그중에 하나가 결혼관일 뿐이다. 직업관, 경제관, 정치관 등에 대해서도 밀레니얼 세대의 변화를 주목할 필요가 있다. 그것이 기성세대 정치인들이 밀레니얼 세대 유권자들의 표를 얻기 위한 최선의 방법이기도 하다.

한국에서도 밀레니얼 세대의 정치세력화는 가능할까?

우리가 가진 고정관념 중 하나가 4050대는 좀 더 보수적이기 쉽고, 2030대는 좀 더 진보적이기 쉽다는 것이다. 가진 것이 많으면 지키고 싶은 것도 많고, 가진 것이 없으면 변화에 관대하다는 게 이유인데, 과거에는 통했던 이 고정관념이 앞으로도 통할지는 미지수다. 사실 밀레니얼 세대의 태도 중에 진보적으로 보이는 것도 꽤 있다. 하지만 이런 태도를 보수, 진보의 관점으로 봐서는 안 된다. 그들은 합리적이고 실용적일 뿐이다. 그래서 보수, 진보의 관점으로 그들을 보면, 어떤 때는 진보적이고 어떤 때는 보수적이어서 일관성 없어 보일 수 있다. 사실 보수, 진보 프레임은 기성세대에게나 중요했지, 밀레니얼 세대에겐 낡은 프레임일 뿐이다. 밀레니얼 세대가 정치에 무관심한 듯 보여도, 부당하고 불공정하다고 여기는 상황이 닥치면 적극적으로 행동한다.

2017년 영국 총선에서 보수당이 참패한 결정적 이유로 밀레니얼 세대를 꼽기도 한다. 2015년 선거에 비해 2017년 선거에서 35세 이하 청년층의 투표율이 12%나 증가했다. 2016년 브렉시트(영국의 EU 탈퇴) 국민투표에서 영국 국민들의 52%는 찬성했지만 48%는 반대했다. 박빙이었던 셈인데, 밀레니얼 세대는 반대표를 많이 던졌다. 2017년 총선 때 밀레니얼 세대 투표율이 급등한 것과 무관하지 않은 것이다. 2018년 11월, 미국의 중간선거에서도 밀레니얼 세대의 투표율은 역대 최고 수준이었다. 그리고 밀레니얼 세대가 대거 의회에 진출했다. 2030대 하원의원 26명이 선출된 덕분에 미국의 116대 연방의회의 평균연령은 115대보다 10세 이상 젊어진 47세였다.

한국도 2017년 19대 대통령 선거에서 눈에 띄는 변화가 있었다. 2012년 대선 때에는 20대 투표율이 68.5%였는데, 2017년 대선 때는 76.1%로 7.6%가 늘었다. 세월호와 촛불 이슈를 겪은 20대가 적극적으로 투표권을 행사했기 때문이다. 2017년 대선에서 30대 투표율은 74.2%였는데, 2012년 대선 때 70%에 비해 4.2% 증가한 수치다. 2017년의 30대는 2007년 대선 때 20대였다. 즉 2007년 대선에서 20대 투표율이 46.6%였는데, 이들이 10년 후인 2017년에 30대가 되어서 보여준 투표율은 74.2%로 무려 27.6% 늘었다. 밀레니얼 세대가 유권자로서 보수정권의 몰락과 정권 교체에 영향력을 발휘했음을 확인할 수 있는 대목이다.

사실 이때 이들의 선택에 영향을 준 것은 진보냐 보수냐 하는 정치적 이슈보다는 투명하지 않고 공정하지 않은 문제가 일으킨 사회적 이슈였다. 따라서 이들이 2020년 총선 때도 같은 정당을 지지할지는 미지수다. 이들에게 일자리(대기업 신입사원 공채가 줄어들고, 채용비리와 낙하산 문제로부터 여전히 자유롭지 않은)와 병역 문제, 남녀갈등과 혐오 문제가 중요 이슈이기 때문이다. 20대를 무조건 진보정당에게 유리하다고 생각하던 관성도 지워지고 있고, 보수정당들이 20대가 민감하게 여기는 이슈들에 적극 대응하는 것도 이런 이유다. 이들은 물건 하나 사면서도 정보 검색을 충분히 하고 꼼꼼하게 비교 분석하듯 투표권을 행사할 때도 마찬가지다. 2017년 대선에 보였던 태도가 2020년 총선으로 그대로 이어지지 않을 수 있다는 것이다.

과거세대는 한번 지지했던 정당과 정치인을 지속적으로 지지하는 경향이 있다. 특정 지역에서는 인물이 누군지 몰라도 특정 정당이라는 이유만으로도 압도적 표차로 당선되기도 했다. 하지만 밀레니얼 세대의 등장으로 더 이상 세대를 기준으로 보수나 진보 중 누가 더 유리하냐 불리하냐를 가늠하기가 어려워지고 있다. 기존 정당이나 정치인들에 대한 불신과 실망감이 크기에 밀레니얼 세대 이해관계를 대변할 새로운 정치세력이 등장하는 상황도 충분히 가능하다. 밀레니얼 세대 스스로가 자신들이 어린 요즘 애들이니까 기성세대인 어른들의 조연이어도 괜찮다는 인식을 점점 버리고 있다. 주연이고자 하는 욕망이 커질수록, 밀레니얼 세대의 정치적 영향력은 더 커질 수밖에 없다. 선진국에서 정치 지도자들의 연령대가 3040대까지 낮아지고 있다는 사실을 우리나라에서도 간과해선 안 된다.

참고로, 세계적 정치 리더 중 30대 지도자로는 오스트리아 제바스티안 쿠르츠 Sebastian kurz 총리, 뉴질랜드 저신다 아던 Jacinda Ardern 총리, 아일랜드 리오 버라드커 Leo Varadkar 총리 등이 있다. 이 중 제바스티안 쿠르츠 총리는 1986년생으로 2017년에 만 31세로 총리가 되었다. 40대 지도자로는 프랑스 에마뉘엘 마크롱Emmanuel Macron 대통령, 캐나다 쥐스탱 트뤼도Justin Trudeau 총리, 폴란드 안드레이 두다Andrzej Duda 대통령, 아이슬란드 카트린 야콥스도티르Katrín Jakobsdóttir 총리, 그리스 알렉시스 치프라스Alexis Tsipras 총리, 스페인 페드로 산체스Pedro Sánchez 총리 등이 있다. 1977년생인 에마뉘엘 마크롱 대통령은 2017년에 대통령이 되었으니 만 40세였다. 3040대에 총리나 대통령이 된다는 건 그보다 훨씬 이전에 중요한 직책을 맡은 경력이 있다는 의미이기도 한데, 마크롱 대통령은 36세에 장관이었고, 제바스티안 쿠르츠 총리는 27세에 장관이 되었다. 2019년 1월 기준, OECD 국가 중 3040대 지도자를 가진 나라는 15개국이다. 흥미로운 사실은 이들 15개국의 2018년 평균 성장률이 연 2.9%로, 60세 이상이 지도자로 있는 12개국의 평균 성장률 연 2.7%보다 근소하게 높았다는 점이다. 한국사회에서도 3040대 정치 지도자의 등장이 필요하다. 정치계에서 3040대의 역할은 조연에 머물고 있지만, 밀레니얼 세대의 적극적 지지와 행동에 힘입어 밀레니얼 세대를 포용할 3040대 정치가들이 등장할 가능성도 충분하다.

왜 기업들이 밀레니얼 세대를 공략하는 데 사활을 걸었는가?

요즘 기업들에게 밀레니얼 세대는 가장 중요한 공략 대상이다. 이유는 굳이 말하지 않아도 알 것이다. 밀레니얼 세대를 잘 공략하느냐 그러지 못하느냐의 차이로 흥하는 기업과 망하는 기업이 이미 엇갈리고 있다. 밀레니얼 세대는 가장 중요한 소비세력이다. 2020년이면 X세대를 따라잡고, 이후 2035년까지는 최대 구매력을 가진 소비세력의 지위를 유지할 것이라는 전망이 우세하다. 한마디로 밀레니얼 세대를 사로잡지 못하면 앞으로 더 심각한 위기에 빠질 것이라는 이야기다.

속옷 브랜드 빅토리아 시크릿은 밀레니얼 세대 때문에 위기를 만났다. 빅토리아 시크릿 브랜드를 가진 패션기업 L브랜즈의 주가는 2015년 12월 100달러에 육박하며 정점을 찍은 이후 가파르게 하락해 2019년 2월 26달러 선까지 내려왔다. 3년여 만에 4분의 1 토막이 난 것이다. 2017년 주가가 반토막 났을 때도 심각한 위기라고 했는데, 그 뒤로 더 떨어졌다. 매출과 영업이익도 추락했다. 잘나가던 브랜드가 왜 이렇게 된 걸까?

빅토리아 시크릿의 성장에 힘입어 L브랜즈는 2009년 8달러 선이었던 주가가 거침없이 상승하며 2015년 100달러까지 올랐다. 6년여 만에 13배 가까이 오를 정도로 전성기를 누렸다. 이렇게 잘나가던 그들이 하루아침에 위기를 맞은 이유는 밀레니얼 세대가 가진 보디 포지티브 Body Positive 태도를 간과했기 때문이다. 보디 포지티브는 세상 모두가 소중하고 멋진 존재라는 인식인데, 외모로 줄 세우는 외모지상주의와 외모차별을 강력하게 거부한다. 그런데 빅토리아 시크릿은 현실에서 존재하지 않을 것 같은 8, 9등신 미녀들을 내세워 속옷을 판다. 이렇게 외모지상주의를 마케팅에 적극 활용하는 브랜드가 과거 기성세대에게는 통했다. X세대만 하더라도 외모지상주의 마케팅, 성 상품화를 받아들였다. 하지만 밀레니얼 세대가 거부하고 외면하기 시작한 것이다. 이런 마케팅을 받아들이는 순간 외모지상주의의 논리에 편입되는 셈이기 때문이다. 빅토리아 시크릿은 밀레니얼 세대의 가치관에 대응하지 못했던 것이다. 밀레니얼 세대뿐 아니라 Z세대도 이런 마케팅을 받아들이지 않을 가능성이 높다.

반면 아메리칸 이글의 속옷 브랜드 에어리는 기회를 만났다. 이들은 보디 포지티브를 지향하고 있는데, 'The Real You is Sexy'라는 캠페인으로 있는 그대로의 모습이 가장 섹시하다는 것을 강조한다. 에어리는 빅토리아 시크릿과 달리 현실에서 쉽게 보는 평범한 몸매의 여성들을 모델로 내세운다. 있는 그대로의 모습을 보여주기 위해 화보나 광고 사진에서 모델의 몸매는커녕 셀룰라이트, 주근깨, 잡티 보정도 하지 않는다. 획일적인 아름다움, 만들어진 아름다움을 거부한 것이다.

밀레니얼 세대가 사회적 영향력을 만들어내기 시작하면서 보디 포지티브 운동이 탄력을 받았다. 1996년 미국에서 '더 보디 포지티브'라는 비영리단체가 설립되었다. 여성운동의 일환으로 시작된 보디 포지티브 운동은 그동안 역사에 비해 성과가 미미했다. 그런데 밀레니얼 세대 덕분에 2015, 2016년을 기점으로 열풍처럼 번졌고, 2017, 2018년 더욱더 확산되었다. 보디 포지티브는 남의 시선이 아니라 자기 스스로를 위해 살겠다는 밀레니얼 세대의 태도와도 맞아떨어진다.

에어리는 보디 포지티브 마케팅을 적극 펼쳤고, 결과는 매출 증가로 드러났다. 「포브스」에 따르면, 2018년 1분기 에어리의 매출액은 전년

대비 38% 증가했다. 이미 패션, 뷰티 업계에서 보디 포지티브는 대세로 자리잡았다. 패션업계에서 플러스 사이즈 모델의 역할이 점점 커지고 있고, 광고에 무보정 사진을 사용하는 브랜드가 늘어나고 있다.

백화점 업계의 위기도 밀레니얼 세대의 외면으로부터 비롯되었다. 한국의 백화점은 그나마 위기가 덜 심각했지만 미국의 백화점 업계는 크게 무너졌다. 물론 한국의 백화점도 대세적으로는 위기다. 결국 밀레니얼 세대라는 신규 소비자를 유입시키지 못하면 버티는 데 한계가 있다. 밀레니얼 세대는 백화점보다 온라인 쇼핑몰이 훨씬 익숙하다. 해외 직구에도 능하다. 그래서 백화점들이 대거 온라인 쇼핑몰을 만들었다. 결국 백화점 업계가 오프라인 매장의 위기를 극복할 방법을 찾지 못하고 온라인으로 전환에 비중을 뒀던 셈이다.

하지만 오프라인은 여전히 중요한 유통 거점이다. 온라인 유통 강자 아마존은 오히려 오프라인 매장을 확대하고 있다. 아무리 온라인에서 일등이라고 해도 전체 유통시장에서 아직은 오프라인의 비중이 더 크다. 뉴욕 맨해튼에 본점이 있는 고급 백화점 체인 바니스 뉴욕(미국 20개, 일본 7개 운영)은 밀레니얼 세대를 사로잡는 방법을 모색해서 성과를 보이고 있다. 이들은 스트리트패션 브랜드 슈프림의 드롭Drop 전략을 차용한다.

슈프림의 드롭 시스템은 특정 상품의 한정판을 매장에서만 판매해 구매하려는 사람들이 줄서고 노숙까지 하도록 만드는 전략이다. 한정품이다 보니 중고로 되팔 때 가격이 더 비싸지기도 한다. 슈프림의 전략은 오프라인 매장이 밀레니얼 세대를 유인할 수 있는 매력적인 방법 중 하나다. 대신 이렇게 하려면 소비자가 열광할 만한 경험을 제공해야 한다. 물건 사는 경험이 전부인 오프라인 매장은 온라인 쇼핑몰의 편리를 이길 수 없다.

바니스 뉴욕은 2017년 10월 맨해튼 본점에서 힙합가수와 DJ의 공연은 물론 스트리트 패션 분야의 셀럽들을 초대해 한정품을 파는 행사를 열었다. 행사의 홍보는 스트리트 패션 분야 매거진에 맡겼다. 주류 매체에서 다뤄지는 것보다 밀레니얼 세대가 주 구독층인 스트리트 패션 매거진이 더 효과적이라고 본 것이다. 고급 백화점이 길거리 패션을 다루는 매체에 중요한 행사의 홍보를 맡긴 셈이다. 이렇게 시작된 첫 번째 행사에 무려 1만 2000명이 왔고, 매출도 급증했다. 대부분 밀레니얼 세대였다. 이날 물건을 구매한 고객의 55%는 이 백화점에 처음 온 신규 고객이었다. 그리고 이렇게 물건을 산 고객의 33%가 이후 이 백화점의 온라인 쇼핑몰에서 재구매했다.

행사가 성공하자 백화점에 입점해 있던 패션 명품 브랜드들이 다음 행사에 적극적으로 동참했다. 구찌는 행사기간에 자신의 매장을 롤러스케이트장으로 바꾸었고, 프라다는 매장에 슬롯머신을 설치하고, 발렌시아가는 로또 기계를 갖다놓고, 휠라는 매장을 카페처럼 꾸미고 음식을 만들었다. 물건만 파는 백화점은 더 이상 밀레니얼 세대에게 사랑받지 못한다. 새로운 경험을 할 수 있는 공간이어야 오프라인 매장에 갈 이유가 생긴다. 요즘 패션 명품 매장과 화장품 매장이 주로 있던 1층을 카페나 펍으로 꾸며 다양한 경험을 할 수 있는 공간으로 확장하는 백화점이 많다.

밀레니얼 세대에게 외면받아 어려워졌던 업종 중 하나가 명품업계였다. 비싸기도 하거니와 기성세대의 물건으로 여겨진 것이 결정적인 이유였다. 2010년대 초반까지만 해도 패션 명품 업계는 밀레니얼 세대를 공략하지 않았다. 기성세대 소비자에게 의존하던 이전의 방식에서 크게 벗어나지 못했다. 이렇게 신규 소비자인 밀레니얼 세대가 유입되지 않으면서 나타나는 매출 감소는 일시적이 아니라 앞으로 더 심각해질 문제다.

밀레니얼 세대를 소비자로 유입시키지 못하면 생존이 어렵다. 구찌가 2015년부터 밀레니얼 세대를 끌어들이기 위한 전사적 변화를 시도했고, 결과적으로 밀레니얼 세대가 가장 사랑하는 브랜드 중 하나가 되었다. 구찌의 성공 이후 패션 명품 업계는 밀레니얼 세대를 전방위적으로 공략했고, 덕분에 위기를 극복하고 기회를 만난 브랜드가 속속 나오고 있다. 물론 여전히 과거의 영화만을 추억하면서 위기에서 벗어나지 못하는 패션 명품 브랜드도 꽤 있다. 죽느냐 사느냐의 문제는 밀레니얼 세대에게 달렸다고 해도 과언이 아니다.

정말 밀레니얼 세대는 미래가 불안한 N포세대이고 오늘만 사는 욜로족인가?

연애와 결혼, 출산까지 포기하고, 취업도, 내 집 마련도 포기한다. 포기하는 것들이 자꾸 늘어나다 보니 이들을 처음에는 삼포세대, 그 뒤로 오포세대라고 하다가 아예 N포세대라 불렀다. 인형뽑기에 돈을 쓰고, 동전노래방에서 돈 쓰고, 이모티콘 캐릭터 사는 데 돈 쓰고, 다이소에서 쇼핑 욕구를 발산시키는 탕진잼에 빠진다. 이들을 보며 취직도 못 하고 돈도 못 벌어서 미래가 없는 무능한 애들이 인생을 허비한다고 개탄하는 기성세대도 있다. 사실 이들에게 탕진잼은 하나의 놀이다. 이들이 탕진한다는 돈은 기껏 몇천 원, 몇만 원에 불과하다. 기성세대는 노름해서, 유흥에 빠져서, 빚보증 서서, 사업 잘못 벌여서 목돈 날리는 걸 탕진이라고 불렀다. 그런 점에서 밀레니얼 세대의 탕진잼은 탕진이란 의미와는 거리가 있다. 소비를 통해서 스트레스를 푸는 것인데, 작은 사치라는 말의 다른 표현이 탕진잼이다. 기성세대도 일상의 스트레스를 술이나 소비로 풀어왔다. 그런데 탕진잼이라는 말의 어감 때문인지 밀레니얼 세대가 엄청 낭비하며 산다고 오해하는 기성세대가 있다. 사실 탕진하고 싶어도 진짜 탕진할 만큼의 돈을 가지지도 않았다.

분명한 건 이들은 가장 가난한 다음 세대다. 이제까지는 늘 기성세대보다 다음 세대가 더 부유했다. 경제성장이 지속되었던 데다 성장과 고용이 비례했기 때문이다. 그런데 밀레니얼 세대에게는 더 이상 과거의 공식이 통하지 않게 되었다. 이런 세상은 밀레니얼 세대가 원한 것도 아니고, 그들이 만든 것도 아니다. 기성세대가 만들어놓은 이런 구조에서 살아갈 수 없는 밀레니얼 세대가 변화한 세상에 적응하기 위해 찾아낸 생존전략 중 하나가 탕진잼일 수 있다. 하지만 기성세대의 눈으로 보면 그들은 루저다. 기성세대가 정해놓고, 따라왔던 성공방식을 따르지 않기 때문이다. 그래서 그들을 불쌍하게 보고, 자꾸 위로하려 든다.

기성세대는 밀레니얼 세대가 철도 없고, 능력도 없고, 끈기도 없고, 욕심도 없고, 희생도 모른다고 여긴다. 어려운 시대를 헤쳐나온 기성세대가 보기에 밀레니얼 세대는 온실 속 화초 같고 나약한 철부지 같다. 그런데 기성세대는 이러한 시각으로 과연 밀레니얼 세대를 이해할 수 있을까? 밀레니얼 세대를 그들의 관점이 아닌 기성세대의 관점으로 바라보면 오해만 키우기 십상이다. N포세대라는 별칭부터 난센스다. 포기한 게 아니라 새로운 선택을 한 것일 수 있다. 포기와 선택은 아주 다르다. 포기라는 단어는 가진 것, 가질 수 있는 것, 가져야 한다고 확신한 것에 대해 쓸 수 있는 말이다. 기성세대에겐 필수였던 결혼, 출산, 내 집 마련이 밀레니얼 세대에겐 필수가 아니라 선택이다. 그걸 선택하지 않는다고 해서 포기했다고 할 수는 없다. 세상이 바뀌었으면 바뀐 세상의 관점으로 봐야지, 과거의 관점으로 현재를 보면 좋은 답이 나올 수 없다.

언젠가부터 욜로에 대한 비판이 슬금슬금 쏟아지기 시작했다. 밀레니얼 세대에 대한 부정적 시각도 그 비판 정서에 깔려 있다. '욜로 타령 하다가 청년들 허리 휜다, 욜로 외치다 골로 간다' 같은 식이다. 물론 욜로 타령 하면서 흥청망청하는 이들도 있을 테지만 진짜 욜로는 소비와 무관하다. 더 쓰자는 게 아니라 자기 인생의 주도권을 가져보자는 것이기 때문이다. 인생이 한 번이라는 생각으로 열심히 살든, 인생은 한방이라 생각하며 과감하게 살든 각자의 선택이다. 사실 '욜로'는 마케팅용어가 아니라 삶의 방향이나 태도를 일컫는다. 2030대가 욜로를 지지한 이유는 욜로라는 이름으로 소비하기 위해서가 아니라 기성세대처럼 살아가는 것에 대한 의구심을 가져서다. 한 번뿐인 인생인데 몇 살에 취직하고, 몇 살에 결혼하고, 몇 살에 아이 낳고, 몇 살에 내 집 사고, 몇 살에 뭐 하는 식의 기성세대가 짜놓은 인생공식을 따르고 사는 게 더 이상 가능하지 않은 시대이기도 하거니와, 설령 그 공식이 여전히 유효하더라도 남이 만든 공식에 의존해 사는 것은 시시하고 재미없다.

한 번뿐인 인생이니 자기가 생각한 인생을 살아보는 게 욜로의 메시지다. 여행을 다니든, 워커홀릭으로 일만 하든, 가족이나 친구와 어울리며 사람과 함께하는 삶을 살든, 돈 버는 재미에 빠져 살든 각자의 선택이다. 어떤 선택이 좋고 나쁘고가 아니라 적어도 자신이 주도적으로 그 선택을 해보자는 게 중요한 것이다. 왜 욜로를 밀레니얼 세대는 지지하는데, 기성세대는 부정적으로 보는 걸까? 욜로에서 나오는 '한 번뿐인 인생'이라는 의미를 해석하는 관점의 차이일 수도 있다. '한 번뿐인 인생이니 내가 진짜 하고 싶은 것을 하면서 살아가겠다'와 '한 번뿐인 인생이니 막 놀고 쓰고 내 맘대로 살겠다'는 비슷해 보여도 크게 다른 말이기 때문이다. 욜로는 밀레니얼 세대만의 화두는 아니다.

욜로의 본질과 상관없이 2030대가 꽂힌 욜로 트렌드를 기업이 가만 놔둘 리가 없다. 아무리 좋은 사회적 화두가 나와도 기업들은 그걸 돈벌이에 활용한다. 그것이 소비재 기업의 역할이자 존재이유다. 기업은 웰빙이라는 키워드도 마케팅 코드로 적극 써먹었다. 덕분에 몸과 마음 편하고 건강하게 '잘살자'는 의미가 유기농을 비롯해 건강에 좋은 음식을 먹어야 하는 것으로 와전되었다. 유통과 식품, 농업 분야에서 웰빙을 참 많이 써먹었고, 그 덕분에 웰빙이 원래 의미가 퇴색하고 마치 마케팅 슬로건처럼 돼버렸다. 로하스도 그랬고, 힐링도 그랬다. 기업들은 모두 소비와 연결시킨다. 사람들이 가진 욕망과 라이프스타일의 변화를 소비에 녹여넣는 것이 소비트렌드다. 당연히 소비트렌드는 기업의 이해관계에 따라 유도되고 조작된다. 그러한 기업의 속성을 두고 문제 있다고 지적하는 건 너무 순진한 태도다.

좋은 의미를 가진 트렌드 키워드를 마케팅 슬로건처럼 너무 과하게 써먹다 보면 그 말이 가진 매력을 떨어뜨린다. 기업은 늘 새로운 키워드를 기다린다. 그러다 하나 잡았다 싶으면 물고 늘어져서 너덜너덜하게 만든다. 지금 욜로를 그렇게 대하고 있다. 기업들이 욜로 마케팅에 열을 올리자 마치 욜로가 오늘만 즐기자며 대책 없이 막 쓰는 것으로 보는 기성세대들도 있다. 하지만 태극기를 마케팅에 과도하게 사용하는 기업이 있다고 해서 태극기가 문제가 아니듯, 욜로도 마찬가지다. 그런데 왜 욜로에 대해서는 낯선 이들의 비판이 늘어가는 걸까? 혹시 두려워서 그런 건 아닐까?

기성세대는 왜 밀레니얼 세대를 두려워하는 걸까?

세상에서 제일 두려운 건 낯선 것이다. 기성세대는 욜로라는 사고가 낯설다. 자기들은 그렇게 살지 않았으니 낯설고 불편하게 보이는 게 당연하다. 있는 휴가도 다 안 가고 상사 눈치 보며 회사에 충성하듯 일하고, 정해진 퇴근시간도 안 지키고 수시로 야근하는 걸 당연하게 여기는 사람들에게 저녁이 있는 삶을 얘기하며 칼퇴근하고, 있는 휴가 일수 다 써서 멀리 여행을 다녀오는 2030대는 못마땅해 보일 수도 있다. 놀이문화라곤 오로지 술 먹고 취하는 것밖에 없던 사람들은 도박과 성매매로 일탈하는 건 암묵적으로 눈감아줄 수 있어도, 비싼 공연 보고 전시 보는 데 돈 쓰고, 좋아하는 취미생활을 위해 비싼 장비를 사는 2030대는 못마땅한 것이다.

하지만 달리 보면 다양한 취미생활을 풍부하게 누리는 2030대가 더 건강한 삶을 사는 것일 수 있다. 우리는 여기서 아주 중요한 생각을 하나 해봐야 한다. 바로 어떤 시선으로 볼 것인가? 아니 당신은 어떤 시선으로 바라봤는가? 적어도 자기와 다른 어떤 대상을 바라보려면, 먼저 상대의 입장이 되어볼 필요가 있다. 그들의 시선으로 세상을 바라봐야 그들의 행동을 이해할 수 있다. 그러지 않으면 기성세대의 시각으로 그들을 뜯어고치고 바꾸려고만 든다. 과거를 살았던 사람들이 미래를 살아갈 사람들에게 과거의 방식으로 살아가라고 하면 그걸 받아들여야 할까?

기성세대가 두려워했던 첫 번째 존재는 밀레니얼 세대가 아니라 X세대였다. 1990년대 초중반 X세대를 바라보는 기성세대의 시선은 그리 곱지 않았다. 그들의 눈에는 양담배를 피우고, 일본 음악을 듣고, 비싼 외국 브랜드를 소비하는 소비향락적인 철없는 20대로 보였다. 자기들과는 뭔가 많이 다른 신세대임을 인정하면서도 그 다름이 멋지거나 새롭다는 의미보다 말 안 듣고 철 안 든 사고뭉치로 보고, 야타족이나 오렌지족이라는 이름으로 X세대를 설명하려 들었다. 기성세대의 눈에는 자기들과 사고방식이 다른 X세대가 못마땅했을 수 있고, 이들이 대세가 되는 게 두렵고 싫을 수 있었다.

과연 그때 X세대들이 철없는 인생을 살았을까? 아니다. 기성세대의 우려와는 달리 야타족과 오렌지족으로서의 이미지가 아닌 새로운 도전자로서 세상의 변화를 주도하는 데 기여했다. 그런 그들이 나이를 먹어 40대가 되더니 영포티로 진화했다. 경제적 여유와 함께 사회적 영향력을 가진 X세대로서 기성세대가 가진 관성에 의존하지 않고 새로운 시도를 하는 것이다. 결과적으로 X세대는 참 잘 자랐다.

요즘 밀레니얼 세대를 바라보는 기성세대의 시선에서 묘한 데자뷔를 느낀다. 요즘 20대를 바라보는 사회적 시선도 기성세대의 관점에 의존한다. 그들을 설명할 때 N포세대, 헬조선세대 등 불만 많고 어두운 이미지를 덧씌운다. 기성세대의 눈에는 그들이 당연히 해야 할 일들을 현실적 제약으로 포기했다고 보일 수 있다. 그래서 불쌍하고 못나게 보일 수 있다. 1990년대 X세대에게 붙었던 오렌지족과 유사한 타이틀이 마치 지금 밀레니얼 세대에게 붙여지는 건 아닐까? 어쩌면 욜로는 밀레니얼 세대가 찾은 인생의 방향, 즉 기성세대 말 듣지 않고 자기 주관대로 인생을 살아보는 것이기에 그걸 못마땅하게 보는 꼰대들이 자꾸 욜로를 비판하고 있는지도 모르겠다.

　욜로를 너무 우려먹으며 과도하게 소비중심의 문화로 유도하는 기업들은 지탄받아야 마땅하다. 그들이 늘 그래왔다는 게 문제이긴 하지만. 분명한 건 X세대가 잘 자라 멋진 영포티로서 40대를 살아가듯, 지금 밀레니얼 세대들도 잘 자라서 미래의 주도권을 확실히 행사할 것이다. 한국사회의 기성세대, 기업, 정치권에서는 밀레니얼 세대의 중요성과 그들의 힘을 인정해야 한다. 막연한 두려움 대신 이해를 통해 그들로부터 기회를 더 많이 찾아야 한다.

대한민국 세대공론서

밀레니얼 세대의 5가지 소비 코드, 그들의 소비는 무엇이 다른가

04.

인간의 욕망과 소비는 밀접한 관계가 있다. 그래서 세대와 무관하게 통하는 소비의 보편적인 코드가 있다. 가령 과시하기 위해 고가의 사치품을 욕망하거나, 가격이 합리적인지를 따지는 것은 모든 세대의 보편적 소비 코드다. 세대를 관통하는 보편적인 소비 코드에 기업들은 수십 년간 잘 대처해왔다. 하지만 밀레니얼 세대를 만나면서 모든 것이 달라지고 있다. 소비자로서 밀레니얼 세대를 바라볼 때 가장 주목해야 할 것은 기성세대와 소비 코드가 다르다는 점이다. 기성세대가 소비할 때 전혀 고려하지 않던 요소를 중요하게 여기기도 하고, 기성세대가 당연하게 여긴 요소를 전혀 당연하지 않다고 여기기도 한다. 밀레니얼 세대들에게 중요하게 부각된 소비 코드는 바로 공유, 취향, 젠더, 윤리, 환경 5가지다.

소비 코드가 된 공유, 왜 밀레니얼 세대는 내 집과 내 차를 버렸는가?

'공유'는 하나의 물건을 두 사람 이상이 공동으로 소유한다는 뜻이다. 엄밀히 공유를 즐겨 하는 밀레니얼 세대는 소유를 포기한 게 아니라 소유의 방법을 진화시킨 것이다. 여럿이 함께 소유하는 것이니 혼자서 독점적 소유를 하는 것과는 크게 다르지만, 자신이 원할 때 사용할 수 있으니 소유로서의 의미도 충족된다. 가장 중요한 소유는 집과 자동차다. 공유경제라는 말은 '카셰어링'에서 비롯되었다. 차를 공유하면서 자동차 판매시장과 렌터카, 택시 업계도 위기에 빠졌다. 공유경제는 집으로도 확장되었는데, 집을 빌려주는 에어비앤비가 호텔산업을 위기로 몰아넣기도 했다. 밀레니얼 세대들이 지지한 비즈니스가 기성세대들이 지지하던 비즈니스를 위기에 빠뜨린 것이다. 공유와 소유라는 관점 변화가 산업 판도에 크게 영향을 끼쳤다.

집과 자동차는 개인들에게 가장 비싼 소비재인 동시에 재산이다. 이것들을 소유하려면 큰돈이 든다. 기성세대는 대부분 내 집 마련에 담보 잡힌 인생을 살아왔다. 그러나 소유에 대한 생각 자체를 뒤집는 순간 많은 것이 바뀔 수 있다. 밀레니얼 세대는 집과 차를 소유하는 대신, 그 돈을 자신에게 쓴다. 이건 집을 소유하느냐 마느냐의 문제를 떠나 어떤 라이프스타일을 가질 것인지에 대한 선택의 문제다. 기성세대에게 내 집 마련은 양보할 수 없는 꿈이었다. 베이비붐 세대뿐 아니라 X세대도 대다수가 내 집 마련을 꿈꾸었다.

하지만 밀레니얼 세대는 내 집을 소유하는 방식 대신 셰어하우스에 주목했다. 셰어하우스는 공유주택이라고도 부르는데, 각자의 방은 개별 공간으로 독립되어 있되, 주방, 거실 등은 여럿이 공용으로 쓰게 한다. 1인 가구들이 모여 살면서 서로 대안가족이 되기도 하고, 상대적으로 비용 부담을 줄이면서 좀 더 넓은 공간에 살 수 있는 방법이기도 하다. 1인 가구가 점점 늘어나자 수많은 건설회사들이 원룸과 주거용 오피스텔을 잔뜩 지었는데, 이건 과거의 관점에 머물러 있는 선택이었다. 작은 평수의 독립공간을 많이 만드는 것이 1인 가구 증가에 따른 최선의 대비책이라 여겼지만, 셰어하우스를 선택하는 밀레니얼 세대 1인 가구가 늘어나고 있다. 서로 챙겨주고 관심 가져주는 이웃사촌 같은 사람들과 함께 살면서 외로움도 덜고, 공유를 통해 경제적 부담도 줄일 수 있기 때문이다. 오피스텔은 옆집에 누가 사는지도 모르고, 심지어 누가 죽어도 알 수도 없다.

기존에는 소비자에게 공간만 줬다면 밀레니얼 세대 소비자를 위해서는 공간과 함께 커뮤니티도 제공해야 한다. 밀레니얼 세대는 단지 돈이 없어서 셰어하우스를 이용하는 게 아니다. 사적 간섭은 줄이면서 커뮤니티 활동을 늘리기 위해 셰어하우스를 선택한다. 초기 셰어하우스는 주로 경제적 합리성을 내세웠다. 그래서 1인 가구와 여성 전용 등을 중심으로 셰어하우스가 확산되었다. 하지만 최근 들어 프리미엄급 셰어하우스가 증가하고 있고, 앞으로는 고소득 4050대나 구매력 있는 노인층을 위한 셰어하우스도 시장 가능성이 크다. 다양한 수요를 충족하기 위해 다양한 형태의 셰어하우스가 나오고 있는데, 국내 대기업들도 대거 뛰어들고 있다.

초기에는 스타트업이 주로 셰어하우스 시장을 주도했다. 셰어하우스 우주는 2016년 20개점이었는데 2018년에 100호점까지 늘었다. 누적 입주자가 4000명이고, 2019년 1월에 입주한 사람은 500여 명이다. 미스터홈즈는 2019년 1월 기준 용산, 강남, 송파 등에 5개 건물 179실을 운영하고 있고, 2019년 말까지 1000실 운영을 계획하고 있다. 하지만 스타트업과 달리 자금 여력이 충분한 대기업은 시장 가능성이 파악되자 빠르게 진출해 순식간에 수백, 수천 실을 확보했다. 에스원, 롯데자산개발, SK D&D, KT에스테이트, 코오롱글로벌 등이 이미 진출했고, 더 많은 기업이 진출을 준비 중이다. 심지어 이들 기업은 해외시장에도 진출하고 있다. 밀레니얼 세대 덕분에 대세가 된 셰어하우스는 입주자들에게 카셰어링 서비스도 연결시켜준다.

마이카가 필수인 기성세대와 달리 밀레니얼 세대는 카셰어링에 익숙해지고 있다. 1980년대 한국에서 불었던 마이카 열풍은 부자의 상징이던 자동차를 모두의 필수품으로 만들었고, 베이비붐 세대와 X세대가 이 마이카 열풍을 적극 받아들였다. 덕분에 한국의 자동차 회사들은 내수시장에서 승승장구했고, 해외시장에서도 크게 성장했다.

하지만 밀레니얼 세대부터는 자동차 소유에 대한 태도가 바뀌기 시작했다. 일본은 연간 자동차 신차 판매 대수가 1990년 780만 대에서 2017년 520만 대로 크게 줄었다. 1인당 국민소득은 1990년 1만 9620달러에서 2017년 4만 5270달러로 2배 이상 늘었고, 인구수도 1억 2350만 명에서 1억 2680만 명으로 330만 명이나 늘었다. 자동차 판매가 줄어든 원인이 돈문제나 인구의 문제가 아닌 것이다. 자동차 소유에 대한 인식 변화가 가장 큰 영향을 줬다.

노령층에서 나타나기 시작한 자동차 소유 기피 현상이 평생 소유하다가 노후에 소유를 내려놓는 것이라면, 밀레니얼 세대들은 애초부터 자동차를 소유하지 않는 것이다. 앞으로도 이러한 현상이 계속 이어질 가능성이 높다. 대중교통의 발달과 카셰어링의 확산, 원격근무 확대 등 평생 자동차를 소유하지 않고서도 살아가는 데 지장이 없는 시대가 되었기 때문이다.

마이카 열풍의 전 세계적 진원지였던 미국에서도 자동차 소유에 대한 생각을 접은 밀레니얼 세대가 증가하고 있다. 전 세계 모든 자동차 브랜드가 다 시도한다고 해도 과언이 아닐 정도로 서브스크립션 방식으로 차를 빌려주는 서비스가 미국에서도 확산되고 있다. 우버, 리프트 등 카셰어링 업계가 차량 소유 기피를 불러일으켰다면, 이젠 자동차 회사들도 이런 변화를 받아들여서 자동차를 팔기만 하는 것이 아니라 빌려주는 사업까지 적극적으로 한다. 카셰어링이 자동차 제조 중심이던 자동차산업을 모빌리티 서비스업으로 전환시키는 데 일조했고, 자동차 회사와 IT회사는 모빌리티를 미래산업으로 보고 뛰어들었다. 이런 변화를 이끌어낸 주 소비자가 바로 밀레니얼 세대다. 공유를 통한 새로운 방식이 더 합리적이고 편리하다고 생각하는 소비자가 이들이기 때문이다.

이런 추세는 단지 집과 차에 머물지 않고 모든 분야에서 공유경제, 구독경제로의 전환에 영향을 준다. 밀레니얼 세대는 내 집과 내 차를 버림으로써 얻을 수 있는 기회비용으로 새로운 소비에 더 적극적으로 투자한다. 소비 코드로서의 공유를 이해하면 반드시 소비 코드로서 취향이 연결되어서 나온다. 둘은 서로 별개이지만, 아주 끈끈히 연결되어 있기 때문이다.

소비 코드가 된 취향, 왜 밀레니얼 세대는 취향을 소비하는가?

X세대가 경험의 맛을 알아간 첫 세대라면, 밀레니얼 세대는 소유보다

경험으로 소비의 방향을 바꾼 첫 세대다. X세대는 대중문화를 왕성하게 소비하고, 해외에서 들어온 새로운 브랜드나 소비 트렌드를 적극 받아들였지만, 그래도 차도 사고 집도 사야 한다고 생각했다. 그들에겐 소유가 주연, 경험이 조연이었다. 하지만 밀레니얼 세대는 경험을 주연으로 끌어올렸다. 굳이 사서 내 것으로 소유하지 않아도 사용할 수 있는 것들이 늘어난 덕분이기도 하다. 그들은 셰어하우스에서 월세로 살고, 카셰어링 하는 걸 당연하게 받아들인다. 대신 여행에 돈을 쓰고, 공연과 전시 보러 가는 데 적극적이다. 취미에 투자하고, 자기가 좋아하는 것에 덕질하는 걸 당연하게 여긴다. 기업들은 소유하기 위한 물건을 파는 비즈니스에서 경험을 팔고, 물건은 공유하는 비즈니스로의 전환을 고려해야 할 때가 되었다.

경험을 중시하는 세대라고 해서 소유를 전혀 안 하는 게 아니다. 다만 소유에 대한 가치가 달라졌다. 밀레니얼 세대 소비에서 가장 흥미로운 이슈가 바로 예쁜 쓰레기다. 어울리지 않을 법한 예쁘다는 말과 쓰레기라는 말이 지금 시대에는 참 잘 어울리는 조합이 되었다. 필요와 실용성이 아닌 욕망 자체가 소비의 이유이기 때문이다. 피규어, 연필이나 필통, 컵받침이나 텀블러, 심지어 쇼핑백까지도 사서 모은다. 일상 공간을 꾸며주는 소품도 사 모은다. 유치하거나 특이하게 생긴 재미있는 물건들을 파는 라이프스타일 샵도 점점 늘어간다. 다이소, 버터, 자주, 코즈니, 미니소, 플라잉타이거코펜하겐 등이 대표적인 브랜드다. 이 브랜드들은 20대가 즐겨 가는 복합쇼핑몰에는 필수적으로 입점되어 있고, 가로수길이나 핫플레이스에서도 라이프스타일 샵들이 들어가 있다. 예쁘지만 쓸모없는 물건들도 많다. 기분 전환과 일상의 재미를 느끼기에 좋은 물건들이다. 이런 물건들로 일상 공간에 홈퍼니싱이나 셀프인테리어를 하기도 한다. 그런데 이런 예쁜 쓰레기는 고가의 물건들이 아니다. 왜 밀레니얼 세대가 재미있는 잡화에 꽂히는 걸까? 과거에는 2030대가 명품에 꽂힌 적이 있다. 아직 명품의 인기는 여전하지만, 밀레니얼 세대는 상대적으로 값싼 잡화에서 새로운 욕망을 찾고 있다. 적은 돈으로 일상의 풍요와 즐거움을 찾다 보니 예쁜 잡화에 꽂힌 것이다. 물건을 살 때부터 예쁜 쓰레기라고 부른다는 건 스스로도 실용성이나 합리성과는 무관한 소비지만, 예쁘고 재미있는 것에 돈을 쓸 가치가 있음을 인정하는 것이다.

골프 치고 나서 아파트 분양 모델하우스에 들렀다가 재개발 아파트 시세 좀 알아보러 부동산에 들렀다는 사람의 나이는 몇 살일까? 명품가방을 들고 백화점에 가서 다이아몬드 반지를 사는 사람의 나이는 몇 살일까? 아니, 나이 가늠이 어렵다면 어떤 세대일까? 여유 있는 베이비붐 세대도 영포티가 된 X세대도 가능한 일일 듯하다. 하지만 밀레니얼 세대는 아니다. 밀레니얼 세대에게 부동산은 투자의 대상이 아니고 관심사도 아니다.

운동효과보다는 사교적 속성이 강한 골프는 기성세대의 이미지인데다가, 사교를 면대면으로 하기보다 SNS를 통해서 하는 밀레니얼 세대에겐 그리 매력적인 운동이 아니다. 백화점에 가거나 명품가방을 든다는 것도 그리 멋진 일이 아니다. 비싸더라도 취향과 개성이 없는 것에는 흥미가 없다. 다이아몬드는 더욱 그렇다. 그깟 조그만 돌덩이에 그렇게 큰돈을 쓰는 걸 이해할 수 없다. 결혼을 잘 하지도 않는 데다 설령 한다 해도 다이아몬드 반지를 꼭 껴야 한다고 여기지도 않는다. 밀레니얼 세대는 스몰웨딩을 선호한다.

밀레니얼 세대는 돈이 없어 비싼 것에 관심을 둘 형편이 안 되다 보니 외면하고 부정하는 것이라고 해석하기도 한다. 맞는 말이기도 하다. 밀레니얼 세대는 베이비붐 세대의 자녀 세대이지만 부모 세대의 라이프스타일과 소비 코드를 이어받지 않았다. 더 이상 산업성장과 일자리가 비례하지도 않는 데다, 저성장·저고용은 꽤 오래 지속되고 있다. 미국발 글로벌 금융위기와 유럽발 글로벌 재정위기 시대에 나고 자란 밀레니얼 세대가 사회에 진출하는 시점에는 희망보다 암울한 현실이 더 크게 대두되었다. 당연히 빚을 내서라도 집과 차를 사면 나중에 월급받아 갚아나갈 수 있는 시대의 소비 공식이 유지될 수 없었다. 집과 차를 사기를 포기할 수밖에 없고, 허례허식이나 과시, 자랑을 위해서 돈을 쓸 여유가 없다.

그래서 이들은 소유 대신 공유를 선택할 수밖에 없고, 물질 대신 경험에 가치를 둔다. 있어 보이기 위해 비싼 물건을 사는 것보단 자기 취향과 개성을 드러내는 것에 더 주목한다. 이런 태도 변화로 적은 돈으로 더 매력적인 경험과 소비를 할 수 있게 되었다. 백화점 대신 온라인 몰에서 쇼핑을 하고, SPA 브랜드라 하더라도 자기가 좋아하는 특정 브랜드를 정해서 집중하고, 가성비를 따지고, 하이패션 대신 스트리트 패션에 열광한다. 때문에 백화점 업계가 위기에 빠졌고, 명품가방의 인기는 시들해졌고, 골프나 다이아몬드 업계도 위기다. 밀레니얼 세대의 흥미를 끌지 못하는 분야에서 과거의 영화를 다시 누리기란 어렵다.

 술 소비도 줄었다. 2006년 이후 미국 맥주시장은 매년 1%씩 줄어들고 있다. 국내에서도 소주시장에 과일주 같은 저도주가 확산되고 있다. 독한 술을 기피하고 술 소비량도 줄어든다. 불황에 소주가 더 잘 팔린다고 믿어왔던 속설이 깨진 셈이다. 특히 기성세대 입장에선 밀레니얼 세대가 미래가 없고 부정적이라 술을 더 마실 거라 생각했을 수 있겠다. 기성세대가 그렇게 어려운 상황이었다면 당연히 술이 더 팔렸을 것이기 때문이다. 하지만 밀레니얼 세대에게 건강에 안 좋은 술은 매력적 소비재가 아니다. 술이 없어도 대화하고 어울리고 사교할 수 있는 방법은 얼마든지 있기 때문이다. 그러니 건강에도 안 좋은 것을 마셔야 할 이유도 없다고 여긴다.

 이런 소비의 변화는 지극히 합리적이다. 좀 더 자기 자신에게 솔직해졌고, 남의 시선보다는 자기 주관이 중요해졌다. 물론 이 과정에서 수많은 업계가 타격을 입는다. 기성세대들에겐 문제없이 잘 팔아왔던 것들이 밀레니얼 세대에겐 외면받는 경우가 자꾸 생기기 때문이다. 소비를 통해 있어 보이길 선택했던 과거와 달리, 지금은 개성과 취향, 안목을 쌓으면서 진짜 있으려고 한다. 있어 보이는 것과 결별하고 이제 진짜 있는 사람이 되는 것이다. 경험과 취향은 쌓아가는 것이다. 물건처럼 돈으로 사는 게 아니라 관심과 시간, 애정을 들여서 즐기는 것이다. 어쩌면 인생에서 진짜 남는 일을 하고 있는지도 모른다. 추억은 고스란히 자기 것이니 말이다.

가성비라는 것은 말만 최근에 나왔을 뿐이지, 원래 우리는 가격 대비 성능을 따져가며 물건을 사왔다. 다른 점이 있다면 과거세대가 가성비를 따져가며 절약하고 저축을 했다면, 밀레니얼 세대는 가성비를 따져 아낀 돈으로 자신이 하고 싶은 또 다른 소비에 쓴다. 즉 가성비를 따지는 것은 같지만 그 목적과 방향이 다른 셈이다.

어려운 시대, 미래가 불안한 시대를 살아가는 밀레니얼 세대는 과거 세대처럼 미래를 위해 오늘을 포기하며 아끼고 저축만 하며 살 수는 없다. 결혼과 출산이 필수가 아니라고 생각하는 밀레니얼 세대는 더더욱 혼자 사는 삶에 익숙해질 필요가 있다. 혼자 재미있게 살기 위해서 가장 필요한 것이 자신이 정말 좋아하는 취미와 취향을 가지는 것이다. 밀레니얼 세대에게 취향은 혼자 사는 삶을 위한 필수 요소다. 취향대로 살기 위해 시간과 돈을 투자하는 것은 자기중심적 사고가 익숙해지는 시대에 자신을 위한 최선의 배려이기도 하다. 그래서 같은 취향을 가진 사람들끼리 사교하고 연대하는 취향 공동체도 형성된다.

요즘은 취향이 비슷하고, 말이 통하는 사람이 가장 선호되는 친구상이다. 더 이상 같은 학교, 같은 나이를 따지며 친구의 범위를 좁히지 않는다. 학교나 지역, 나이 같은 공통분모보다는 같은 취미와 취향, 관심사 등이 더 깊이 있는 관계를 만든다. 누구나 취향을 갖길 원하는 시대, 취향이 인맥의 중심이 된 시대가 되고 있기 때문이다. 취향은 경험의 양과 깊이와도 연관 있다. 풍부한 경험 속에서 점점 자기만의 취향과 안목을 세밀하게 다듬어가면서 자기가 관심 둔 분야에 대한 깊이를 더한다. 취향을 위한 투자가 활발해지면서 취향을 공유하고 심화시키기 위한 모임이 중요해지고 있다. 과거에는 지식을 쌓는 게 화두여서 학습이 중요했다면, 지금은 취향을 쌓는 게 화두이고 취향 맞는 사람들끼리의 관계 형성과 경험이 중요해졌다. 이런 경향 속에서 살롱문화가 부활하고 있다. 취향 공유를 지향하는 멤버십 중심의 물리적 공간이 비즈니스 차원에서 등장하고 있는 것이다.

물론 밀레니얼 세대가 명품 소비를 안 하는 게 아니다. 이들의 명품 소유욕도 만만치 않다. 명품업계도 속속 밀레니얼 세대를 사로잡는 히트상품들을 내놓고 있는데, 그중 하나가 어글리슈즈다. 발렌시아가의 어글리슈즈가 히트한 이후 구찌, 샤넬도 어글리슈즈를 만들었다. 100만 원 정도의 가격이라 결코 싸지 않지만 과거세대가 몇백만 원을 호가하는 명품가방 중심으로 명품을 소비했던 것에 비하면 상대적으로 저렴하다. 패션 명품 업계가 과거보다 100만 원 내외의 다양한 상품을 더 많이 만들어내는 것도 밀레니얼 세대와 무관하지 않다.

백화점의 VIP 고객을 떠올리면 4050대가 먼저 떠오르겠지만, 2030대도 새롭게 부상하고 있다. 신세계백화점이 5단계였던 VIP 등급제에 '레드'라는 엔트리 등급을 추가해 6단계 등급제를 운용하기 시작한 것이 2017년부터다. 레드 등급은 연간 400만 원 이상 구매 시 부여하는

데, 3개월간 1회 200만 원 이상 구매 시에도 3개월간 VIP 자격을 부여한다. VIP 혜택을 받는 자격을 다양화시켜 2030대가 유입될 여지를 만든 것이다. 2018년 11월 기준 레드 고객 매출이 전체 매출에서 30%를 차지했고, 이 중 2030대 고객 비중은 65% 정도였다. 특히 신세계백화점의 2018년(1~11월) 20대 명품 매출은 전년 대비 79% 증가했는데, 2017년에 전년 대비 29.6%가 증가한 것에 비해서도 훨씬 크게 늘었다.

밀레니얼 세대가 명품 소비와 백화점의 VIP로서의 비중이 점점 커지는 것인데, 이들이 아직은 구매력의 한계가 있어서 VIP 중에서도 엔트리 등급 위주이지만, 앞으로 이들이 나이를 더 먹고 구매력이 더 높아지면 상위등급으로 올라갈 가능성이 충분하다. 즉 지금 밀레니얼 세대를 잘 공략하는 건 지금 당장의 매출을 위해서도 중요하지만 미래의 비즈니스를 위해서도 중요한 것이다. 밀레니얼 세대는 취향을 소비하는 방식에서도 아주 비싸거나, 아주 싸거나 양극화되고 있다.

소비 코드가 된 젠더, 왜 밀레니얼 세대는 젠더 뉴트럴을 소비하는가?

레드카펫 패션으로 어깨가 드러난 시스루 셔츠와 하이힐 부츠, 보석으로 장식한 하네스, 보석 장식과 함께 안감이 핑크색인 골드 컬러의 긴 망토, 골드 컬러의 드레스 등을 얘기하면 여성의 패션이라 단정짓는 사람들이 많다. 사실 이 스타일은 남자 배우가 선택한 2019년 1월에 열린 미국 골든글로브상(미국영화협회상)의 시상식 레드카펫 패션이었다. 검은색 턱시도 일색이었던 과거와 달리 시상식에서 남자 배우의 과감한 패션 시도는 최근 들어 빈번해졌다. 주목받기 위해서가 아니라 취향이 바뀐 것이다. 엄밀히 말해 다양성을 존중하고 포용하는 젠더리스 Genderless 또는 젠더 뉴트럴 Gender Neutral로 불리는 문화다. 남자의 치마가 신기한 볼거리나 튀는 행동으로 여겨졌던 시대에서 취향이자 하나의 스타일로 존중받는 시대로 바뀌고 있는 것이다. 몇 해 전부터 드레스 대신 파워슈트와 턱시도 차림으로 레드카펫에 서는 여자 배우가 많아졌다. 이들 복장에는 사회적 메시지가 담겨 있다. 머지않아 여배우, 남배우가 아닌 배우라고 부를 날도 올 것이다.

기업에서는 소비자의 성별을 특정하거나 구분하지 않는 젠더리스로 접근하기 시작했다. 남자든 여자든 상관없이 신체적 특징과 취향의 차이만 고려한 패션을 상품화한 것이다. 젠더 뉴트럴이 중요한 트렌드가 되자 유니섹스 룩을 먼저 떠올리는 사람이 많다. 하지만 우리가 알던 유니섹스는 남녀의 중립적 통합이 아니라 남자 옷을 여자한테 입힌 식이다. 톰보이만 만들어낼 뿐, 여자 옷을 남자에게 입히진 않았다. 다시 말해 남자 중심의 반쪽짜리 스타일이 유니섹스 룩이었다. 패션계에서 젠더 뉴트럴, 젠더리스가 중요 화두로 떠오르면서 젠더리스화된 옷을 선보이는 경우가 늘었는데 여전히 과거의 유니섹스 관성에서 머무는 것도 꽤 있다. 젠더 뉴트럴에 대한 온전한 이해를 하지 못해서다. 머릿속에선 남자답게, 여자답게가 확연히 구분된 사람들이 유행이라고 하니 남녀를 구분하지 않는 스타일을 만들어내는 것이다.

한국에서도 2030대 남자들이 클러치백을 들고 다니고, 레깅스도 남자의 패션으로 자리잡았다. 여성의 패션으로 여겼던 클러치백과 레깅스 모두 남자의 패션으로까지 확산된 건, 패션에서 더 이상 남녀 구분이 절대적이지 않다는 것을 보여주는 단적인 예다. 남녀 모두 더 멋지고 싶은 욕망, 건강과 운동을 위해 레깅스를 일상패션으로 선택하는 것이 자연스러운 시대다. 젠더 뉴트럴이 이미 우리 일상 속에 들어왔다.

패션은 사회적 흐름을 적극 반영한다. 명품 패션 브랜드들이 남녀 통합 패션쇼로 대거 전환하고, 광고에서도 루이비통은 제이든 스미스 Jaden Smith에게 치마를 입혔고, 샤넬은 퍼렐 윌리엄스 Pharrell Williams를 핸드백 모델로 선택했고, 구찌는 BTS에게 여성용 블라우스를 입혔다. 이제 디자이너는 남자 옷, 여자 옷이 아니라 사람의 옷을 만든다. 명품 패션 브랜드는 물론이고 SPA 브랜드에서 선보이는 남성복에도 여성복 이상의 과감한 컬러와 스타일을 적용했다. 대형마트나 백화점 등에서도 블루와 핑크 컬러로 남자와 여자를 구분하는 방식을 없앴다. 이제 패션은 개성과 취향을 반영하는 가장 개인적인 선택이어야 한다. 성별은 물론이고, 인종이나 신체 사이즈 등에서도 다양성 존중이 필수가 된 시대를 맞고 있다.

뷰티업계도 바뀌고 있다. 국내의 LAKA는 남자와 여자 모두에게 같은 립스틱과 컨실러를 판다. 과거에는 남성용과 여성용을 패키지만 봐도 구분할 수 있었다. 하지만 샤넬의 남성용 화장품 라인은 여성용 화장품 패키지와 컬러에서 차이를 두지 않는다. 그루밍족이 늘면서 남성용 화장품도 크게 늘었지만, 여전히 립스틱, 파운데이션, 아이섀도 같은 색조 화장품은 여성의 전유물로 인식하는 이들이 꽤 있었다. 하지만 현실은 변화했다.

롯데백화점에 따르면, 색조 화장품의 남성 매출 비중은 2012년 4%에서 2016년 11%로 높아졌고, 남성 1인당 색조 화장품 구매액도 5년 동안 15% 이상 증가했다. 급속도는 아니지만 지속적 증가세가 이어지는 중이다. G마켓에 따르면, 2018년 1월부터 4월까지 명품브랜드 화장품의 여성 스킨케어 세트를 구매한 남성 소비자의 구매 건수가 전년 동기 대비 122% 늘었고, 파운데이션 구매 건수는 16% 늘었다.

영국 브랜드 제카의 브랜드 모토는 '메이크업에는 성별이 없다 makeup has no gender'이다. 제카의 대표 제품인 컨실러 팔레트는 여성의 피부 잡티와 남성의 수염 그림자를 커버한다고 광고한다. 미국의 메이크업 브랜드 플루이드도 남녀 모두를 위한 제품을 지향하는데, 립스틱·매니큐어·아이라이너 등을 남녀 구분 없이 판다. 이솝, 키엘 같은 브랜드에서는 패키지 디자인도 중성적이고, 제품은 남자나 여자 모두가 써도 좋다고 소개한다. 맥, 톰포드, 마크제이콥스 화장품도 성 구분이 없는 화장품을 판다.

프리미엄 향수 브랜드 딥티크와 조말론은 여성용과 남성용을 구분하지 않는 향수를 선보였다. 향수 분야에서는 특히나 남녀 경계가 사라졌다. 여성적인 향, 남성적인 향으로 강조되던 향기들보다 중성적인 향기를 가진 제품의 인기가 커졌다. 이렇듯 기존 유명 브랜드에서 젠더 뉴트럴 라인을 추가하고 있고, 아예 처음부터 젠더 뉴트럴을 지향하는 신생 브랜드도 본격적으로 나오고 있다.

여성성, 남성성은 뷰티업계와 패션업계가 상품화시킨 이미지에 가깝다. 이제 그들이 그것을 버리고 있다. 차별의 시대에서 다양성이 존중받는 시대로 진화하는 것이다. 강력한 소비세력인 밀레니얼 세대가 더이상 외모 차별 마케팅, 남녀 구분 마케팅을 받아들이지 않기 때문이다. 살아남으려면 기업도 바뀔 수밖에 없다.

젠더 다양성을 존중한다는 건 차별에 대한 저항이기도 하다. 인종차별, 성차별, 소수자 차별, 빈부차별 등은 우리 사회가 갖고 있던 대표적 차별들이다. 과거에 비해 크게 해소되고 있긴 하지만 여전히 존재한다. 애초에 우리가 인종을 구분하지 않고, 남녀를 구분하려 들지 않았다면 어땠을까? 가정이긴 하지만, 만약 우리가 모두를 같은 '사람'이라는 의미로만 봤다면 그동안 겪었던 차별 문제의 상당수는 겪지 않았을 것이다. 그런 점에서 젠더 뉴트럴은 오래된 역사적 관성으로 자리잡은 남녀 구별과 차별을 없애려는 근본적 지향이기도 하다. 이를 가장 적극적으로 지지하는 것이 밀레니얼 세대다. 이들에게 전통적인 성 역할과 구분은 구시대적인 발상이고, 성 소수자를 바라보는 시각도 크게 개선되었다. 밀레니얼 세대뿐 아니라 Z세대, 알파세대 등 다음 세대로 가면 갈수록 젠더 뉴트럴을 지지하는 이들이 더 많아질 수밖에 없다. 이제 젠더 뉴트럴은 가장 중요한 소비 트렌드 코드가 되는 셈이다.

소비 코드가 된 윤리, 밀레니얼 세대가 정말 착해진 걸까?

패션 명품 업계에서 모피를 퇴출한 배경은 무엇일까? 정말 동물을 위한 마음이 확산되어서 명품업계가 모피를 버린 걸까? 아니다. 그들이 착해져서 그런 게 절대 아니다. 2017년 10월 구찌는 모피 사용 금지를 선언했다. 사실 구찌는 모피를 많이 사용했던 브랜드다. 하지만 밀레니얼 세대가 소비에서 윤리적 관점을 중요하게 반영하고 있다는 것을 감안해 이런 결정을 내렸다. 모피 퇴출을 위해 예전부터 모피반대 단체나 동물보호 단체의 다양한 압박이 있었지만, 이들은 큰 영향을 주지 못했다. 그런데 새로운 소비세력으로 부상한 밀레니얼 세대가 큰 영향을 끼친 것이다. 결과적으로 구찌는 밀레니얼 세대가 가장 사랑하는 명품 패션 브랜드로 자리잡았다.

2018년 11월, 샤넬은 동물의 털(모피)과 악어나 뱀 같은 희귀동물 가죽으로는 더 이상 상품을 만들지 않겠다고 선언했다. 패션업계에서 불고 있는 모피 퇴출 바람의 절정을 알린 것이다. 버버리·베르사체·코치·휴고보스 등이 몇 년 전부터 천연모피 대신 인조모피를 선택했고, 다이앤 본 퍼스텐버그·마이 클코어스·장폴 고티에·톰 포드 등도 동참했다. 스텔라 매카트니는 인조모피를 적극 활용하며 윤리적 패션을 실천하고 있고, 바비안 웨스트우드·타미 힐피거·랄프 로렌 등은 2007년부터 모피 사용 금지를 실천했던 브랜드다. 캘빈 클라인은 자신의 기업철학과 맞지 않는다는 이유로 1994년부터 모피 사용을 중단했다.

2010년대 이후 패션업계의 모피 퇴출은 급속도로 확산되었고, 진짜 모피를 대신할 인조모피가 대안으로 활용되기 시작했다. 2011년 F/W 시즌부터 명품 브랜드에서도 인조모피가 본격 등장했다. 샤넬, 보테가 베네타, 셀린 등이 이런 흐름을 주도했다. 2012년에 영국의 톱숍과 미국의 포에버21이 동참한 이래, 스웨덴의 H&M, 스페인의 자라 등 글로벌 패션 브랜드들도 속속 모피반대연합Fur Free Alliance에 동참하며 더 이상 진짜 가죽 제품을 팔지 않기로 한 것이다. 패션계는 오래전부터 윤리적 관점을 어떻게 적용할 것인지를 고민해왔다.

기업이 어떤 선택을 해야 비즈니스에 좀 더 유리할지 판단하는 건 당연하다. 소비자들이 변화하기 전에 기업이 먼저 나서지 않은 것은 결국 돈 때문이다. 과거의 소비자들은 패션을 소비하면서 윤리를 따지지 않았다. 동물권도 따지지 않았다. 하지만 이제 달라지기 시작한 배경이 바로 밀레니얼 세대, 그리고 사회적 진화라 할 수 있다. 이제 돈을 벌기 위해서도 윤리를 따지기 시작했다. 확실히 윤리적 관점이 소비에서 중요한 코드가 되었음을 실감한다.

밀레니얼 세대는 채식에도 관심이 많다. 엄밀히 세미 베지테리언이다. 고기가 맛없다거나 싫어서가 아니라 현재의 육식 소비 환경에 문제의식을 갖고 있기 때문이다. 종교적 이유, 체질적 이유가 아니라 사회적 이유 때문에 채식주의가 급증하는 건 밀레니얼 세대의 윤리적 소비 관점과 맥을 같이한다. 이들은 공장식 가축 사육 방식과 환경적·윤리적 측면에서 현재의 육류 소비 행태에 문제를 제기한다. 이런 관점을 반영해 비욘드 미트를 비롯한 식물성 고기 제조업체가 갈수록 늘어나고 있다. 식물성 재료로 돼지, 소, 닭고기의 맛과 질감, 형태를 구현해낸다.

배양기술을 활용한 육류 개발도 활발히 이뤄지고 있다. 배양육은 살아 있는 동물에서 세포를 채취한 다음, 이를 배양탱크에서 대량으로 배양하여 천연의 육류와 비슷하게 만든 인공 육류다. 중요한 미래 먹거리 산업이다. 이미 글로벌 축산기업들은 배양육의 가치를 높게 평가하고, 관련 기술을 보유한 스타트업에 적극 투자하고 있다. 그들은 기존 육류와 대체육류 모두에 투자하는 셈이다. 이런 상황에서 미국 축산업자들이 반발하고 나섰다. 미국축산업자연맹이 미국정부에 고기 대체품을 '고기'라고 명명하는 것을 금지해달라는 청원을 내고, 먹기 위한 목적으로 살아 있는 동물에서 떼어낸 살점만 고기라고 하도록 요구했다는 사실은 식물성 고기 시장과 대체육류 시장에 대한 위기감을 느끼고 있음을 방증한다. 비단 미국만의 일이 아니다. 미래에는 전 세계가 겪을 일이고, 이로 인해 수많은 관련 업계의 희비가 엇갈릴 수도 있다.

미국에는 참치 없이 토마토로 참치회의 맛과 질감을 비슷하게 내는 회사가 있다. 식물성 재료로 수산물을 만드는 오션허거푸드 Ocean Hugger Food 에서는 참치 외에 장어와 연어도 만든다. 이 회사 창업자이자 CEO인 제임스 코웰 James Corwell 은 잔인한 참치잡이와 참치 거래 환경, 그리고 전 세계 대형 어류가 남획으로 말미암아 멸종 위기에 처했다는 사실을 접한 후 창업했다고 밝혔다.

미국에는 식물로 해산물과 육류를 만드는 기업들이 꽤 많다. 채식주의자용 식품을 만드는 굿캐치푸드Good Catch Foods의 대표 상품은 '생선 없는 참치Fish Free Tuna'인데 참치캔에 들어 있을 듯한 그 참치다. 진짜 참치는 한 조각도 들어가지 않았지만 시각적으로나 미각적으로 자연산 참치와 거의 유사하다는 것이 전문가들의 평가다. 완두콩과 병아리콩, 렌틸콩 등 6종류의 콩 추출물을 섞은 식물성 단백질 혼합물이 주요 원재료이고, 여기에 해바라기씨 오일과 해초류 추출물 등을 첨가하여 진짜 참치와 비슷한 맛과 질감을 구현한다. 이 회사 창업자들의 창업 동기도 남획과 해양오염으로 인해 해양자원이 멸종될 수 있다는 위기감 속에서 해산물 소비 방식을 바꾸겠다는 것이다.

미국에는 식물성 해산물, 식물성 육류 회사가 많은데, 이들 모두 미래 식량시장의 중요한 기회로 식물성 고기, 즉 가짜 고기를 꼽고 있다. 이 가짜 고기가 진짜가 가진 불편함을 해소하는 대체제로 기능하는 것이다. 닭고기, 소고기도 식물성 재료로 재현하는 방식이 계속 확산 중이고, 미국의 대표적인 육류 개발 업체 비욘드 미트는 한국에서 정식 유통을 앞두고 있다. 글로벌 시장에서 식물성 육류 시장은 성장세다. 윤리적·환경적 문제와 함께 식량자원의 효율성 문제를 심각하게 받아들이는 소비자들은 생선이나 육류 소비를 기피하는 추세다. 전 세계적으로 채식주의가 급속도로 확산되는 것도 이런 배경과 무관하지 않다.

이왕에 고기를 먹을 때는 동물복지를 따진다. 어느새 한국의 대형 마트에서도 동물복지 인증을 받은 소고기, 돼지고기, 달걀을 쉽게 볼 수 있다. 소비자가 동물복지 인증을 받은 농장의 고기인지를 따져서 먹기 시작해서다. 동물보호법에 명시된 동물복지는 가축 본래의 습성에 맞춰 고통과 상해로부터 자유롭고, 공포나 스트레스 없이 살 수 있게 하는 것이고, 이러한 규정에 맞춰 가축을 키우는 농장을 동물복지농장으로 인증한다. 동물복지 사육방식을 도입할 경우 동물이 습성대로 뛰어놀며 자라서 상대적으로 튼튼하고 병에도 강하다. 이러니 항생제나 살충제 같은 약을 쓸 필요가 없고, 건강한 고기도 얻으니 소비자에게도 이롭다. 다만 비용이 더 들어 생산성은 떨어지기 때문에 고기 가격이 비싸질 수밖에 없다. 현재는 10~30% 정도 비싼데, 동물복지 인증 고기의 수요 규모가 커지면 격차를 좁힐 수 있다.

　라면시장의 절대강자였던 농심 신라면이 점유율에서 오뚜기 진라면에게 턱밑까지 쫓기고 있다. 2009년에는 라면 브랜드 점유율에서 신라면이 25.6%로 진라면의 5.3%보다 5배나 높았는데, 2018년 상반기에는 신라면 16.9%, 진라면 13.9%로 두 브랜드의 격차가 크게 줄었다. 농심의 라면시장 전체 점유율도 2018년 상반기 53.2%까지 줄었고, 오뚜기는 25.7%까지 올랐다. 농심은 시장 점유율 80%대를 장기간 유지했으나 이제 매년 떨어지고 있어 50% 벽이 무너지지 말란 법도 없다.

　절대강자 농심을 위기로 몰아넣고 오뚜기를 밀어준 일등공신은 바로 이왕이면 괜찮은 회사의 라면을 팔아주자는 생각을 가진 밀레니얼 세대와 Z세대다. 상속에 따른 세금 완납 문제, 정규직 문제, 심장병 어린이 돕기를 비롯한 다양한 미담을 들은 10대와 20대가 자신의 힘을 보여준 것이다.

　라면시장에서 밀레니얼 세대가 주동하고 Z세대가 동조한 윤리적 소비가 이런 결과를 낳은 것이다. 아직은 라면시장 정도만 바꿔놓았다면 앞으로 이들의 구매력이 커질수록 이들이 바꿀 시장은 더 많아질 것이다. 이래도 기업의 사회적 책임(CSR)을 불우이웃돕기 같은 소극적 방식으로만 할 텐가? 밀레니얼 세대를 사로잡기 위해서는 기업의 윤리적 기준이 좀 더 상향되어야 한다.

소비 코드가 된 환경, 왜 밀레니얼 세대는 지구를 걱정하는가?

2018년 2월 영국 런던의 해로즈백화점 1층의 대형 쇼윈도 4개로 이어지는 아주 넓은 공간에 산더미처럼 쌓인 헌옷이 전시되었다. 2층에 의류수거함을 설치해놓고 이곳에 옷을 넣으면 1층의 전시공간으로 떨어져 쌓인다. 한 달여의 이벤트였는데, 패션 브랜드 베트멍과 런던의 해로즈백화점의 흥미로운 컬래버레이션이다. 헌옷을 수거함에 기부하면 베트멍의 한정판 손목밴드를 준다는 말에 많은 사람들이 몰려왔고 옷이 산더미처럼 쌓일 수 있었다. 선물로 준 손목밴드는 페트병을 재활용해서 만든 것으로, 엄밀히 말하면 시커먼 페플라스틱 밴드에 베트멍 글자를 프린팅한 것이다. 밴드 자체는 베트멍이라고 적혀 있지 않았다면 아무도 가져가지 않았을 아주 싼 물건이다. 이 밴드를 차고 있으면 사람들이 환경을 생각하는 멋쟁이로 본다. 이것이 이 이벤트에 동참하고 싶은 동기가 되었을 것이다. 옷 기부를 통한 수익금 전액은 영국의 아동학대방지학회로 기부되었다. 이로써 베트멍은 환경보호라는 좋은 의도와 기부라는 좋은 의도가 결합된 멋진 패션의 이미지가 되었다.

"패션은 너무나 더러운 산업이다.Fashion is a very dirty industry." 베트멍의 공동창업자 뎀나 바잘리아Demna Gvasalia가 한 말이다. 사실 이 말은 수많은 사람들이 했고, 공감하는 사람도 많다. 패션산업에서 패스트패션으로 불리는 SPA 브랜드들이 주류가 되면서 옷이 과잉생산되고, 빨리 소진되고 버려짐으로써 패션산업이 반환경적이라는 문제의식을 많은 이들이 가지고 있다. 베트멍은 이 이벤트를 통해 이런 문제의식을 더 확장시키고, 개선방법을 적극 모색하고자 한다. 이제 환경은 멋진 이슈가 되었다. 과거에는 북극곰 얘기를 들으면 가슴 아프지만, 환경을 소비 코드로 받아들이지는 않았다. 하지만 이제는 멋쟁이들, 트렌드세터들 사이에서 환경이 멋진 이슈가 되었기에 금새 트렌드로 확산될 가능성이 크다.

핀란드의 리팩RePack은 재사용 가능한 택배용 패키지를 만들어 온라인 쇼핑몰과 계약을 맺고 배달하는 기업이다. 폴리프로틸렌 소재로 만든 세 가지 규격의 재활용 포장재는 평균 20회 재사용된다. 이는 기존 일회용 포장재를 쓰는 택배보다 이산화탄소 배출 80% 절감 효과가 있다. 리팩으로 택배를 받은 소비자가 물건을 꺼낸 후 리팩의 택배 패키지를 우체통에 넣으면 반환되는 시스템으로, 현재 패키지 회수율은 75%다. 반환된 패키지는 품질검사를 거쳐 이상 없으면 다시 활용되고,

불량일 경우에는 재활용되어 다시 패키지를 만든다. 현재는 유럽의 온라인 쇼핑몰 중 일부가 리팩을 이용하고 있다. 하지만 앞으로는 전 세계 택배 서비스에서 리팩과 같은 방식이 중요하게 고려될 가능성이 크다. 과거에는 이런 선택을 하는 기업에게 '착한 기업'이라는 꼬리표를 붙여주었다면, 이제는 '돈 버는 기업'이라는 꼬리표가 붙는다. 확실히 환경은 밀레니얼 세대가 바꾼 소비 트렌드의 결정적 변화 중 하나가 되었다.

이케아는 2018년 7월부터 오스트레일리아에서 중고가구 사업을 시작했다. 자사의 중고가구를 최대 50% 가격에 매입하는데, 돈 대신 이케아에서 쓸 수 있는 바우처(상품권, 할인권, 쿠폰)를 준다. 이렇게 매입한 중고가구를 다시 새 가구로 만들어 판다는 게 이케아의 계획이다. 소비자가 쓰다 버리는 가구를 기업이 되사서 재활용해 새 제품으로 만든 뒤 다시 파는 것이다. 2030년까지 100% 순환시키겠다는 목표를 세웠는데, 그때쯤이면 이케아를 친환경 회사라고 불러야 할지도 모른다. 이케아가 이러한 마케팅 전략을 세운 것은 착한 기업이어서가 아니다. 이제 환경 이슈는 소비와 마케팅에서 거스를 수 없는 필수 조건이 되었다.

삼성전자는 2019년부터 스마트폰과 태블릿PC, 스마트워치 등 모바일 제품의 포장재에서 기존에 쓰던 플라스틱과 비닐을 모두 없애기로 했다. 제품 거치용으로 쓰이던 플라스틱 재질 용기는 대나무나 사탕수수 찌꺼기로 만든 펄프몰드로 바꾸고, 이어폰 세트와 케이블을 감싸던 비닐도 종이로 바뀐다. 이미 2018년부터 친환경 포장재로 바꾼 노트북에 이어 2020년까지 냉장고, 세탁기, TV를 비롯한 모든 생활가전 제품의 포장재를 친환경 재료로 바꿀 계획이다. 비닐 포장재는 폐비닐로 만든 재생 소재 혹은 전분과 사탕수수 등으로 만든 바이오 소재로 바뀌고, 종이 포장재는 지속가능산림 인증을 획득한 원료만 사용하기로 했다.

삼성전자는 일회용품 없애기, 재생 종이용기 쓰기, 비닐 포장 하지 않기 등 사내 환경개선 운동에도 적극 나섰다. 삼성전자뿐 아니라 삼성그룹의 주요 계열사, LG그룹의 주요 계열사, SK그룹의 주요 계열사 등 국내 주요 대기업들이 환경개선 운동에 적극 동참하고 있다.

왜 기업들이 환경보호에 적극적으로 나서는 것일까? 정말 기업들이 착해져서 그런 걸까? 소비자의 인식 변화 때문이다. 기성세대가 환경 문제에 소극적이었던 것과 달리 밀레니얼 세대는 환경보호를 필수 문제로 여긴다. 친환경을 '필요는 하지만 귀찮고 번거로운 일'이라 여겼던 기성세대와 달리 '멋지고 세련된 당연한 일'이라고 여기기 시작했다. 이제 친환경이 힙한 이슈가 된 셈이다. 과거에는 소비자들이 환경 이슈를 중요하게 여기지 않았으므로 친환경을 위해 투자할 필요가 없었다. 하지만 이제 밀레니얼 세대가 소비세력으로 부상하고, 사회적 분위기도 친환경을 당연하게 여기기 시작하면서 기업들도 변화하기 시작했다.

아모레퍼시픽은 자체 온라인 쇼핑몰인 아모레퍼시픽몰에서 상품 배송을 할 때 비닐 에어캡(일명 '뽁뽁이') 대신 벌집 모양의 종이 충전재를 쓰고 있다. 2018년 여름부터 연구를 시작해 2018년 말부터 단계적으로 도입해서 쓰고 있다. 비닐 에어캡보다 2~3배 비싸고, 포장 작업에 시간이 더 소요되어 비용과 효율성 측면에서 손해지만 환경을 중요하게 고려하는 밀레니얼 세대를 공략하려면 이런 변화가 필요한 것이다. 아모레퍼시픽몰은 포장상자 크기도 가장 작은 상자의 기준을 4.8리터에서 0.9리터(15cm×10cm×6cm)로 줄였다. 포장할 때 사용하는 접착테이프도 비닐 소재에서 종이 소재로 바꿨다.

온라인 쇼핑은 점점 늘어간다. 따라서 포장재 문제는 돈이 들더라도 언젠가는 해결해야 할 문제다. 포장재뿐 아니라 화장품 용기도 플라스틱 사용량을 줄이고 재활용이 쉽도록 투명하게 바꾸는 친환경적 제품 개발에 적극적이다. 자원순환, 환경친화적 접근은 이제 선택이 아닌 필수가 되었다. 우린 지금 화장품을 사면서 환경을 따지고, 스마트폰을 사면서 환경까지 고려하는 소비자를 만나고 있다. 밀레니얼 세대와 Z세대에게 환경은 남의 일이 아니라 바로 자신이 살아갈 지구 이야기다. 과거세대들이 망쳐놓은 환경의 피해를 고스란히 받아야 할 그들로선 환경 문제에 민감할 수밖에 없고, 소비를 할 때도 환경을 중요하게 여길 수밖에 없다.

밀레니얼 세대는 식물, 홈가드닝, 플랜테리어에 관심이 많다. 공기정화 식물을 집에 두거나, 텃밭과 유기농 채소에도 관심이 커졌다. 할머니 세대가 좋아하던 걸 손자손녀 세대가 물려받은 것 같지만, 같은 관심사에도 세대별 이유는 다르다. 미세먼지로 직접 고통을 겪는 밀레니얼 세대가 자연보호, 맑은 공기, 그린 컬러로 대표되는 녹지와 공원 문화에 관심을 갖는 건 자연스러운 일이기도 하다.

밀레니얼 세대는 왜 혐오에 빠졌는가

05.

밀레니얼 세대는 기성세대보다 젠더·환경·윤리 문제에 관심이 많고, 신기술과 외국어에 능통하고, 창의적이고 도전적이다. 이들이 기성세대가 갖지 못한 많은 것을 갖게 된 건 사회적 진화의 영향이다. 기성세대가 나고 자라던 시대보다 밀레니얼 세대가 나고 자라는 시대가 훨씬 더 풍요롭고 진보했다. 밀레니얼 세대가 기성세대에 비해 더 적극적이고 직설적으로 자기주장을 펼치는 것도 이러한 영향이 크다. 안타깝지만 더 합리적이고 실용적인 밀레니얼 세대 중에는 혐오에 빠진 이들이 있다. 여혐, 남혐으로 대표되는 일베, 워마드도 밀레니얼 세대다. 이들은 헬조선이라는 말도 즐겨 쓰며 기성세대와 노인세대마저 혐오한다. 흙수저, 금수저 논쟁에도 민감하다. 이들은 자기주장을 공격적이고 감정적으로 펼치기도 한다. 온라인과 모바일을 장악하고 있는 이들은 인터넷 댓글을 통한 공격이나 마녀사냥에도 거침이 없다.

헬조선과 틀딱, 왜 그들은 기성세대를 혐오하는가?

'헬조선'은 한국이 지옥에 가깝고, 희망이 전혀 없다는 의미를 담고 있다. 밀레니얼 세대 중에는 기성세대가 망쳐놓은 한국에서 하루빨리 탈출하고 싶다고 말하는 사람도 있다. 취업은 전쟁이나 다름없이 치열하고, 막상 취업을 해도 비정규직이 대부분이다. 저임금과 불안정한 일자리 탓에 결혼은커녕 연애도 사치가 되고, 미래 계획은커녕 당장의 현실을 살아가기도 팍팍한 이들에게 어떤 희망이 있을 수 있을까? 희망이 있는 사회는 아무리 힘들어도 버티고 이겨낼 수 있지만, 희망이 사라지면 사회도 무너진다. 지금 한국사회의 희망을 앗아간 건 기성세대다. 그럼에도 2030대에게 미안하기는커녕 잔소리하며 이들을 억누르기만 했다. 힘없는 2030대가 할 수 있는 일이란 고작 기성세대와 사회에 대한 혐오와 감정적 공격뿐이다. 이들이 힘이 있다면 근본적인 문제해결을 위해 싸우겠지만 모든 주도권을 기성세대가 가진 상황에서 이들은 온라인에서 푸념하고 때론 욕도 하며 스트레스 푸는 게 전부다.

연령대별 사망원인에서 20대의 1위는 자살이다. 30대도 자살이다. 반면 40대 이상은 암이 사망원인 1위다. 4050대나 6070대도 힘들긴 마찬가지라고 하겠지만, 2030대는 희망이 더 필요한 세대다. 미래에 대한 계획과 희망을 통해 삶에 동기부여를 해야 하는데, 이른바 헬조선에서는 그게 어렵다. 기성세대는 '우리 때는 전쟁 이후 먹을 게 없어도 굶어가며 일했다' '노력을 더 해' '요즘 애들은 약해빠져서 힘든 일은 안 하려고 해' '일자리가 왜 없냐? 한국에 들어온 동남아 노동자가 얼만데. 일자리가 없는 게 아니라 쉽고 편한 자리만 원해서 그래'라는 식으로 취업문제를 바라본다. 하지만 일자리 문제는 개인이 해결할 문제가 아닌 사회적·구조적 문제다. 다시 말해 밀레니얼 세대가 아니라 기성세대가 양질의 일자리를 만들어내야 한다. 경제와 정치에서 주도권을 가진 기성세대가 일자리를 만들어내지 못했다면 그건 기성세대가 무능한 것이다. 사회가 풀지 못한 문제를 개인 탓으로 돌리는 것은 비겁한 짓이다.

수십 년씩 정치를 한 정치인들은 자기들 밥그릇 지키는 데만 열심이다. 자기만 나라를 위하는 양 큰소리치지만 막상 자신들이 무능해서 정책에 문제가 생기는 것에는 책임지지 않는다. 이런 문제는 앞으로도 크게 개선되지 않을 것이다. 한국의 리더들은 혁신이라는 말을 입에 달고 살지만, 정작 스스로가 혁신의 대상이라는 점은 생각지 않는다. 기성 정치권이 혁신을 원하고, 정말 혁신하기 위해 행동하겠다면 스스로 다 물러나 새로운 판을 짤 수 있는 기회를 제공해야 한다.

과거의 2030대는 실제로 보수보다 진보 편이었다. 하지만 요즘 2030대는 보수든 진보든 상관없다. 더 이상 이념 프레임으로 그들의 표를 얻을 수 없다는 말이다. 한국당이나 민주당이나 보수, 진보 프레임으로 서로 대치되어 뭔가 다른 것처럼 굴지만 경제정책이나 산업정책에서 보면 둘은 큰 차이가 없다. 문제는 이들이 여전히 정치를 양분하고 있고, 앞으로도 오랫동안 그럴 것이라는 점이다.

이 모습을 지켜보는 밀레니얼 세대가 할 수 있는 게 뭘까? 정치 혐오다. 비난이고 욕이다. 헬조선으로 규정짓는 것이다. 그렇게 포기하는 것이다. 잃을 것이 없는 사람들의 절망만큼 무서운 것도 없다. 안타깝지만 헬조선이라는 신조어는 그들의 무력감에서 나온 자조 섞인 저항이고, 현실의 벽에 대한 절망을 표현한 것이다. 이걸 보면서도 요즘 애들이 싸가지 없게 말한다고, 애국심은 전혀 없다고 얘기하는 기성세대가 있다. 이런 기성세대에게 밀레니얼 세대가 할 수 있는 또 다른 저항이 '꼰대'와 '틀딱'이라는 말이다.

2010년대 이후 등장한 '틀딱'은 '틀니를 딱딱거린다'의 줄임말로 노인세대를 비하할 때 많이 쓴다. 노인과 벼슬아치를 합성한 '노슬아치'와 비슷한 노인 비하와 혐오의 표현이다. 권위 있는 사람의 나이 서열화 의식이 '꼰대'라는 말을 만들어냈다면, '틀딱'은 무력하고 무능한 노인들의 이기심이 만들어냈다. 그래서 틀딱이라고 부르는 밀레니얼 세대가 버릇없는 건지, 틀딱으로 불리도록 나이만 믿고 안하무인 무례한 노인이 문제인지는 보는 시각에 따라 차이가 생긴다. '오죽하면 저렇게 부를까' 하는 시각과, '아무리 그래도 그렇게 부르면 안 되지'라는 시각이 공존한다. 분명한 건 무례한 노인이 많긴 하다는 점이다. 노인들은 여전히 '내가 너보다 얼마나 더 살았는데' '여자가 말이야~' '애들이 말이야~' 같은 시대착오적인 말을 많이 한다.

한국사회의 나이 서열화가 만든 노인공경 문화를 악용하는 노인들도 많다. 노인들은 연장자가 대우받는 시대를 살아왔고, 여전히 그걸 고수한다. 하지만 지금 시대는 과거와 달라졌다. 밀레니얼 세대는 연장자라고 해서 무조건 우대해줘야 한다는 생각을 받아들이지 않는다. 나이가 많건 적건 서로 같은 인간으로서 기본적 예의를 지켜야 한다고 생각할 뿐이다. 단지 나이가 많다는 이유만으로 처음 본 사람에게 함부로 반말과 욕설을 하며, 자리 양보를 강요하고 새치기하는 사람을 이해할 수 없다. 노인들의 강압적 횡포와 무례를 겪어본 이들은 많다. 틀딱이란 말이 나오고 확산되는 데는 무례한 노인들이 원인을 제공한 점도 있다. 노키즈 존처럼 노인금지 구역을 만들고 싶다는 사람들까지 생겨나고 있다.

꼰대는 원래부터 있던 말이지만 2010년대 이후 사용이 급증했다. 헬조선, 틀딱은 2010년대 이후 만들어진 신조어다. 2010년대는 밀레니얼 세대가 20대를 장악하고, 30대까지 확장하기 시작한 시대다. 한국 경제가 위기를 맞아 취업난이 더 심해진 시기이기도 하다. 밀레니얼 세대가 사회 진출과 함께 좌절, 절망을 느끼게 된 시기다. 일자리는 돈의 문제, 즉 먹고사는 문제다. 가장 기본적인 이 문제가 해결되지 않으면 행복을 추구할 수도, 미래를 계획할 수도 없다.

사실 노인혐오가 커진 것도 노인 빈곤율과 무관하지 않다. 우리나라의 노인 빈곤율은 48.6%로 OECD 국가 중 압도적 1위다. 다른 OECD 국가의 노인 빈곤율이 하락한 것과 대조적으로 우리는 가파르게 증가하고 있다. 경제적 어려움을 겪는 상황에서는 타인을 배려하기보다 자기 이익에 더 민감할 수 있다. 상대적 우위라곤 나이뿐인 노인들이 나이를 내세우며 청년세대를 억누르는 것으로 우위를 확인하고자 하는 것도 그들의 현실 도피일 수 있다. 기성세대 정치권과 노인세대는 과거에 나라를 지켰느니, 한강의 기적을 이뤘다느니 하는 옛날 얘기만 하지 말고 지금 뭘 하고 있고, 앞으로 뭘 할 것인지 이야기해야 한다.

현재 무능한 사람일수록 걸핏하면 과거 이야기를 끄집어낸다. 술에 취했어도 '내가 요즘에'를 외치는 사람은 요즘 잘나가는 사람이다. '내가 왕년에'를 자주 얘기하는 것은 요즘은 못 나간다는 이야기다. 노인들이, 기성세대가, 한국사회가 자꾸 '내가 왕년에'를 들먹이며 밀레니얼 세대가 제기하는 현재의 문제를 외면하고 있는 건 아닌지, 그들이 가진 혐오의 실체가 실은 기성세대의 무능과 무례에서 비롯되었을 수 있음을 생각해야 한다. 그러지 않으면 그들이 가진 기성세대 혐오, 한국사회 혐오, 한국정치 혐오로부터 절대 벗어날 수 없다. 이렇게 혐오가 만연하는 현상은 그들이 기성세대와 소통하고 협력하기를 포기한다는 뜻이고, 한국사회에서 미래를 계획하기를 포기한다는 뜻이기 때문이다. 결국 밀레니얼 세대뿐 아니라 한국사회 전체가 손해 보는 상황이 된다.

노인세대는 밀레니얼 세대에게 풍족한 세상에 살면서 불평만 한다고 하면서, 오히려 힘든 건 자신이라고 한다. 밀레니얼 세대는 노인세대에게 풍족해진 건 맞지만 기회는 과거에 비해 훨씬 적어졌기에 오히려 더 힘들고, 이렇게 만든 원인은 결국 기성세대와 노인세대에게 있다고 말한다. 입장 차이가 크다. 경제성장의 정점을 지나 내리막길을 가고 있는 밀레니얼 세대는 희망을 잃어버린 세대가 된 셈이고, 이런 측면에서 이들이 헬조선이라고 얘기하는 것에 공감할 수 있다. 이들에게 값싼 위로나 옛날 얘기가 아니라, 새로운 대안을 함께 고민해주는 게 요즘 어른들인 영포티와 뉴식스티의 역할이다.

여혐과 남혐, 정말 밀레니얼 세대 내 남녀갈등이 심각할까?

일베와 워마드는 여혐과 남혐의 온상이다. 무례하고 무지한 극소수 남자들의 여성 비하와 인신공격이 여성혐오를 만들어냈다. 이건 절대 밀레니얼 세대의 특징이 아니다. 여성혐오는 기성세대 중에서도 있었다. 세대와 무관하게 극단적 혐오주의자들은 존재한다. 다만 이런 혐오를 감정적으로 동조해줄 시대와 세력이 존재하느냐에서 차이가 생긴다. 안타깝지만 지금은 동조하고 확대재생산되는 환경을 만났다. 소셜미디어와 인터넷은 걸러지지 않는 막말과 가짜뉴스를 무방비하게 노출시키는데, 안타깝지만 디지털 네이티브인 밀레니얼 세대가 혐오문제에 좀 더 쉽게 노출된다. 여혐에 대응해 남혐이 등장하고, 그 남혐에 대응해 여혐이 더 확산되는 식이다. 악순환의 반복되면서 남녀 대결구도로 몰고 가며 젠더 이슈의 본질을 흐리고 있다.

결국 일베와 워마드라는 소수의 혐오집단이 20대 남성과 여성들에게 혐오라는 자극적인 측면으로 본질을 호도하며 갈등을 부추기고 있다. 논리적이고 객관적으로 상황을 따져서 파악하기보다 감정적·주관적으로 느껴지는 대로 대응하는 것이 더 편할 때가 있다. 분명 혐오가 심각한 사회문제이고, 일베나 워마드가 기형적이고 폭력적인 비이성적 집단임을 알면서도 감정적으로 동조할 여지가 있다고 여기는 사람들이 있다. 더욱이 이런 갈등이 자신에게 이득이 된다고 여기는 집단들은 일베와 워마드가 떠벌이는 여혐과 남혐 이슈를 더 증폭시킨다.

대표적인 것이 언론이다. 인터넷 포털 사이트에서 뉴스의 검색 트래픽을 늘리려고 의도적으로 자극적인 제목과 기사를 보내는 어뷰징abusing을 하는 경우가 많은데, 여혐과 남혐 얘기는 자극적인 데다 밀레니얼 세대를 유인하기에 좋다. 사정이 이러다 보니 여혐, 남혐, 일베, 워마드가 뉴스에서 자주 언급되고, 이를 통해 관심을 끌어낸다. 아울러 정치권도 여혐, 남혐을 이용한다. 정치적 이해에 따라 특히 20대 남성 유권자들을 자신들에게 유리한 방향으로 이끌기 위해 남녀대결 구도를 증폭시키는 경우도 많다. 일부 언론이나 정치인들은 혐오와 남녀갈등으로 실제로 이득을 봤거나 보려고 한다. 결국 밀레니얼 세대가 이용당하는 셈이다.

2018년 12월, 여론조사기관 리얼미터가 발표한 공동체 갈등 관련 조사(국민일보와 공공의창의 의뢰로 12월 2~3일 전국 성인 1018명을 대상으로 조사) 결과에 따르면, 페미니즘 운동 지지 여부에 대한 성별·연령별 차이가 두드러졌다. 페미니즘 운동에 20대 여성은 64%가 지지하고, 30대

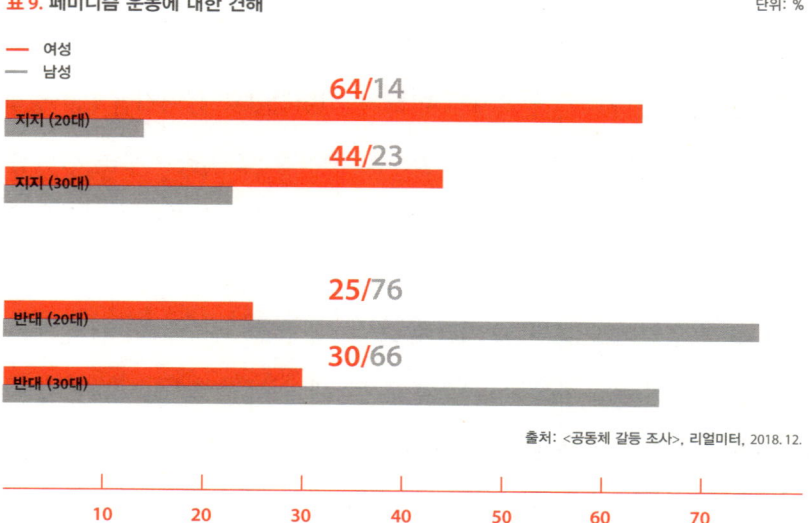

여성은 44%가 지지하는데, 20대 남성은 14%만 지지했고, 30대 남성은 23%만 지지했다. 페미니즘 운동에 반대하는 의견은 20대 남성이 76%, 30대 남성이 66%나 되었는데, 이는 20대 여성의 반대 25%, 30대 여성의 반대 30%에 비해 압도적으로 높았다. 따라서 젠더 이슈를 남녀대결 구도로 호도하는 이들부터 경계해야 한다.

인권문제, 인간 존엄의 문제를 남녀대결 구도로 몰고 가는 이들의 의도는 불순할 뿐 아니라 시대착오적이다. 남녀불평등으로 이득을 보던 남자들은 남녀평등으로 자신의 이득이 줄어든 것을 손실, 즉 빼앗겼다고 생각한다. 세상에서 제일 무서운 것이 가진 것을 빼앗기는 것이고, 이때 저항감과 박탈감도 가장 크다. 이들의 박탈감과 불안감을 공략하며 남녀대결 구도를 만들어내는 이들이 존재한다. 이는 정치적·사회적 이해관계와도 연결된다. 분명한 것은 20대 남성들을 자극하는 흐름이 존재한다는 사실이다. 이렇게 젠더 이슈로 인해 불만과 박탈감이 존재하는 상황에서, 20대 남성들이 가진 불만이 경제침체에 따른 양질의 일자리 감소로 인한 취업난과 최저임금제가 영향을 미친 알바난, 여기에 양심적 병역거부자에 대한 대체복무 정책 등으로 극대화되고 있다. 잘 들여다보면 이런 불만의 근본 원인은 20대 내의 성별 차이와 갈등이 아니라 우리 사회가 지닌 구조적 문제와 갈등이다.

객관적 지표로 보면 한국사회에서 여성차별은 확연히 두드러진다. 유리천장지수에서 OECD 국가 중 최하위라는 사실에서 드러나듯 고위직으로 올라가는 여성이 극단적으로 적다. 대기업 임원 중 여성 비율은 3%가 안 된다. 대기업 대졸 신입사원 수에서도 남성이 여성보다 두 배쯤 많다. 남녀 임금격차도 OECD 평균보다 두 배쯤 높다. 경제적 지표에서 남녀차별이 OECD 국가 중 최악인 것이다.

한국사회에 남녀차별이 존재하고, 사회생활(직장생활)에서 남성이 상대적 이득을, 여성이 상대적 손해를 본 것은 사실이다. 하지만 이는 기성세대에 해당하는 이야기다. 취업난이 심각한 20대는 남성이라고 해서 이득 볼 기회 자체가 주어지지 않았다. 반면 20대 초중반의 남성은 군대를 가야 한다. 여성과 달리 군대를 가야 하는 상황을 남성들은 차별로 여긴다. 아울러 대학에서는 학점 상위자와 장학금 수혜자 중에서 여성이 남성보다 많다. 20대 초중반에다 대학생인 남성이라면 여성이 차별받는다는 얘기에 공감하기 어렵다는 말이다.

이런 상황에서 여성 우대 정책들이 나오니 반감이 커진다. 사실 여성 우대 정책이라기보다는 여성 차별 상황을 완화하는 정책이라는 말이 더 맞지만, 20대 남성들은 자신들을 위한 정책은 전무한 상태에서 20대 여성들에게 뭔가 더 신경 써주는 분위기에 짐짓 역차별을 당한다고 오인하기도 한다. 논리적으로나 이성적으로는 문제될 게 없는 여성정책이라도, 취업난에 빠진 20대 남성들이 상대적 박탈감을 느끼지 않도록 정책을 세련되게 펼칠 필요가 있다. 그러지 않으면 취업의 문제가 남녀 성대결 구도로 왜곡될 수 있기 때문이다. 엄밀히 밀레니얼 세대가 겪는 일자리 문제는 젠더 문제와는 무관한 경제문제이자 산업, 노동의 문제다. 이제 정책에서도 남자와 여자를 구분하지 않는 젠더 뉴트럴이 필요하다. 여성을 우대한다고 내세우기보다, 여성이든 남성이든 상관없이 차별이 주어지는 상황에 강력 대응하는 정책을 만들어야 한다.

한국의 남성들은 스스로가 기득권을 가지고 있다는 걸 받아들이기 어렵다. 고용불안과 저임금에 시달리는 남성이 너무 많기 때문이다. 특히 일자리를 구하기도 어렵고, 구해도 저임금 비정규직이 대다수인 20대 남성은 남자에게 기득권이 있다거나 여성이 차별받고 있다는 얘기 자체에 거부감을 가질 수밖에 없다. 게다가 성희롱, 성폭력 같은 이슈에선 잠재적 가해자로 보여지다 보니 거부감을 넘어 화가 날 지경이다. 선진국에서도 남녀차별이 존재한다. 하지만 우리처럼 여혐문제로까지 번지지 않는 이유는 선진국의 노동조건이 우리보다 좋기 때문이다. 고용불안에 시달리지 않다 보니 남성들이 차별받는 여성들의 저항에 힘을 더 쉽게 보탤 수 있다. 차별의 문제를 좀 더 객관적으로 볼 수 있는 것이다. 20대 남성이 사회 전체의 여성 차별이 얼마나 심각한지, 기성세대가 오랜 세월 동안 자행한 여성차별과 여성혐오의 역사를 다 이해할 수도 없다. 그러니 그들로선 자신들이 처한 상황이 억울할 수 있다. 숲을 보지 못하고 나무만 봤을 땐 충분히 그렇게 받아들일 여지가 있기 때문이다.

남녀차별 문제를 남녀대결 구도로 보는 것은 절대로 근본적 해결책이 될 수 없다. 남녀차별의 근본 원인은 한국사회의 노동조건과 고용불안에 있기 때문이다. 즉 노동조건과 고용불안이라는 구조적 문제를 해결하기 위해서는 남자의 일자리를 여자가 빼앗아간다는 식의 인식이 아니라 남녀가 구조적 문제에 공동 대응해야 한다. 게다가 남녀갈등, 남녀혐오 시각은 오히려 근본적인 문제해결을 회피하려는 이들에게 힘을 실어줄 수 있다. 그들로선 혐오와 남녀갈등 구조를 더 확대시켜야 하는데, 안타깝게도 일부 밀레니얼 세대가 이런 프레임에 감정적 공감을 보내고 있다.

왜 기성세대 정치권은 20대의 여론을 자기 마음대로 해석하는가?

2019년 2월 26일, 「한겨레신문」이 대통령 직속 정책기획위 국민주권분과의 '20대 남성 지지율 하락요인 분석 및 대응방안' 보고서를 입수해 보도했다. 이 보고서는 20대 남성의 지지율 하락 요인을 젠더갈등, 세대갈등, 개인주의 확산 등으로 분석했다. 그중에서 가장 많이 다루는 게 젠더 갈등이다. "20대 여성은 민주화 이후 개인주의, 페미니즘 등의 가치로 무장한 새로운 '집단이기주의' 감성의 진보집단으로 급부상"했다는 표현을 쓸 정도로 이 보고서에서는 젠더 문제를 편향적으로 바라보고 있다. 아울러 20대 남성의 지지율 하락이 페미니즘 운동이나 성평등 정책에 대한 불만과 반발에서 비롯된 것으로 보고 있다. 대통령의 국정과제를 수행하는 기관에 있는 사람들의 인식 수준을 단적으로 드러낸다. 한국에서는 진보건 보수건 젠더 이슈에는 구시대적 관점을 가진 남성들이 많다. 이념적으로는 진보를 외쳐도 막상 성차별에는 무감각한 기성세대 남성들이 많기 때문이고, 정치권도 예외는 아니다. 전형적인 꼰대식 발상으로 20대를 바라보고 있는 단적인 사례다. 이런 보고서가 나온 것은 대통령 지지율에서 20대의 성별 차이가 극단적으로 커졌기 때문이다.

2018년 12월 17일, 리얼미터가 발표(YTN 의뢰로 12월 10~14일 전국 성인 2509명을 대상으로 조사)한 문재인 대통령 국정수행 지지도 조사 결과에 따르면, 20대 남성의 지지율에서 긍정 29.4%, 부정 64.1%로, 부정이 긍정의 두 배가 넘었다. 이는 60대 이상의 대통령 지지율(60대 남성의 지지율 34.9%, 여성의 경우 37.5%)보다도 낮은 수치다. 전 세대를 통틀어 20대 남성의 지지율이 가장 낮은 것이다. 반대로 전 세대 중 가장 높은 지지율을 보인 것이 바로 20대 여성이다. 20대는 남녀의 지지율 차이가 무려 34.1%p가 난다. 같은 20대 내에서 성별의 차이가 지지율의 극단적 차이로 드러난 것이다. 지지율만 보면 20대 남성은 60대 이상과 비슷한 태도를 가진다고 볼 수 있다. 세대 간 차이가 없는 셈이다. 하지만 세대 내 차이가 드러났다.

20대 여성의 대통령 지지율에서 긍정은 63.5%, 부정은 29.1%로 긍정이 부정의 두 배가 넘었다. 20대 남성과 여성의 대통령 지지도가 극단적으로 상반되는 것이다. 이렇게 같은 연령대 내에서 성별에 따라 극단적인 지지율 차이가 나는 건 이례적이다. 30대는 남녀의 지지율 차이가 0.3%p에 불과하고, 40대는 0.8%p다. 즉 3040대는 남녀의 정치적 성향과 태도에서 동질성이 두드러진다. 50대도 남녀 차이는 5.3%p, 60대도 2.6%p다. 이 조사의 신뢰 수준 95%에 오차 범위가 ± 2.5%p인 걸 감안하면 20대를 제외한 다른 모든 연령대에서는 남녀 성별의 차이는 없다고 봐도 무방하다.

　이 조사 결과만 보면 세대 내 차이에도 주목할 필요가 있음을 알려준다. 문재인 대통령 취임 첫 달인 2017년 6월의 한국갤럽 조사에서 20대 지지율은 90%였는데, 이 중 남자 87%, 여자 94%로 남녀의 차이는 7%p에 불과했다. 2018년 11월 한국갤럽의 통합 여론조사 결과에 따르면, 20대의 대통령 직무수행 긍정평가 비율이 59%였는데, 이 중 20대 남성은 49%, 여성은 70%였다. 20대 남성의 대통령 지지율 급락세는 2018년 들어 계속 이어졌다. 여론조사기관 리서치뷰에 따르면, 2017년 5~8월 대통령 직무수행 긍정평가가 20대 남성 78%, 20대 여성 90%였는데, 2018년 7~10월 조사에서는 20대 남성의 긍정평가가 43%, 20대 여성은 71%였다. 어느 여론조사 결과를 보더라도, 확실히 20대 남성들의 지지율이 급락했다.

　20대의 압도적 지지를 받던 문재인 정부는 원인 분석에 나설 수밖에 없고, 나름의 방식으로 대응할 수밖에 없다. 한국당을 비롯한 야당에서 이런 결과를 두고 공세를 펼칠 것이기 때문이다. 이런 대응 중 하나가 유시민 전 장관의 발언이다. 2018년 12월 한 강연에서 "남자들은 축구도 봐야 하는데 여자들은 축구도 안 보고, 자기들은 롤(게임)도 해야 하는데 여자들은 롤도 안 하고 공부만 하지. 모든 면에서 남성들이 불리하다"며 20대 남성들의 지지율 급락을 마치 철없는 애들의 투정같이 대수롭지 않은 듯 발언했다. 물론 이 발언은 한국당의 정치공세에 대응한 20대 남성의 지지율 하락이 심각한 문제라는 정치적 발언이기는 하다. 하지만 정치적 영향력이 있는 공인의 발언으로는 논란의 여지가 있다.

2019년 2월 민주당 최고위원 설훈 의원은 20대 지지율 하락에 대해 젠더갈등도 작용했을 수 있다는 얘기와 함께 교육에 원인이 있다고 발언했다. 지금 20대가 이명박, 박근혜 정부 시절 학교교육을 받았는데, 이때 제대로 된 교육이 되었을까라는 생각이 들었다는 것이다. 유시민의 발언이나, 설훈의 발언 모두 원인을 20대에게 돌리는 뉘앙스다. 이렇게 '20대 애들이 뭘 알아' 식의 대응은 오히려 20대 남성들의 분노를 산다.

다시 '20대 남성 지지율 하락요인 분석 및 대응방안' 보고서 내용으로 돌아가보면, 이 보고서는 기성 정치권이 밀레니얼 세대에 대한 이해도가 현저히 떨어져 있음을 보여준다. 지금의 20대를 자신들의 20대 시절을 떠올리며 이해하는 게 아닐까 싶을 정도다. 그리고 젠더 이슈에 대한 이해도가 너무나 낮다. 젠더 감수성도 없고, 나이 서열화에 젖은 꼰대식 발상에서 벗어나지 못했다. 이런 태도로는 2020년 총선에서 20대 남성의 지지를 얻기가 쉽지 않다. 민주당이나 한국당이나 실망스럽기는 마찬가지지만, 반발 심리로 한국당을 지지할 가능성도 배제할 수 없다. 사실 그보다는 정치 외면, 투표 포기로 이어질 가능성이 더 크지만 말이다. 이런 상황에서 한국당은 20대 남성의 지지를 얻기 위해 공격적으로 나서며 남성이 받는 역차별을 내세우지만 표로 이어지는 데는 한계가 있을 것이다. 밀레니얼 세대가 그렇게 어리숙하거나 감정적이지 않기 때문이다.

  2018년 한국사회에서 미투운동 이후 젠더 이슈가 촉발되면서 사회적 관심이 커진 데다 관련 정책도 많아졌고, 여혐·남혐 문제가 극대화되면서 젠더 이슈가 남녀 대결이나 갈등 문제로 번지는 비이성적 결과로 이어졌다. 사실 젠더 이슈는 20대 남성들 사이에서도 의견이 분분하다. 엄밀히 젠더 이슈는 그동안 존재했던 관성적이고 구조적인 문제를 해결하는 차원, 즉 사회적 진화로 봐야 한다. 여성을 위한 정책이 아니라 남자와 여자, 우리 인간 모두가 수평화되고 서로 존중받는 환경을 만드는 인권의 문제이기 때문이다. 이것에 대한 불만을 가진 소수 남성은 떼쓰는 것일 수 있다. 데이트 폭력, 스토킹, 강간, 성폭행, 성희롱, 성차별 등을 못하게 하는 것에 대해 도대체 어떤 불만을 가져야 한단 말인가? 그러니 20대 남성의 대통령 지지율이 급락한 것을 두고 젠더 이슈로만 봐선 안 된다. 20대 남성이 그렇게까지 옹졸하거나 비이성적이지는 않다. 그들이 남녀평등을 원하지 않는 게 아니라 페미니즘 운동에 대한 감정적 거부감, 즉 남성을 비하하거나 혐오하는 일부 과격한 여성들의 행동에 대해 불쾌감을 표출한 면이 있을 수는 있지만.

  20대 남성이 지지를 철회한 이유로는 병역과 일자리 문제가 오히려 더 클 수 있다. 이 두 가지는 공정성 문제다. 병역거부자에 대한 병역대체 정책은 20대 남성들에게 상대적 박탈감을 불러일으켰다. 젠더 이슈나 병역 이슈 모두 인권의 문제이며, 당연히 필요한 정책 방향이다. 하지만 20대 남성 입장에서는 둘 다 심리적 박탈감과 불만을 초래할 수 있다. 가뜩이나 취업난, 주거난 등 경제적으로 힘든 상황에서 남성은 정책에서 소외되고 외면받는 존재라는 생각이 들 수 있는 것이다.

이러한 현상을 논리적으로 옳고 그름을 따져서 20대 남성들을 설득하려는 것은 의미 없다. 논리적으로는 이해해도 감정적으로 받아들이기 어려운 이유는 현실이 팍팍하고 미래가 불안하기 때문일 수 있다. 즉 20대 남성들에 대한 감정적 배려가 가미된 정책이 필요했던 셈이다. 그만큼 기성 정치권이 20대와 소통이 안 되고 있다는 이야기다. 20대를 이용하려는 정치권은 있되 20대를 위하는 정치권은 없다. 이러니 20대의 정치혐오는 커질 수밖에 없다.

누가 밀레니얼 세대를 화나게 하는가?

서울의 신촌은 연세대, 이화여대, 서강대 등이 있는 대학가로 원룸 수요가 많은 곳이다. 이곳 원룸은 보증금 1000만 원에 월세 50~60만 원, 오피스텔은 보증금 1000만 원에 월세 80~90만 원, 한 평 남짓한 고시원 한 달 월세는 30~40만 원이다. 비싼 등록금에다 주거비용에 생활비까지 감당해야 하는 학생들의 부담은 클 수밖에 없다. 그리고 이 부담은 대부분 학생의 부모가 진다. 그런데 왜 기숙사에 들어가지 않고 원룸에 사는 걸까? 사실 이 문제는 갑자기 생긴 게 아니라 수십 년째 반복되고 있다. 아니 점점 심해지고 있다. 2010년대 이후 대학들이 기숙사를 건립하려고 많이 시도했지만 속속 반대의 벽에 부딪히고 있기 때문이다.

교육부와 한국대학교육협의회가 4년제 일반대 185개의 공시정보를 분석해 2018년 10월 발표한 자료에 따르면, 대학의 기숙사 수용률은 평균 21.5%다. 서울 내 대학의 경우 17.2%에 불과하다. 2016년에는 20.0%, 2017년에는 20.9%였다. 왜 기숙사 수용률이 높아지지 않을까? 증가폭이 너무 거북이 걸음이다.

고려대는 2013년 학교 부지에 1100명을 수용할 기숙사를 지으려 했지만 지역 주민들의 반대로 아직도 짓지 못했다. 이들이 반대하는 이유는 표면적으로는 환경 파괴를 내세우지만 진짜 이유는 월세 수요가 하락하는 것이다. 분명 학교 부지인데도 지역 주민이 집단행동으로 어깃장을 놓는다. 한양대도 2015년 1990명을 수용할 기숙사 건립 계획을 발표했다가 지역 주민의 반대에 부딪혔다. 엄밀히 말하면 지역 주민이 아니라 지역 주민 중 일부인 관련 이해관계 당사자들이다. 이외에도 이화여대, 경희대, 홍익대, 총신대 등이 주민들의 강력한 반발에 부딪힌 바 있다. 감사원 감사청구나 행정소송까지 당하며 기숙사 건립이 지지부진 지연되고, 아예 계획이 무산되기도 한다. 일부 대학은 학교에서 거리가 떨어진 곳에 기숙사를 짓는 방법으로 반대를 피해갔는데, 성균관대는 동대문과 창경궁 인근, 국민대는 미아뉴타운, 동덕여대는 종암동 주변에 기숙사를 건립했다.

한국도시연구소가 통계청 인구주택총조사(2015) 결과를 토대로 서울시내 최저 주거기준 미달률을 보면 대학교가 밀집한 지역이 유난히 높았다. 왜 대학교 근처에 사는 사람들이 최저 주거기준에 더 많이 미달할까? 대학에 다니기 위해 전국에서 몰려온 학생들은 거주공간이 필요한데, 기숙사가 워낙 적다 보니 대부분은 학교 주변의 원룸에 거주할 수밖에 없다. 열악한 공간, 비싼 가격에도 수요에 비해 공급량이 적어 원룸 임대업자가 갑 노릇을 한다. 수십 년간 대학생들의 주거난이 계속돼도 대학은 기숙사를 짓지 못한다. 바로 대학가 원룸 임대업자들의 반대 때문이다. 상식적으로 말이 안 된다. 대학은 원룸 임대업자의 이익을 위해 존재하는 게 아니니까. 그럼에도 학생들의 이익을 대변하기 어려울 정도로 대학가의 원룸 임대업자들은 집단적으로 힘을 행사한다. 이들이 지자체 선거나 국회의원 선거 때 유권자로서 영향력을 발휘하기 때문에 정치권도 대학보다는 이들의 손을 들어줬다. 문재인 정부의 대선 공약이 기숙사 수용인원 5만 명 확대였다. 5만 명을 늘려봤자 기숙사 수용률은 겨우 25% 선이다.

어찌 보면 지역의 임대업자들은 대학이 그곳에 있는 덕분에 먹고 살아왔다. 대학의 주인은 학생이고, 학생의 교육권과 주거권만큼 중요한 건 없음에도 이들의 밥그릇 문제 때문에 학생들의 복지나 이익은 뒤로 밀려나고 있는 셈이다. 대학가 주변의 한정된 공급량 때문에 해마다 방 구하느라 고생하고, 비싼 가격에도 울며 겨자 먹기로 계약해야 하는 학생들의 고충은 안중에도 없는 듯하다. 이런 기성세대의 이기적 행태를 보면서 밀레니얼 세대는 어떤 생각을 가질까? 전국의 수많은 대학 총학생회가 기숙사 문제를 해결해달라고 거리시위를 하기도 하고, 지자체 단체장에게 촉구하기도 한다. 하지만 달라진 건 없다.

헬조선을 만든 주범이 바로 기성세대의 탐욕과 이기심이다.

이 같은 문제는 대학 기숙사 건립과 관련해서만 벌어지는 것이 아니다. 서울에서 유일하게 소방서가 없는 금천구에 소방서를 짓기로 결정한 건 2016년 1월이었다. 하지만 일부 주민들이 사이렌 소음과 집값 하락을 이유로 소방서 설립에 반대해서 난항을 겪었다. 금천구에 불이 나면 인근 구로소방서에서 소방차가 오는데, 이동거리가 있다 보니 1~2분 사이에 생사가 갈리는 화재 현장에 5분 안에 도착하기란 불가능하다. 구로소방서가 출동하는 화재·구조·구급 사고의 40%가 금천구에서 벌어진다. 소방서가 없는 지역에 소방서를 만든다고 하면 다들 반길 줄 알았는데 생각지도 못한 반대가 1년 반이나 이어졌다. 반대 주민들을 수차례 설득한 끝에 2017년 6월에야 금천소방서를 짓는 결정안이 통과되었다. 지역 주민의 이기심 때문에 1년 반이라는 시간을 허비한 것이다.

기성세대의 밥그릇 싸움을 지켜보는 밀레니얼 세대는 분노할 수밖에 없다. 택시업계의 모빌리티 반대 파업도 밥그릇 싸움이다. 그들에게 산업적 진화나 사람들의 이동권 따위는 안중에 없다. 정치권도 이들의 표를 의식해 과거에 우버도 몰아내줬고, 최근엔 택시요금 인상도 용인해줬다. 모빌리티 산업도 속도를 내지 못하고 있다. 그리고 이런 상황이 초래할 손실은 고스란히 미래 세대의 몫이다.

때리는 시어머니보다 말리는 시누이가 더 밉다는 속담이 있다. 밥그릇 지키겠다며 이기적으로 구는 기성세대만큼이나 이 문제에 대응하는 기성 정치권이 더 밉고 혐오스럽게 여겨지는 건 당연하다. 표를 얻겠다며 상식에 어긋나는 떼쟁이들을 봐주는 비겁한 행위가 과거에는 암묵적으로 용인되었다. 하지만 밀레니얼 세대는 참지 않는다. 아울러 정치권의 낙하산 인사나 고위층 자녀의 부당 입사 등은 밀레니얼 세대가 가장 혐오하는 일이기도 하다. 사회적 이슈에 대해선 진보적인 척하면서 정작 회사에서는 일자리를 세습하는 일부 노동조합의 행태도 분노를 사긴 마찬가지다. 취업하려면 30~40대 1의 경쟁률은 기본이고, 적어도 100군데 이상 지원해야 한 군데 될까 말까 하다는 치열한 경쟁 구도 속에서 생존을 다퉈야 하는 그들에게 공정성과 투명성은 과거 20대보다 훨씬 더 민감한 문제다. 말로는 도덕적인 척, 어른인 척하면서 뒤로는 별의별 부당한 짓을 다 하는 기성세대의 행태에 이들은 분노한다. 그러니 정치권은 진보, 보수 타령보다는 실용과 상식을 내세우는 게 이들의 혐오를 해소하는 데 도움이 될 듯하다.

　기성세대는 부자를 질투하긴 했지만 부자에게 주눅 드는 경우가 많았다. 뒤에서는 욕을 해도 앞에서는 지극히 관대했다. 그들에게 돈보다 중요한 건 없기 때문에 부자를 혐오하기도 하고 옹호하기도 했던 것이다. 아이러니하게도 종부세는 1%의 소수 부자들에게만 해당되는 이슈인데 기성세대 서민들이 종부세를 두고 세금폭탄이라고 난리다. 종부세를 내지도 않을 사람들이 말이다. 자신이 부자는 아니지만 언젠가 부자가 될 수 있다고 여겨서 그러는지, 부자에 대한 막연한 동경이 있어서 그러는지 서민이 부자를 걱정해주고 있다.

하지만 밀레니얼 세대는 부자라고 주눅 들거나 부자라서 혐오하지 않는다. 어떤 방법으로 부자가 되었는지 따지기도 한다. 자신의 능력으로 당당하게 번 돈으로 사치하고 과시하는 것에 대해서는 관대하다. 쇼미더머니처럼 노골적으로 실력이 곧 돈이 되는 공식을 지지하고, 힙합 래퍼들이 돈자랑을 해도 힙하다고 해준다. 하지만 물려받은 부자에 대해선 인색하다. 이런 태도는 그들의 직업관, 경제관에 영향을 줄 수밖에 없다. 기성세대들은 '아직은 어려서 그렇지 니들도 나이 먹어봐라'라며 나이 들면 다 자신들과 똑같아진다고 얘기하지만, 결혼과 출산, 가족, 내 집 마련과 직장, 돈을 바라보는 관점이 분명하게 달라진 밀레니얼 세대는 기성세대의 관성을 그대로 이어받지 않을 가능성이 크다. 영향력이 있는 밀레니얼 세대가 2030에서 3040으로 나이를 더 먹었을 때를 기대하는 이유다. 밀레니얼 세대의 정치적 영향력을 어떻게 활용할지가 향후 정치권의 최대 화두가 될 수밖에 없다.

대한민국 세대분석 보고서

Z세대가
왜
중요한가

06.

그들의 영향력이 커져서다. 과거 10대들이 가진 사회적·경제적 역할은 아주 제한적이었다. 부모와 선생님에게 많은 영향을 받았고, 집에서나 학교에서나 자율적 판단과 결정권을 충분히 갖지 못했다. 뉴스와 정보 접근성도 제한적이었고, 당연히 세상을 보는 시각도 제한적일 수밖에 없었다. 대학 진학이 최우선 과제였고, 입시교육 환경에 절대적 영향을 받는다고 해도 과언이 아니었다.

하지만 요즘 10대는 스마트폰으로 세상을 보고 있고, 유튜브를 통해 목소리를 내고 있다. 미국의 조사기관 퓨리서치센터는 1997년 이후 출생자를 Z세대로 보고 있다. 1997년 출생자라면 만 22세다. 현재 글로벌 기준으로 Z세대는 10대에서 20대 초반까지다. 중고생을 중심으로, 초등학교 고학년에서 대학생 일부까지 포함되는데 한국에는 650만 명 정도가 있다. 미국에서는 Z세대를 포스트 밀레니얼 세대Post-Millennial로 부르기도 하는데, 이들은 태어날 때부터 디지털 환경에서 자란 디지털 네이티브다. 골드만삭스에 따르면, 2015년 기준 미국의 Z세대는 전체 인구 중 22%, 약 7500만 명이다. 중국의 Z세대는 개방화 이후의 세대이자 모바일 세대이고, 자식을 한 명만 낳을 수 있던 시대에 태어나 집에서 영향력이 크고 소비력도 높다. 인구수는 1억 명 정도다.

기성세대가 가장 간과하기 쉬운 세대가 바로 Z세대다. '애들이 뭘 알아' '애들이 뭘 하겠어' 같은 시각으로 그들을 보기 때문이다. 기성세대가 밀레니얼 세대를 그런 시각으로 보다가 큰코 다친 적이 있다. Z세대도 생각보다 막강한 소비세력이자 정치세력이다. 예전부터 내려오는 청소년에 대한 고정관념부터 없애야 요즘 Z세대를 제대로 볼 수 있다. 10대가 몸만 커진 게 아니라 생각도 행동도 커졌기 때문이다.

왜 호주 청소년들이 등교 거부를 하고 거리로 나섰을까?

2018년 11월 30일, 호주에서 8~19세 청소년 1만 5000여 명이 등교를 거부하고 길거리로 나왔다. 놀랍게도 그들의 구호는 "기후변화, 지금 대응하라!Climate, action now!"였다. 시드니와 멜버른을 비롯한 24개 도시에서 동시에 진행된 시위는 청소년 기후행동 단체 '기후행동을 위한 학교 파업School Strike 4 Climate Action'과 '호주청년기후연맹AYCC'이 주관했다. 즉 청소년들이 조직적인 대규모 행동을 벌인다는 이야기다. 청소년의 정치활동도 놀라운데, 그 정치활동의 내용이 기후변화 대응을 촉구하는 집단행동이었다는 게 더 놀랍다. 기성세대가 알던 10대들의 모습과는 거리가 멀었기 때문이다. 사실 기성세대가 아는 10대는 학교에서 공부하고 시험 치고 대학 가기 위해 준비하는 게 전부라고 오해했다. 과거의 10대들은 그랬을지 모르겠지만 지금 10대는 확실히 달라졌다.

'기후행동을 위한 학교 파업' 운동은 전 세계로 확산되었다. 2018년 9월, 스웨덴, 벨기에, 독일, 스위스, 오스트리아 등에서 청소년들의 기후변화 대응 촉구 시위가 있었다. 2019년 1월 24일, 벨기에에서는 기후변화에 대한 대책 마련을 촉구하는 시위에 3만 5000여 명이 참가했다. 고등학생들은 수업에 빠지고 참여했고, 여기에 대학생과 초등학생들까지 가세했다. 2019년 2월 15일, 런던의사당 옆 의회 광장에서는 교복을 입은 수천 명의 초중고 학생들이 기후변화 대책을 촉구하는 시위를 벌였다. 이날 잉글랜드, 웨일스, 스코틀랜드를 포함해 영국 전역 60개 이상의 도시에서 동시에 시위가 벌어졌다. 청소년의 기후변화 시위는 점점 확산되었는데, 2019년 3월 15일, 전 세계 105개국 1659개 도시에서 10대 청소년들이 등교를 거부하고 기후변화 대응을 촉구하는 '기후행동을 위한 학교 파업' 시위가 동시다발로 벌어졌다. 이날 한국에서도 중고생 300여 명이 참여한 '315 청소년 기후행동'이 광화문에서 집회를 열었고, 정부의 기후변화에 대한 안일한 대응을 비판하고 청와대 인근 분수대까지 행진했다. 한국의 10대들도 글로벌 10대들의 기후행동에 동참한 것이다.

사실 기성 정치권에서도 기후변화 문제는 중요하게 다뤄진다. 전 세계 195개국의 정부는 기후변화에 대응하기 위한 파리협정(유엔기후변화협약)을 채택한 바 있다. 이후 온실가스 감축을 위한 구체적이고 과학적인 근거로서 개발된 '지구온난화 1.5℃' 특별보고서가 만들어졌고, 기후변화에 관한 정부 간 협의체(IPCC) 총회에서 만장일치로 채택되었다. 특별보고서에 따르면, 산업혁명 이후 1℃ 상승한 지구 온도가 현재 10년마다 0.2℃씩 상승되고 있으며, 2℃ 이상 상승하면 생태적 위기가 닥쳐올 것으로 예상하고 한계 온도를 1.5℃로 제한하고 있다. 현재의 속도라면 2030년에서 2052년 사이에 지구온난화가 1.5℃를 초과할 것이라는 게 보고서 내용이다. 기후변화 대응이 더 이상 미룰 수 없을 만큼 시급하다는 이야기다.

기후변화 대응에 실패하면 전 세계적으로 생물 다양성이 붕괴되고 식량 생산과 물 공급에 문제가 생긴다. 결국 빈곤층이 먼저 타격을 입기 시작해, 서민, 중산층 순으로 타격이 간다. 국가적으로는 가난한 나라들이 타격을 크게 받는다. 현재의 미세먼지나 이상기후도 문제가 심각한데 향후에 더 심각한 상황이 초래되면 인명 피해도 엄청날 수밖에 없다. 그래서 전 세계 정부가 모여 파리협정을 체결했는데, 국제협약은 만들어졌지만 구체적 실행은 지지부진하다. 이해관계가 걸려 있는 기업의 눈치를 보는지, 정치권도 기득권층이라서 먼저 타격받을 대상이 아니라고 생각해서인지, 상황의 심각성에 비해 너무 소극적이다.

 결정적으로 트럼프 정부가 파리협정에서 탈퇴하고, 여러 나라들이 탈퇴를 언급하거나 정책 부재 상태다. 한국을 비롯해 온실가스 배출량 10위 이내의 국가들은 대부분 협약 이행에 소극적이다. 협약에 따라 탄소세를 도입한 국가는 칠레, 스페인, 우크라이나, 아일랜드와 북유럽 국가들뿐이다. 결국 파리협약 이후 전 세계 온실가스 배출량은 줄어들기는커녕 더 늘어났다. 결과적으로 정치권이 소극적인 태도로 일관함으로써 이 문제를 미래 세대에게 떠넘긴 것과 다름없다. 이에 기성세대와 기성 정치권이 보여준 실망스러운 행태에 분노한 청소년들이 거리로 나서 시위를 벌이는 것이다.

 청소년들의 기후변화 대책 시위와 함께, 영국·네덜란드·덴마크·미국 등에서는 청소년들이 원고가 되어 정부의 기후변화 대응 부재에 대한 법적 소송을 제기하기도 했다. 이 중 미국 워싱턴주 고등법원에서 진행된 소송에서는 원고 승소 판결이 내려졌다. 이 판결에 따라 워싱턴 주는 탄소배출 저감 관련 규정을 만들어야 한다. 미국 청소년들은 정부에 소송을 걸면서 연방정부가 수정헌법 제5조의 '동일하게 보호받을 권리'를 위반했고 청소년들이 차별받고 있다고 주장했다. 기후변화 대응에 실패하면 청소년들이 건강한 기후에 접근할 기회가 차단되고, 생명·자유·재산을 박탈당하지 않을 권리를 빼앗긴다는 내용이었다. 이것은 영국법에 있는 공공신탁이론public trust doctrine에 이론적 근거를 두고 있는데, 정부는 현 세대와 미래 세대의 이름으로 자연 자원과 시스템을 보호할 의무를 지닌다는 것이 바로 공공신탁이론이다. Z세대는 역대 청소년 중 정치활동을 가장 적극적으로 하는 청소년이다. 그러니 10대의 정치적 영향력을 주목해야 한다. 이들의 영향력은 곧 20대까지 파급될 것이고, 나이가 들어갈수록 이들의 영향력은 더 커질 수밖에 없다.

Z세대의 정치세력화는 가능할까?

전 세계 기후행동 네트워크 조직 '350'는 미국 대학생들을 주축으로 설립되어 188개국의 환경단체들과 청소년, 청년조직들이 네트워크를 구축하고 있다. 350이라는 명칭은 대기 중 이산화탄소의 안전 농도 기준인 350ppm에서 따왔는데, 2016년 지구의 대기 중 이산화탄소 농도는 400ppm을 초과했다. '350'은 Z세대의 글로벌 조직인 셈이다.

환경 문제에만 국한하여 Z세대의 정치력이 발휘되는 것이 아니다.

정치권에서 밀레니얼 세대를 고려해 청년 정치인들을 배려하고 육성하듯, Z세대 정치인도 육성해야 한다. 요즘의 10대는 부모에 종속된 존재가 아니라 SNS를 통해 적극적인 목소리를 내며 정치활동을 할 수 있는 시대다.

2019년 3월 14일 「가디언」은 16세 스웨덴 환경운동가인 그레타 툰베리(Greta Thunberg, 2003년 1월 3일생)가 노벨평화상 후보가 되었다고 보도했다. 그레타 툰베리는 2018년 8월부터 매주 금요일마다 등교 대신 스웨덴 의회 앞에서 탄소배출량 감축을 주장하는 1인시위를 벌여왔다. 그레타 툰베리는 스웨덴 내에서 기후변화에 대응을 촉구하는 10대 운동의 상징처럼 부각되었고, 이후 전 세계 10대들의 기후행동을 위한 학교 파업에 영향을 미치고 있다.

툰베리는 2018년 12월 폴란드에서 열린 유엔기후변화협약 총회에 참석해 190개국 대표들 앞에서 '자녀를 사랑한다고 하면서 자녀들의 미래를 훔치고 있다'거나, '세계 정상들이 인기에 연연해하며 입으로만 녹색성장과 지속적 경제발전을 떠벌리고 있다'며 강경한 어조로 발언했다. 2019년 1월에는 다보스포럼에 참석해 글로벌 리더들 앞에서 기후변화에 대응하는 데 실패했다는 점을 인정해야 한다고 발언했다. 우리는 그레타 툰베리를 16세 소녀가 아니라 정치적 영향력을 가진 환경운동가로 봐야 한다. 그레타 툰베리를 노벨평화상 후보로 추천한 것은 노르웨이 사회당 정치인들이다. 참고로 다른 노벨상은 다 스웨덴에서 선정하고 시상하는 반면, 노벨 평화상만 노르웨이 노벨위원회가 선정하고 시상도 노르웨이에서 한다. 물론 툰베리가 수상할지는 두고 봐야겠지만, 세계적 영향력을 가진 10대라는 점은 분명하다.

2014년 노벨평화상을 받은 파키스탄 출신 여성 인권운동가인 말랄라 유사프자이Malala Yousafzai는 당시 만 17세였다. 말랄라 유사프자이는 10세 때부터 여성이 교육받을 권리를 주장해왔다. 1997년생인 말랄라 유사프자이가 탈레반 무장대원의 총을 맞은 것이 2012년 10월로 15세 때다. 유사프자이는 2012년 12월 「타임」 표지를 장식했고, 「타임」의 '세계에서 가장 영향력 있는 100인'에도 선정된 바 있다. 건강 회복 후 소녀들의 교육권 보장을 위한 운동을 계속 펼쳤고, 유엔총회에서 연설도 했다. 1901년 노벨평화상이 제정된 이래 2014년에 최초로 10대가 수상하고, 2019년에 10대가 후보로 올랐다는 사실은 최근 들어 10대의 영향력이 놀랄 만큼 커졌음을 방증한다.

팔레스타인 저항운동의 상징인 아헤드 타미미Ahed Tamimi는 2001년 1월생이다. 팔레스타인의 잔다르크로 불리는 아헤드 타미미는 2017년 12월 이스라엘군에 의해 수감되었다가 7개월 만에 석방되기도 했다. 2018년 7월, 「가디언」과의 인터뷰에서 아헤드 타미미는 크면 변호사가 되어서 국제법정에 이스라엘의 범법행위에 대한 책임을 묻고 싶다고 얘기한 바 있다.

이들 세 여성 모두 Z세대로서, 국가는 서로 달라도 저마다 환경과 인권, 독립을 외친다. 정치적 영향력도, 세계적 인지도도 갖췄다. 이들만 봐도 Z세대가 역사상 가장 강력한 10대인 것이 분명해진다.

선진국에서는 10대의 의회 진출이 이미 시작되었다. 독일의 안나 뤼어만Anna Lührmann은 2002년 9월 독일 총선에서 만 19세로 국회의원에 당선되었다. 10세 때부터 그린피스 활동을 하고, 13세에 녹색당에 가입했다. 국회의원이 된 후에 대학에 진학했으며, 이후 녹색당에서 정치활동을 계속했고, 2015년 8월 스웨덴 예테보리대학교 정치학과에 박사학위 연구원으로 합류했다. 미국에서는 1999년 4월 뉴욕주 발라트시 시장 선거에서 19세 제이슨 네츠기가 65세인 현직 시장을 이기고 당선됐다. 네츠키Jason Nastke가 18세 때는 시의원에 당선되어 활동했다. 정권교체를 이끈 원동력이 된 광화문 촛불집회에서도 수많은 청소년들이 자발적으로 참여해 적극적으로 발언하고, 집회 후 현장을 청소하는 데도 앞장섰다. 밀레니얼 세대가 정치권에 속속 진출해 영향력을 만들어내고 있는데, Z세대의 정치세력화도 무시하지 못할 힘을 가질 것이다.

OECD 회원국 34개국 중 32개국의 선거연령이 18세다. 심지어 오스트리아는 16세다. 독일, 뉴질랜드, 스위스에서도 일부 주에서는 16세다. 중앙선거관리위원회에 따르면, 선거연령이 전 세계 232개국 가운데 92.7%인 215개국에서 18세다. OECD 회원국 중 18세가 선거권을 가지지 못한 나라는 한국이 유일하다. 몇 해 전까지 일본이 선거연령 20세로 우리와 함께 OECD 국가 중 19세 이상 선거연령을 가진 국가였지만, 2015년 18세로 조정해 2016년 참의원 선거부터 적용되었다. 일본은 1945년에 제정한 선거법에서 20세로 규정한 선거연령을 70년 만에 바꾼 것이다. 이쯤 되면 한국의 선거연령 19세는 전 세계적으로 희귀한 경우다. 한마디로 시대적 흐름에 뒤처졌다는 이야기다.

한국의 선거 가능 연령은 1948년 21세로 시작해, 12년 후인 1960년에 20세로 낮춰졌고, 그로부터 45년 후인 2005년에 19세로 낮춰졌다. 중앙선거관리위원회는 2016년에, 국가인권위원회는 2013년에 18세로 선거연령을 조정하라고 정치권에 권고했다. 2017년에는 전국교육감협의회에서도 선거연령을 18세로 하향시켜달라고 촉구하는 성명서를 채택했다. 하지만 정치적 이해관계를 계산하던 정치권에서는 미루기만 했다. 2017년 대통령 선거에서도 많은 후보가 선거연령을 18세로 낮춰야 한다고 주장했으나 막상 선거 후에는 달라지지 않았다. 진보정당에서는 2000년 초부터 18세로 낮추자는 의견을 적극 제기했지만 그들은 힘이 없었다.

정치권에서는 청소년들이 미성숙하다거나 학생은 공부에 집중해야 한다는 핑계를 대지만, 진짜 이유는 19세에서 18세로 조정되면 60만 명의 신규 유권자가 생기는데 이들의 투표가 자신들에게 불리하다고 여기는 특정 정당의 이해관계 때문이다. 참고로, 우리나라 국민의 4대 의무라는 교육, 근로, 납세, 국방의 의무는 18세부터다. 18세에게 선거권은 주지 않았지만 의무는 줬다.

2020년이 되기 전에 18세가 투표권을 얻을 가능성이 크다. 18세 유권자 60만 명이 추가되면 18, 19세 등 10대 유권자만 120만 명이 된다. 단지 60만 표가 추가되었다는 의미 이상으로 이들 60만 명의 목소리는 유튜브를 비롯한 SNS에서 훨씬 큰 목소리로 증폭될 것이고, 이들의 정치적 영향력은 유권자 숫자 이상의 힘을 만들어낼 수 있다. 한국에서도 Z세대의 정치세력화가 가시화된다는 이야기다. Z세대의 일부가 곧 20대 초중반이 될 텐데, 그들이 밀레니얼 세대와 연대하면 더욱더 큰 정치세력화가 될 수 있다.

미국 고등학생들이 어떻게 미국총기협회를 위기에 몰아넣었을까?

미국에서 10대 총기 난사 사건이 끊이지 않고 일어나고 있다. 2018년 2월 스톤맨 더글러스 고등학교에서 총기 난사로 17명이 사망했다. 이때 학생들이 #NeverAgain, #Me Next?라는 해시태그를 붙이며 SNS에서 캠페인을 벌였고, 워싱턴DC를 비롯한 주요 도시에서 총기 규제를 촉구하는 집회도 열었다. 총기 규제를 외치는 10대들의 목소리가 미국 전역으로 번졌다. 이들은 미국총기협회NRA의 후원금을 받는 정치인을 비난했다. 이런 상황에서 미국총기협회와 제휴를 맺었거나 미국총기협회에 혜택을 주던 신용카드사, 항공사, 렌트카 회사 등 기업들이 속속 지원을 중단하고 나섰다. 미래 고객인 Z세대의 목소리를 무시할 수 없었던 것이다. 미국에서 총기 난사 사건이 어제 오늘의 일도 아니고, 총기 규제에 대한 시위나 미국총기협회에서 후원금을 받는 정치인에 대한 압박도 아주 오래전부터 있어왔다. 하지만 미국총기협회에 대한 대기업들의 지원 중단을 실제로 이끌어낸 것은 밀레니얼 세대와 힘을 합친 Z세대였다. 우리는 정치, 경제, 사회, 문화 전반의 변화를 가져올 가장 강력한 세대가 등장했다는 점을 명심해야 한다.

미국의 콘커뮤니케이션스CONE Communications에서 미국 청소년(13~19세) 1000명을 대상으로 심층 조사한 결과를 담은 Z세대 분석 보고서를 발표했는데, Z세대의 90%는 사회적으로, 환경적으로 도움이 되는 제품의 구매 의사를 가졌고, 76%는 사회에 해를 끼치는 기업의 불매운동에 적극 참여한다고 답했다. Z세대는 소비를 할 때 사회적·환경적 가치를 아주 중요하게 여기는 것이다. 기업들로선 사회적 책임CSR에 더 적극적일 필요가 생긴 셈이다. 그리고 Z세대는 뜻있는 일을 위해 자원봉사를 하겠다는 비율이 87%, 뜻있는 일에 기부하겠다는 비율이 85%, 뜻있는 일을 위한 청원서에 서명하겠다는 비율도 84%였다. 확실히 Z세대는 이전 세대와 달리 사회적 목소리를 내는 데 적극적이다.

2018년 5월, 한경비즈니스가 전국의 Z세대(14~24세) 500명을 대상으로 실시한 조사에 따르면, 사회적 문제를 일으킨 기업의 상품에 대한 불매운동에 참여하겠다는 응답이 55.4%였다. 특히 여성의 경우에는 불매운동 참여하겠다는 응답이 62.9%로 더 높았다. Z세대가 소비에서 사회적 가치를 중요하게 여기는데, 그중에서도 여성들이 더 그렇다는 의미다. 아울러 브랜드를 선택할 때도 친환경적이고 사회적 책임을 다하는 브랜드를 선택하겠다는 응답이 59.5%였다. 한국의 Z세대 중에서도 10대 초중반들은 아직 사회적 인식에 소극적이지만, 10대 후반 그리고 20대 초반은 사회적 목소리를 내는 데 적극적이다.

미국의 PR컨설팅 회사 에델만의 리처드 에델만Richard Edelman 회장은 Z세대가 향후 가장 큰 영향과 책임을 맡을 중요한 세대가 될 것이라면서,

'The Significant Generation'이라고 명명하기도 했다. Z세대가 사회적 목소리와 영향력은 이들이 나이를 먹어갈수록 더 커질 수 있다. Z세대의 진짜 힘은 지금 당장 보다는 20대, 30대가 되었을 때 훨씬 더 막강해질 수 있다. 베이비부머 세대나 X세대의 입장에서는 사회문화적 차원에서의 파괴적 혁신을 겪을 수도 있는 것이다.

Z세대가 어떻게 소비시장에서 영향력을 행사할 수 있을까?

교복브랜드 엘리트가 2013년 중고등학생 326명, 학부모 98명을 대상으로 조사한 한 달 평균 용돈은 4만 3000원이었다. 광주시교육청의 '2018 광주교육 종합실태조사'에 따르면, 고등학생의 한 달 용돈은 평균 6만 2000원이었다. 이외에도 여러 곳에서 중고생 용돈 조사를 했는데 대개 4만 원에서 6만 원 사이가 많다. 이를 토대로 중고생의 한 달 용돈을 평균 5만 원 정도로 추정해볼 때, 한 달에 1458억 원, 연간 1조 7500억 원 정도가 된다. 이는 5만 원을 291만 7000명으로 12개월 곱한 숫자다. 참고로, 통계청이 발표한 2018년 학령인구 수가 중학교 재학생 134만 2000명, 고등학교 재학생 157만 5000명으로 합이 291만 7000명이다. 여기에 초등학교 5~6학년이 95만 명 정도이고, 대학생 중 만 18~21세가 256만 3000명이다. 이들을 합하면 643만 명이다. 즉 한국의 Z세대를 643만 명으로 보면 이들이 쓰는 용돈 규모가 4조 원대다. 대학생들의 용돈은 중고생에 비해 훨씬 높다고 가정하면 한국의 Z세대가 용돈으로 소비하는 규모가 4~5조 원대인 셈이다.

이들에게 직접적으로 영향을 받는 시장은 패션, 뷰티, 게임, 디지털 콘텐츠, 애플리케이션 등이다. 현재 대학생은 밀레니얼 세대와 Z세대가 섞여 있다. 2018년 기준, 재학생과 휴학생을 합쳐 전체 대학(일반대, 전문대, 사이버대 등)의 학생 수는 338만 명이다. Z세대 중에서는 가장 나이 많은 그룹이자 밀레니얼 세대 중에서 가장 나이 어린 그룹이 대학생인 셈인데, 이들의 소비 규모도 크다. 2018년 기준, 청소년 인구(9~24세)는 899만 명인데, Z세대의 범위를 청소년으로 확대해 적용하면 이들의 소비력은 더 높아진다. 물론 Z세대 중 10대는 부모의 용돈에 의존하는 비율이 높을 수밖에 없다. 그래서 이들은 정식적인 경제활동 인구로 보기는 어려웠다. 그래서 소비세력으로서 이들의 역할에 대해 간과하기 쉬웠다. 하지만 최근 들어 인기 유튜버로 활동하면서 광고 수익을 배분받는 10대들이 등장하면서 10대에서도 경제활동 인구가 생겨나기 시작했다. 그리고 온라인으로 중고물품을 거래하며 돈을 버는 등 용돈을 만드는 방법이 이전 세대보다 좀 더 다양해졌다. 아무리 그렇다고 해도 이들의 직접적인 지출은 여전히 제한적일 수밖에 없다.

기업이 주목해야 할 것은 Z세대가 쓰는 용돈보다 그들이 부모의 소비에 미치는 영향이다. Z세대의 부모는 X세대이고 이 중 일부가 영포티다. 이들에게 자녀가 있을 경우 1~2명 정도가 대부분이다. 영포티로 진화한 X세대는 권위적인 부모보다는 친구 같은 부모를 지향하는 경우가 많고, 과거세대에 비해 자녀와 소통도 원활하다. 즉 가족을 위한 의사결정에서 자녀의 목소리가 배제되지 않는다는 이야기다. 특히

Z세대는 유튜브에도 능하고, SNS를 통한 다양한 정보 파악이 가능하다. 부모가 무엇을 사려고 할 때, 이들이 기업의 평판을 검색해 부모에게 알려줄 수 있고, 자신이 원하는 브랜드를 부모가 사도록 유도할 수도 있다.

미국의 온라인 마케팅 컨설팅 기업 카산드라가 2015년 3월 발표한 '카산드라 보고서: Z세대Cassandra Report: Gen Z'에 따르면, 자녀가 가족의 지출 및 가구 구매에 영향력을 끼쳤다고 답한 부모가 93%였다. 전미소매협회NRF와 IBM 기업가치연구소가 공동으로 연구한 '유일무이한 Z세대Uniquely Gen Z' 보고서(2017년 1월 발표)에서도 Z세대가 가족(부모)의 지출에서 큰 영향을 끼치고 있음이 드러난다. 식품 및 음료(77%), 가구(76%), 가정용품(73%), 여행(66%), 외식(63%), 전자제품(61%), 의류 및 신발(60%), 개인위생(55%), 이벤트 및 나들이(48%), 스포츠 장비(47%), 도서 및 음악 실물구매(41%), 디지털 스트리밍(37%), 장난감 및 게임(30%), 애플리케이션(20%) 순으로 영향력을 행사했다.

흥미로운 사실은 Z세대가 용돈을 지출하지 않는 영역인 식품 및 음료, 가구, 가정용품, 여행 등의 구매에 부모에게 영향력을 많이 행사한다는 점이다. Z세대가 직접 지출하는 품목 외에도 기업들이 그들의 영향력을 고려해 마케팅하고 브랜딩해야 할 필요성이 있다는 것을 시사하는 대목이다. Z세대가 집에 와서 부모에게 "나의 미래 설계는 ○○생명과 하면 어떨까?"라고 말하거나, "우리 집 라면은 농심 말고 오뚜기로만 먹자" "우리 집 자동차는 전기차로 사야 하지 않을까?"라고 한

표 10. Z세대가 가계 지출에 미치는 영향력 (지출 분야별)　　　　단위: %

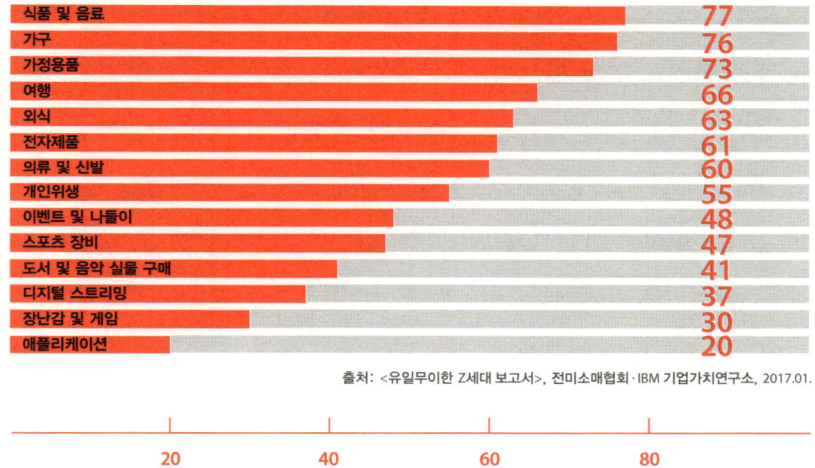

출처: <유일무이한 Z세대 보고서>, 전미소매협회·IBM 기업가치연구소, 2017.01.

다면 어떻겠는가? 부모를 조종하는 게 10대 자녀다.

　Z세대를 위한 마케팅에서 친환경, 사회적 책임 같은 이슈는 중요해졌다. 그리고 이들에게는 이전 세대와 달리 광고가 효과를 보지 못한다. 유명한 셀럽이 나오는 광고에 반응하지 않는다. 일방적인 메시지 전달 같은 광고보다는 또래집단 내에서의 추천과 연결이 훨씬 필요해졌다. 이러한 추세는 어느 나라 Z세대나 마찬가지다. 그들이 소셜미디어를 일상적으로 접하는 세대, 특히 유튜브에서 모든 것을 해결하는 세대라서 그렇다.

왜 중고등학생의 음주율, 흡연율이 계속 줄어드는 걸까?

교육부, 보건복지부, 질병관리본부가 공동으로 조사한 '청소년 건강행태 온라인조사'에 따르면, 중고등학생의 흡연율이 2005년 11.8%, 2006년 12.8%, 2007년 13.3%, 2008년 12.8%, 2009년 12.8%, 2010년 12.1%, 2011년 12.1%, 2012년 11.4%, 2013년 9.7%, 2014년 9.2%, 2015년 7.8%, 2016년 6.3%, 2017년 6.4%였다. 2005년에서 2012년까지는 비슷한 수준으로 유지되었으나, 2013년 기점으로 급락하기 시작해 2017년에는 2005년 대비 절반 수준이 되었다. 흡연율 급락 시기가 10대가 Z세대로 재편되는 시기로도 볼 수 있다. 과거의 10대와 달리 Z세대는 흡연에 흥미가 크게 떨어졌다.

음주율도 마찬가지다. 2005년 27%, 2006년 28.6%, 2007년 27.8%, 2008년 24.5%, 2009년 21.1%, 2010년 21.1%, 2011년 20.6%, 2012년 19.4%, 2013년 16.3%, 2014년 16.7%, 2015년 16.7%, 2016년 15.0%, 2017년 16.1%였다. 여기서도 2011~2012년이 하락폭이 커지는 기점이다. 2005년에서 2008년까지는 20% 중후반대를 유지하다가, 2009년에서 2012년까지 20% 전후를 기록하고, 2013년에서 2017년까지는 16%대를 유지하고 있다. 과거 10대 때보다 지금의 10대가 술과 담배 덜 하고, 더 건전한 셈이다.

우리나라만 그런 게 아니다. 영국 통계청에 따르면, 영국의 10대 (15~17세) 임신율은 1998년 4.66%, 2009년 4.04%를 거쳐, 2016년에는 1.89%다. 1990년대 후반에서 2010년대 초반까지 계속 4%대였는데

표 11. 중고등학생 흡연율과 음주율

단위: %

— 흡연율
— 음주율

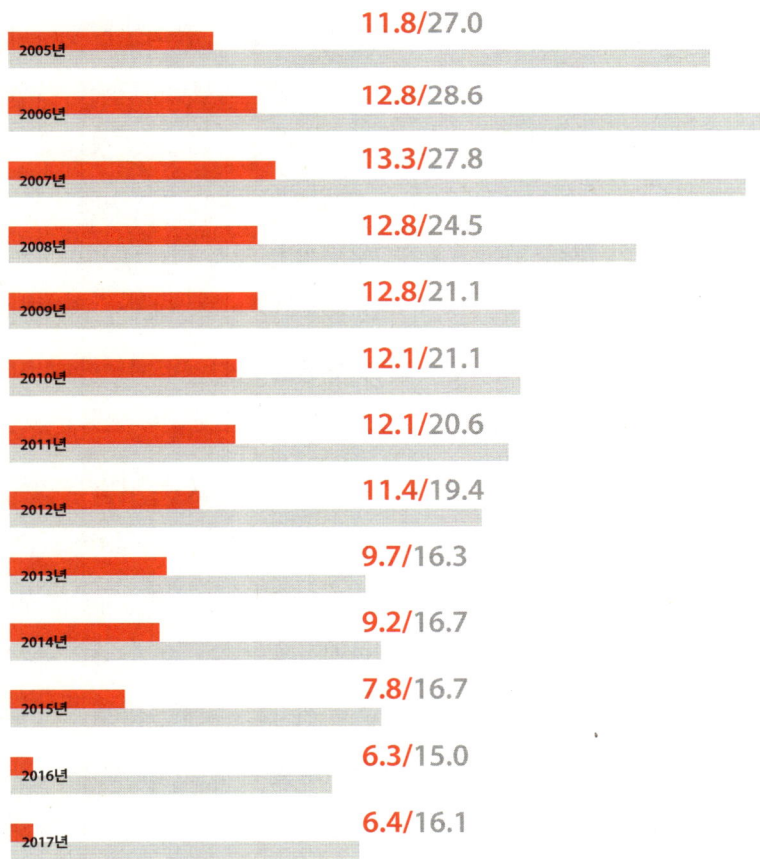

연도	흡연율	음주율
2005년	11.8	27.0
2006년	12.8	28.6
2007년	13.3	27.8
2008년	12.8	24.5
2009년	12.8	21.1
2010년	12.1	21.1
2011년	12.1	20.6
2012년	11.4	19.4
2013년	9.7	16.3
2014년	9.2	16.7
2015년	7.8	16.7
2016년	6.3	15.0
2017년	6.4	16.1

출처: <청소년 건강행태 온라인조사>, 교육부 · 보건복지부 · 질병관리본부

2016년 이후 급감했다. 영국의 10대 음주율은 2005년 60%에서 2017년 48%로 줄었다. 청소년 범죄도 급감했는데, 2007년 만 10~17세 청소년이 체포된 경우가 35만 6000명이었던 데 비해 2017년에는 7만 4800명으로 10년간 무려 28만 1200명이나 줄었고, 감소율은 79%나 된다. 만 24세 이하 흡연율도 2011년 25.7%에서 2017년 17.8%로 떨어졌다. 미국 질병통제예방센터CDC 발표에 따르면, 미국 고교생 성관계 비율은 2007년 48%에서 2017년 40%로 줄었고, 약물과 음주 비율 모두 감소세다. 우리가 알던 10대와 분명 달라졌다. 일찍 철이 들었다고도 볼 수도 있고, 좀 더 자기중심적이라고 볼 수도 있다. 미래에 대한 계획, 자신의 성공에 중점을 두다 보니 방황하고 반항하며 술, 담배, 섹스에 호기심을 버리는 것이다.

Z세대는 어릴 적에 2008년 글로벌 금융위기를 겪었다. 그리고 미국의 대학진학률이 역대 최고점인 74%에 도달한 것이 2010년이었는데, 대학진학자가 많다는 얘기는 그만큼 학자금 대출을 받은 사람이 많다는 의미이기도 하다. 미국에서는 대학생 4분의 3이 빚을 지고 졸업한다. 수만 달러씩 빚을 지고 사회생활을 시작한 세대가 바로 밀레니얼 세대였다. Z세대는 글로벌 금융위기와 빚을 지고 사회생활을 시작하는 밀레니얼 세대를 지켜봤다. Z세대가 애늙은이가 된 이유라고 해도 과언이 아니다. 스마트폰을 통해 세상 돌아가는 상황을 긴밀히 파악하는 그들은 더 이상 과거세대의 성공방정식을 따라갈 필요가 없다고 생각한다. 가령 유튜브 크리에이터가 되어 일찌감치 경제활동을 시

작할 수도 있는데, 비싼 학비를 내고 대학에 다닐 필요도 없고, 더 이상 대학졸업장이 성공을 위한 필수 옵션도 아니다.

아울러 2001년 9·11테러, 2011년 월가점령시위, 최초의 흑인 대통령 버락 오바마와 그와 정반대에 있을 법한 도널드 트럼프 대통령 등 정치적 이슈도 지켜봤다. IT기업 리더들이 산업을 주도하고, 글로벌 비즈니스를 장악하고 있는 것도 지켜봤다. Z세대가 이전 세대와 다른 관점을 가지고, 다른 사고방식으로 세상을 살아가더라도 이상할 게 전혀 없다. 어떤 환경, 어떤 시대를 살았느냐는 매우 중요하다. 시대가 세대를 만들고, 세대가 시대를 만드니까.

Z세대는 더 이상 스스로를 나약한 아이가 아닌 어른으로 자각하기 시작했다. 더 이상 중고등학교에 다니는 10대는 질풍노도의 시기가 아니다. 중2병보다 무서운 게 초2병이라 할 정도로 Z세대는 철이 일찍 들었고, 과거 중학생들의 반항을 초등학생들이 이어받고 있다.

Z세대 다음 세대는 알파세대다. 바로 지금 유치원생과 초등학교 저학년들인 10세 이하의 아이들이다. 앞으로 몇 년 안에 Z세대의 위상이 더 높아지는 사이 알파세대의 영향력도 서서히 드러나기 시작할 것이다. 그때는 알파세대도 연구하고 분석해서 대응전략을 모색해둘 필요가 있다. 모든 세대는 기존의 세대와 차별성을 띠면서, 직전 세대와 때론 연대하고 때론 거부하면서 자신만의 색깔을 만들고 있다. 밀레니얼 세대가 세상을 놀래킬 만큼 자신들의 색깔을 드러냈듯, Z세대도 충분히 그럴 것이고, 알파세대도 그럴 가능성이 높다.

Z세대와 밀레니얼 세대는 무엇이 비슷하고, 무엇이 다른가?

디지털 네이티브라는 점은 비슷하다. 디지털 네이티브는 그 이전 세대들과 다를 수밖에 없다. 성인이 되어서 디지털을 접한 세대도 그 이전 세대와 차이가 있는데, 태어나면서부터 디지털이 가득한 세상을 살았던 이들은 다를 수밖에 없다. 밀레니얼 세대보다 Z세대가 더 모바일 친화적이다. Z세대는 어릴 적부터 스마트폰을 쓴 첫 번째 세대다. 원하는 정보를 실시간으로 찾아보는 시대를 살았다. 궁금한 걸 그냥 넘어가거나 누군가에게 물어본다는 생각을 해볼 필요가 없는 시대를 살았다. 모든 것이 실시간으로 빠르게 이뤄지는 세상에만 살았다.

국내에서 스마트폰 가입자가 1000만 명을 돌파한 시점이 2011년이고, 스마트폰 이용률이 급증한 것은 2012년부터다. Z세대는 이때 유아였다. 스마트폰과 함께 말을 배운 이들은 유치원에 가기 전부터 스마트폰을 갖고 놀았다. 스마트폰, 태블릿PC 등 휴대용 디지털 기기를 일상 도구처럼 쓰고 있다. Z세대가 태어난 후 스마트TV가 나왔고, 어릴 적부터 유튜브 영상을 봤고, 초등학교에 가서도 각종 디지털화된 교육환경에서 수업을 받았다. 집에 있는 냉장고, 에어컨마저도 스마트를 붙이고 있는 시대다.

아날로그 시대에 태어난 기성세대가 기술적 진화 과정을 보면서 감탄했다면, Z세대는 이미 변한 세상에서 시작했다. 그들에게 디지털은 공기와도 같았다. 가르쳐주지 않아도 자신에게 필요한 플랫폼을 찾아 사용한다. 유명 유튜버들이 부모나 선생님에게 배워서 크리에이터가 된 게 아니다. 그냥 하고 싶은 것을 시작했다. 유튜버가 되는 방법도 유튜브에서 배운다. 한국의 10대들의 모바일 이용률은 100%에 가깝다. 이들에게 아날로그는 경험해보지 못한, 과거의 책 속에서나 볼 흔적에 불과하다. 오히려 아날로그나 레트로를 낯설지만 참신하고 멋지다고 여긴다.

Z세대와 밀레니얼 세대는 디지털 네이티브면서 뉴트로에 반응한다는 공통점이 있다. 최근의 레트로는 과거의 레트로와 의미가 다르다. 과거에는 말 그대로 과거에 누렸던 것을 통해 과거로의 정서적 회귀를 하는 의미였다면, 지금은 낯선 과거에 대한 호기심을 의미한다. 이런 호기심은 밀레니얼 세대와 Z세대에겐 아주 효과적인 유인책으로 작용할 것이고, 이를 마케팅에 활용하려는 기업들은 늘어날 수밖에 없다.

2018년 11월 애버랜드가 이달의 테마를 레트로 잡고 1960년대 분위기를 내기 위해 롤러스케이트장과 빈티지 스타일을 선보였다. 놀이공원의 주 고객층이 1020대임을 감안하면 레트로가 얼마나 Z세대와 밀레니얼 세대에게 어필되고 있는지를 보여준다. 패션계에서 1990년대 유행했던 스타일을 복고해서 팔았을 때 가장 뜨겁게 반응했던 소비자도 Z세대와 밀레니얼 세대였다.

미국의 슈즈 전문 미디어 「풋웨어뉴스 Footwear News」가 2018년 올해의 신발로 선정한 디스럽터2 Disruptor2는 글로벌 히트상품이 되며 침체되었던 휠라를 부활시키는 데 일등공신 역할을 했다. 이 신발은 1997년에 출시되었던 디스럽터의 후속 버전으로, 대표적인 어글리슈즈다. 로고를 크게 새기는 빅로고 패션, 1990년대를 풍미한 청청패션과 코듀로이가 다시 유행하고, 1980~1990년대 우유회사나 음료회사에서 사은품으로 주던 로고가 크게 박힌 유리컵도 빈티지 컵으로 불리며 편집매장에서 비싸게 팔리기도 한다. 밀레니얼 세대와 Z세대가 뉴트로의 매력에 빠져들고 있으니, 오래된 것의 화려한 부활은 이제 본격적으로 시작되었다.

Z세대와 밀레니얼 세대는 유튜브에서도 주도권을 가졌다. 기성세대가 방송과 신문 같은 미디어에서 주도권을 가졌다면 이들은 유튜브를 통해 자신들의 영향력을 만들어낸다. 유튜브에서 가장 많은 돈을 버는 사람 Top10을 꼽으면 전부 Z세대와 밀레니얼 세대다. 1020대가 1년에 수십억에서 수백억 원을 벌기도 한다. 유튜브를 통해 기성 미디어 이상의 영향력을 만들고, 그에 따른 광고수입도 막대하게 얻는다. 이렇게 만들어진 영향력과 브랜드를 다른 사업으로 확장시켜 더 큰 비즈니스를 하는 경우도 많다. Z세대와 밀레니얼 세대에게 유튜브는 미디어이자 돈 버는 공간이다.

초등학생의 희망직업 순위에도 역대 처음으로 유튜버가 진입했다. 2018년 6~7월 교육부와 한국직업능력개발원이 조사한 '초중등 진로교육 현황'에 따르면, 초등학생 희망직업 5위가 유튜버다. 이들에게 유튜브는 동영상만 보는 곳이 아니라 정보를 검색하는 곳이자 커뮤니티이기도 하다. 전 세계로 연결된 커뮤니티이자 다양한 국가별·언어별 콘텐츠를 통해 세계를 접하는 공간이기도 하다. 유튜브를 통해 어떤 물건을 살지 결정하기도 하고, 직접적 구매로도 연결된다. 웃고 즐기기만 하는 게 아니라 공부하는 곳이기도 하다. 기성세대가 책을 통해 지식을 쌓은 것처럼, 이들은 유튜브의 수많은 강연 영상을 통해서 지식을 얻는다. 뭔가 배우고 싶거나 궁금한 것이 있으면 유튜브에서 관련 영상을 먼저 찾는다. 이들에겐 유튜버나 크리에이터가 선생님이자 롤모델이고 셀럽이다.

이들은 동영상 생산에도 적극적이다. 누구나 크리에이터가 될 수 있다는 건 정보를 다루는 데 매우 능동적이라는 의미이기도 하다. 뭘 볼 것인가만큼, 뭘 만들 것인가, 뭘 퍼뜨릴 것인가가 모두의 관심사가 될 수 있는 것이다. 과거에는 소수의 전문가만이 영상을 제작할 수 있었지만, Z세대와 밀레니얼 세대는 누구나 동영상을 제작할 수 있다. 대단한 걸 찍는 게 아니다. 특별할 것 없는 사소한 일상도 콘텐츠가 된다. 편집기술이 필요하지도 않다. 그저 카메라를 켜두기만 하면 된다. 이들에게 동영상은 하나의 언어다.

유튜브는 Z세대와 밀레니얼 세대만의 문화공간 역할을 수행하고 있다. 처음에는 페이스북이 그 역할을 했지만 이제 페이스북에서 1020대의 이탈이 가속화되고 있다. 이들이 이탈하는 이유는 그들의 부모 세대인 4050대가 페이스북을 많이 하기 때문이다. 부모와 친구가 되는 순간, 페이스북에서 누리는 소통의 즐거움은 퇴색된다. 부모가 자녀의 일거수 일투족을 지켜볼 수도 있고, 자녀의 페이스북 친구관계까지 들여다볼 수 있기 때문이다. 이런 불편한 관계를 가지느니 페이스북을 떠나는 게 낫다. 직장인 중에서도 2030대가 페이스북에서 많이 이탈하는데, 4050대 직장 상사들이 페이스북을 하는 것이 결정적인 원인이다. 심지어 60대 이상들도 페이스북에 들어오면서 직장의 경영자들까지 친구를 맺자고 하는데, 이를 거절하기도 어렵고 수락하자니 자유롭게 포스팅하기도 어렵다. 그러니 이탈하거나 비밀 계정을 추가로 만들어서 활동한다.

2018년 5월, 유튜브는 계정 없이 이용하는 사람을 제외하고 자신의 계정을 갖고 로그인해서 이용하는 사람이 18억 명 이상이라고 발표했다. 계정 없이도 이용하는 데 별다른 문제가 없는 걸 감안하면 실제 유튜브 영상을 보는 사람은 20억 명이 훨씬 넘을 것으로 예상된다. 페이스북도 유튜브의 성장세에 대응하려고 동영상 서비스를 강화하고 있지만, 여전히 동영상에서는 유튜브가 우위다. 동영상이 우위인 서비스가 결국 Z세대를 비롯한 밀레니얼 세대까지도 장악할 것이다. 네이버와 카카오가 동영상 서비스를 확대하는 것도 이런 이유에서다. 이제 텍스트 중심의 서비스로는 밀레니얼 세대와 Z세대에게 다가서기 어려운 시대가 됐다.

통일과 북한을 바라보는 시각에서 10대와 20대는 차이가 있다. 2018년 10~12월 교육부와 통일부가 코리아리서치에 의뢰해 전국 597개 초중고생 8만 2947명을 대상으로 조사한 '학교 통일교육 실태조사'에 따르면, '북한이 우리에게 어떤 대상이라고 생각하느냐'는 질문에 '적으로 생각해야 하는 대상'이라는 답이 5.2%였다. 참고로, 2017년 조사에서는 41%가 나왔다. '협력해야 하는 대상'이라는 답은 50.9%로 전년의 41.3%에 비해 높아졌다. 확실히 북한을 바라보는 시각에 변화가 생겼다. 통일에 공감하는 학생 비율도 63.0%였는데, 전년 62.2%에서 근소하게 증가했다.

흥미로운 사실은 같은 10대 중에서도 초등학생과 고등학생의 차이가 있다는 점이다. 초등학생은 73.9%가 통일이 필요하다고 답했지만, 고등학생은 54.6%만 필요하다고 답했다. 그리고 초등학생은 통일이 필요하다고 여긴 이유 중 '역사적으로 같은 민족이라서(27.4%)'가 1위였는데, 고등학생은 '우리나라의 힘이 더 강해질 수 있어서(26%)'가 1위였다. Z세대 내에서도 고등학생들이 확실히 더 현실적인 시각을 가졌다.

이런 현실적 시각은 20대로 갈수록 더하다. 서울대 통일평화연구원의 '2017 통일 의식 조사'에 따르면, 통일의 필요성에 대한 질문에서 20대는 41.4%, 30대는 39.6%, 40대 57.8%, 50대 62.0%, 60대 이상 67.0%가 통일이 필요하다고 답했다. 즉 2030대 밀레니얼 세대는 10명 중 4명 정도만 통일의 필요성을 얘기했다. 2018년 7월 아산정책연구원이 발표한 '북미 정상회담과 한국인의 주변국 인식'에 따르면, 20대가 북한에 대해 가지는 호감도가 모든 연령 중 가장 낮았다. 김정은 국무위원장에 대한 호감도도 모든 연령대 중 가장 낮았는데, 60세 이상이 가진 호감도 3.71%보다 낮은 3.00%였다. 20대가 병역의 의무를 하는 기간인 데다 학업과 취업이라는 현실적인 문제가 있다 보니 통일이나 북한을 바라보는 데에서도 좀 더 현실적 입장이 되기 쉽다. 물론 10대도

20대가 되면 태도가 달라질 수도 있다. 20대의 입장에서는 말하면 통일비용을 대느니 그 돈으로 자신들의 일자리를 더 만들고 경제 활성화에 더 투자하길 바랄 수 있다. 통일 때문에 자신들의 일자리라는 생존문제가 후순위로 밀려나길 원하지 않는다.

극심한 취업난을 겪고 있는 20대는 위기의식과 상대적 박탈감, 소외의식이 크다. 이들이 혐오에 빠지고, 세상을 좀 더 시니컬하게 보는 것도 자신이 힘겨운 상황에 처해 있기 때문일 수 있다. 이들에게는 위로나 동정이 아니라 일자리 및 병역과 관련한 좀 더 명확한 대책이 절실하다. 밀레니얼 세대를 유권자로 바라보는 정치권이라면 이들에게 합리와 실용으로 다가가야 한다.

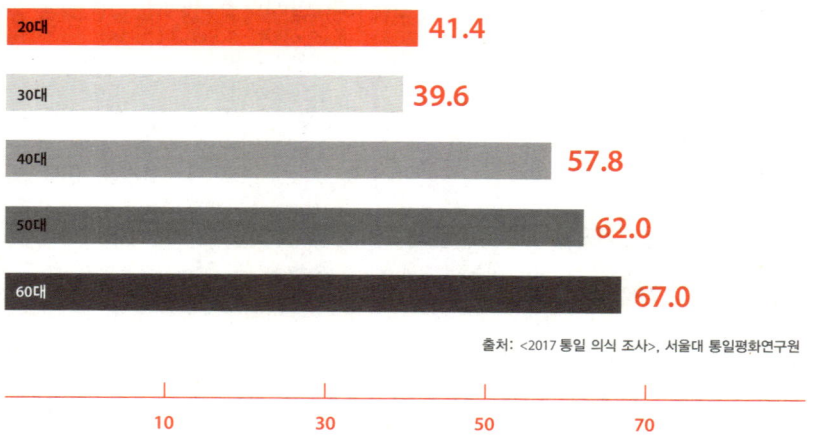

표 12. 세대별 통일 찬성 여부   단위: %

출처: <2017 통일 의식 조사>, 서울대 통일평화연구원

요즘 애들 중에서도 요즘 애들인 1825는 어떤 코드에 꽂힐까?

요즘 애들 중에서도 기성세대와의 차이가 가장 큰 세대가 1020대다. 엄밀히 말하면 10대 후반과 20대 초중반인 1825다. 요즘 애들 중에서도 요즘 애들이다. 이들은 밀레니얼 세대와도 세대차이를 느끼기도 한다. 새로운 소비, 새로운 문화, 새로운 콘텐츠에 가장 민감할 시기가 10대 후반에서 20대 초반인 대학생이다. 직장인이 되기 전이라 시간 여유가 많고, 고등학교를 졸업해 미성년자는 탈피했으니 행동에서 운신의 폭이 넓어졌다. 가장 과감하게 새로운 소비를 받아들일 사람들이기도 하다. 1990년대 X세대도 당시 대학생들이 중심이었다.

한국에서 20대 초중반은 소비적·문화적으로 아주 특별한 연령대다. 이제 10대 후반까지 이 그룹에 포함된다. 10대들의 성숙과 진화의 결과다. 1825가 바로 소비자 중에서도 인싸다. 구찌를 가장 핫한 브랜드로 만든 일등공신도 1825다. 슈프림에 가장 열광하는 것도 1825다. BTS를 전 세계적인 스타로 만든 것도 글로벌 1825들의 힘이다. BTS의 성공을 얘기할 때 빠지지 않는 것이 바로 소셜미디어를 통한 소통이다. 글로벌 SNS 활동량을 바탕으로 하는 빌보드 소셜 50 차트 1위를 한 것도 우연이 아니다. BTS는 데뷔할 때부터 온라인에서 팬들과 꾸준히 소통해왔다. 7명의 멤버가 하나의 BTS 계정을 통해 적극적으로 소통하며 전 세계의 팬들을 끌어모았다.

밀레니얼 세대와 Z세대는 디지털 네이티브다. 이들에게 소셜미디어는 가장 중요한 놀이터이자 커뮤니케이션 공간이다. 요즘 1825는 페이스북을 버렸다. 1825는 인스타그램, 스냅챗, 유튜브를 번성시킨 일등 공신인데, 물론 나중엔 이들의 엑소더스가 또 생길 것이다. 지루해지고 익숙해지고, 기성세대가 침범해 들어올수록 그들로선 그들만의 공간을 찾아 떠날 수밖에 없다.

발렌시아가, 구찌, 샤넬 등 명품 패션 브랜드의 어글리슈즈는 100만 원 정도인데 20대가 열광하며 소비했다. 2000년대의 2030대(지금은 이들이 3040대 혹은 50대가 된)가 명품 패션 브랜드의 가방에 열광했던 것과 달리 이들은 신발에 열광한다. 발렌시아가와 구찌, 샤넬에서 가방을 사려면 훨씬 더 비싸다. 특히 가방 중에서도 각 브랜드의 시그니처급 가방은 비싸서 20대가 엄두도 못 낸다. 신발값으로는 엔트리급 가방도 살 수가 없다. 브랜드를 소비하는 방법으로 신발이 가장 가성비가 좋은 셈이다. 가성비는 절대적 가격이 낮은 게 아니라, 가격 대비 효과가 좋은 것이다. 따라서 고가의 명품 패션을 소비할 때도 가성비는 적용된다. 명품 패션 업계가 2030대, 특히 20대를 공략하기 위해 상대적으로 가격이 낮은 엔트리급 제품 비중을 늘리고 있다.

자동차를 살 때도 돈이 부족하면 엔트리급부터 시작한다. 그러다가 여유가 생기면 상위 급으로 넘어간다. 진입장벽이 너무 높으면 소유 자체를 포기하지만 엔트리급이라도 소유를 해본 사람은 다음 급에 대한 욕망이 생긴다. 명품업계의 전략이 성공한 덕분인지 20대들의 명품 소비는 늘었다. 신세계백화점의 2018년 연령별 명품 매출 전년 대비 신장률에서 가장 높은 연령대가 20대였다. 무려 30.6%였다. 명품에서 전통적 큰손인 4050대는 신장률이 10%대였다. 현대백화점도 2018년 20대의 명품 매출 신장률이 전년대비 28.5%였다. 30대가 14.1%였으니 두 배 더 높았던 셈이다. 갤러리아백화점 명품관의 2018년(1~11월) 20대 명품 매출 신장률도 25%로 다른 연령대보다 높았다. 확실히 2018년에 20대의 명품 소비가 크게 늘었다. 명품 패션 브랜드를 엄마의 브랜드로 여기며 소비하지 않던 20대가 명품 소비를 늘린 것은 젊은 층을 겨냥한 명품 패션 브랜드들의 변신 때문이기도 하다.

그런데 왜 1825들이 어글리패션에 더 열광하는 걸까? 기성세대는 예쁜 것만 멋지고, 못생긴 건 추악하다고 기피해왔던 시대를 살았다. 이건 외모지상주의와 외모차별 문화의 산물이다. 하지만 밀레니얼 세대와 Z세대는 '세상 모든 사람은 다 멋지다'는 보디 포지티브를 지지한다. 그중에서도 1825들이 탈코르셋과 보디 포지티브에 더 관심이 크다. 획일적 미의 기준보다 개성이 더 중요하며, 모든 사람은 존중받을 가치가 있다는 생각은 젠더 뉴트럴로도 이어진다. 어글리 패션은 전통적 미의 관점과 기성세대식 사고에 대한 저항이다. 프라다의 디자이너 미우치아 프라다가 어글리 패션에 대해서 "추한 것은 매력적이다. 추한 것은 흥분감을 준다. 왜냐하면 이것이 더 새롭기 때문이다"라고 했던 얘기를 생각해볼 필요가 있다.

1825에겐 새로움이 매력이다. 레트로를 1825들이 뉴레트로로 받아들인 것도 같은 이유다. 옛것이 좋은 게 아니라 자신들은 경험해보지 않은 과거의 것들이 오히려 새로워서 좋은 거다. 촌스러운 것이 멋진 이유도 마찬가지다. 아무리 좋은 것도 흔해지면 가치가 떨어진다. 어글리 패션은 일시적으로 불다 말 바람이 아니다. 미를 바라보는 관점에 변화를 줄 수 있고, 개성과 개인주의화를 지향하는 밀레니얼과 Z세대 코드에 잘 맞는다.

한국의 1825들이 열광하는 디스이즈네버댓THISISNEVERTHAT, 아더 에러Ader Error, 커버낫COVERNAT 등은 해외 브랜드가 아니라 한국 브랜드다. 이들 브랜드는 매출 성장세도 가파르다. 하지만 이들은 유명 스타를 광고 모델로 쓰지 않고, 심지어 패션쇼도 하지 않는다. 가격도 비싸지 않은 중저가 브랜드다. 이들 모두 오버사이즈, 젠더리스, 빅로고도 과감히 쓰는 스트리트 패션 스타일이다. 광고와 패션쇼로 홍보하고, 백화점이나 홈쇼핑 등 대형 유통 채널에 집중하는 기존 패션업체과 달리, 소셜미디어로 소비자와 소통하고 온라인 중심으로 판다.

특히 디스이즈네버댓은 매년 새로운 컬렉션이 나오면 신상품을 3분 내외의 감각적인 영상으로 만들어 소셜미디어에 공개하는데, 단순히 옷 입은 장면이 아니라 영화처럼 스토리가 있다. 그리고 신상품을 판매하기 1주일 전 오프라인 공간에서 고객을 위한 프레젠테이션 쇼를 여는데, 온라인으로만 물건을 파는 브랜드의 오프라인 이벤트격이다. 2018년 FW 시즌의 프레젠테이션 쇼를 홍대 라이즈 오토그래프 콜렉션 호텔 1층의 편집매장 웍스아웃에서 진행했는데, 1020대 2000여 명이 줄을 섰다. 옷을 팔 때도 한 번에 한 시즌의 모든 종류를 다 파는 게 아니라 매주 순차적으로 조금씩 판다. 고객에게 매주 새로운 옷을 기다리는 즐거움을 주는 것이다.

　밀레니얼 세대와 Z세대는 희소성과 기다리는 즐거움, 물건을 판다는 느낌보다는 새로운 방식으로 소통하고 연결되었다는 느낌을 중요하게 생각한다. 아더 레더는 인스타그램을 적극 활용해 감각적인 영상과 룩북을 선보니는데, 팔로어 50만 명이 넘는 브랜드 공식 계정(@ader_error) 외에, 브랜드 아카이브를 다루는 계정(@adererror_official), 옷 입는 법을 제안하는 스타일링 계정(@ader_styling) 등을 별개로 운영한다. 아더 레더는 2014년 만들어진 브랜드인데, 처음부터 소셜미디어를 통해 전 세계 사람들과 교류하는 것을 염두에 뒀다고 한다. 아더 레더에겐 해외의 패션, 스포츠 브랜드들의 컬래버레이션 러브콜도 이어진다. 독일의 스포츠 브랜드 푸마, 일본의 시계 브랜드 지샥, 프랑스의 패션 브랜드 메종 키츠네 등과 컬래버레이션을 했다. 2017년부터 파리, 밀라노, 베를린, 룩셈부르크 등 해외에도 진출했다.

　아더 레더는 패션, 인테리어 디자인, 건축, 재무 분야에서 일하던 4명이 함께하는 크리에이티브 집단을 표방하며 개인 신상을 공개하지 않는다. 이렇게 디자이너 개인의 유명세가 아닌 크리에이티브 집단을 내세우는 방식은 세계적인 패션 브랜드로 자리잡은 프랑스의 베트멍과도 비슷한 코드다. 디스이즈네버댓도 3명이 함께 시작했는데, 모든 일을 함께 결정하는 크리에이티브 집단을 지향한다. 커버낫도 패션, 뷰티 브랜드와 다양한 컬래버레이션을 한다. 이제 패션 브랜드는 옷만 잘 만들고 팔아서는 안 된다. 패션을 넘어 문화를 만들어낼 수 있어야 하고, 적극적이고 유쾌하게 소통해야 하고, 개성 있고 유니크해야 한다. 이들 브랜드에는 밀레니얼 세대와 Z세대가 좋아할 코드는 다 들어가 있는 셈이다. 패션에서 국산 신생 브랜드가, 그것도 중저가 브랜드가 열광할 대상이 되는 건 쉽지 않다. 달리 얘기하면 1825를 공략할 수만 있다면 놀라운 기회를 만난다는 의미다.

요즘 어른들: X세대와 베이비붐 세대의 진화

아직 주도권은 우리에게 있다! 우린 엉포리로 가듭났다

X세대

베이비붐 세대

아직 안 죽었다, 우린 뉴식스티로 진화한다

더 이상 과거의 X세대와
베이비붐 세대가 아니다.
그들은 생존을 위해
영포티와 뉴식스티로 거듭났다.
가진 것도 많고, 잃을 것도 많은
기성세대라서 무조건
변화를 거부하고 과거에 멈춰 있다고
생각하면 오산이다. 여전히 요즘 어른들의
경제력, 사회적 지위, 정치력은
요즘 애들을 능가한다. 그리고 요즘 어른들에게도
아직 전성기는 끝나지 않았다.
물론 요즘 어른들과 예전 어른들이
공존하는 세상이다.

Part 2.

왜 X세대는 영포티가 되었나

07.

X세대는 1990년대 초 신세대라는 이름과 함께 등장했다. X세대는 주로 1970년대 출생자들이다. 이 중 중심세력은 1970~74년생들인데, 이들은 2차 베이비붐 세대이기도 하다. 1971년에만 1년에 102만 명이 태어나 역대 최고치였다. 참고로 2018년 출생아 수는 32만 5000명이다. 베이비붐 세대의 상징이던 1958년생도 76만 명 정도다. 1969, 1970, 1971년생은 각 100만 명이 넘고, 1972, 1973년생도 각 95만 명이 넘는다. 엄밀히 한국사회에서 인구수만 가지고 본 베이비붐 세대는 X세대다. 이 나이대는 한 반에 60~70명이 수업받던 경험도, 오전반 오후반 나눠서 학교 가던 경험도 있다.

이들이 X세대로서의 특성을 발휘하며 신세대 신드롬을 만든 1990년대 초중반 한국경제는 꽤 좋았다. 1988년 올림픽 이후 정부는 해외 문화, 해외 브랜드에 개방정책을 시행했고, 이를 가장 적극적으로 받아들인 사람들이 X세대였다. 당시 기성세대는 누려본 적이 없는 풍요를 누리며 새로운 소비를 했던 사람들이 당시의 20대이자 한국사회의 평균연령대 소비자들이었다. 우리나라의 중위연령은 1997년에야 30세를 넘겼다. 즉 1990년대 초중반까지는 20대 후반이 사회 전체의 중간이었던 셈이다. 한국의 X세대를 1969~1979년 출생자로 보는데, 출생아 수로만 보면 1969~1979년생이 990만 명에 이른다. 물론 사망이나 이민 등의 영향으로 이 숫자가 계속 유지되지는 않지만, 여전히 900만 명이 넘는 막강한 세력임에 틀림없다.

왜 영포티가 등장했을까?

세대를 규정하는 기준은 태어난 시점과 그들의 힘이 드러난 시점이다. 하지만 한 번 규정되었다고 해서 세대의 속성이 그대로 굳어지는 것은 아니다. 사람은 계속 나이를 먹고, 그에 걸맞게 진화한다. X세대를 1990년대 신세대로만 기억해선 안 되는 이유다. 진화된 모습으로서의 영포티로 X세대를 다시 봐야 한다. 물론 X세대가 다 영포티가 된 것은 아니다. X세대 중 영포티가 된 사람들은 기성세대가 가진 관성이 아니라, 새로운 시대에 맞는 변화를 받아들인 사람들이다.

사실 영포티Young Forty라는 말은 필자가 만들었다. 2013년 12월 출간한 『라이프 트렌드 2013 : 좀 놀아본 오빠들의 귀환』을 통해 40대에 진입한 X세대가 과거 40대와는 다른 방식으로 살아간다는 사실을 제시했다. 이런 흐름이 이어지는 가운데 2015년 진화한 X세대에게 영포티라는 이름을 붙였고, 2015년 11월 출간한 『라이프 트렌드 2016 : 그들의 은밀한 취향』을 통해 영포티의 정의와 특성을 제시한 뒤로 한국사회에서 영포티라는 용어가 자리를 잡았다.

실제로 언론 기사나 기업 마케팅에서 영포티라는 말이 본격적으로 쓰인 것은 2016년부터이고, 아직까지 보편적으로 쓰이고 있다. 영포티를 처음 명명하면서 1970~1974년생을 영포티의 중심으로 봤고, 이 중에서도 1972년생이 가장 핵심 세력이라고 봤다. 필자가 태어난 해도 그때다. X세대가 영포티로 진화하고 있음을 먼저 파악하고 명명할 수 있었던 이유는 바로 나의 이야기, 내 친구들의 이야기이기 때문이다.

늙어간다는 것은 변화를 거부하고, 과거의 관성에 사로잡힌다는 의미이기도 하다. 변화를 받아들이고 나이와 관계없이 상대의 이야기에 적극적으로 귀 기울이는 사람은 결코 늙지 않는다. 나이는 들어갈지언정 늙은이가 되진 않는다. 그런 점에서 영포티는 40대를 불혹으로 보기를 거부했다. 과거의 관성으로 40대라는 나이를 받아들이기보다 새로운 시대에 걸맞은 변화를 받아들이며 좀 더 젊게 살고자 하는 이들이 영포티를 받아들인 것이다. 사실 영포티는 받아들이느냐 그러지 않느냐의 문제다. 삶의 가치관과 라이프스타일의 문제인 것이다.

과거에 비해 결혼 시기가 늦어진 것도 영포티의 등장에 일조했다. 40대가 되었어도 결혼하지 않은 이들이 많아진 데다가, 결혼을 했더라도 늦은 결혼과 늦은 출산으로 아이가 아직 어리다. 사교육비를 본격적으로 부담할 시기가 아직 덜 되기도 했고, 교육관도 많이 바뀌었다. 대안교육에 관심을 두거나, 맹목적 입시 위주의 교육에서 탈피하려는 이들이 증가했다. 그리고 무엇보다 X세대로 살았던 이들이 나이를 먹어서도 X세대의 속성을 버리지 않았다는 점도 영포티 등장의 주요 배경이다. 왕성한 대중문화 소비와 함께, 개인주의적 성향을 본격적으로 드러냈던 세대가 40대가 되면서 좀 더 자기표현에 능하고, 좀 더 진보적인 어른이 되었기 때문이다.

X세대의 전성기는 1990년대였지만, 그 뒤로 사라진 게 아니다. 막강한 인구수를 자랑하는 이들은 30대가 되어서도 소비세력의 중심이었고, 40대가 된 지금도 영향력이 막강하다. 요즘 밀레니얼 세대를 주목

하느라 간과해서 그렇지 X세대는 여전히 중요하다. 지금 한국의 40대 전체를 X세대들이 장악하고 있다. 40대는 소득도 구매력도 가장 높을 때다. 경제활동 인구에서도 높은 비중을 차지하고, 직장에서도 지위가 높아졌다. 40대 CEO들이 꽤 늘었고, 특히 재벌 2, 3세 중에서 40대가 많다. X세대가 경제력에서는 한국 최고의 세대라는 이야기다. 언론계나 문화예술계에서도 40대들의 입지가 크다. 방송국 PD나 신문사 기자들 중에서 40대가 중요한 역할을 많이 하고 있다 보니, 이들이 어젠다 세팅에서 큰 비중을 차지할 수밖에 없다. 즉 40대들이 한국사회의 문화와 여론에서 주도권을 가졌다고 해도 과언이 아니다. 방송, 언론, 영화, 패션 등에서 X세대는 여전히 막강하다.

그리고 가장 중요한 특징은 40대가 다른 세대와 연결되어 있다는 사실이다. 40대의 자녀들은 주로 10대다. 그리고 40대의 부모는 6070대다. 따라서 10대와 6070대는 40대에게 직접적인 영향을 받는다. 40대가 가족관계에서 중심이기 때문이다. 회사에서도 그렇다. 사원·대리급과 부장·임원급 사이에 있는 과장·차장급이 40대다. 중간이자 중심으로 위아래 가교 역할을 한다. 매스미디어에서도 마찬가지다. 일선에서 왕성하게 일하는 방송의 드라마와 예능 PD는 대개 3545가 가장 많다. 따라서 드라마와 예능의 주요 타깃도 3545 이상으로 잡는 경우가 점점 많아진다. 신문, 잡지도 마찬가지다. 왕성하게 일하는 기자나 에디터들 중에는 3545가 가장 많다.

표 13. 국민 평균연령 및 중위연령

단위: 세

연도	평균 연령			중위 연령		
	평균	남자	여자	중위	남자	여자
1970	23.6	22.9	24.3	18.5	17.9	19.2
1975	24.5	23.5	25.4	19.6	18.9	20.3
1980	25.9	25.0	26.9	21.8	21.2	22.4
1985	27.5	26.7	28.4	24.3	23.8	24.9
1990	29.5	28.5	30.6	27.0	26.3	27.7
1995	31.2	30.1	32.3	29.3	28.4	30.2
1996	31.6	30.4	32.7	29.8	28.9	30.7
1997	31.9	30.8	33.1	30.3	29.4	31.2
1998	32.3	31.1	33.4	30.7	29.8	31.7
1999	32.7	31.5	33.8	31.2	30.3	32.2
2000	33.1	31.9	34.3	31.8	30.8	32.7
2001	33.5	32.3	34.7	32.3	31.4	33.3
2002	34.0	32.8	35.2	32.9	32.0	33.9
2003	34.5	33.3	35.6	33.5	32.6	34.5
2004	35.0	33.8	36.1	34.1	33.2	35.1
2005	35.5	34.3	36.6	34.8	33.8	35.8
2006	36.0	34.8	37.2	35.4	34.5	36.4
2007	36.5	35.3	37.7	36.1	35.1	37.1
2008	37.0	35.8	38.2	36.7	35.7	37.7
2009	37.5	36.3	38.7	37.3	36.3	38.4
2010	38.0	36.8	39.2	38.0	36.9	39.0
2015	40.4	39.2	41.6	41.0	39.7	42.2
2019	42.1			43.1		
2020	42.7	41.4	43.9	43.8	42.3	45.3
2025	44.8	43.5	46.1	46.4	44.9	48.0
2030	46.7	45.4	48.1	49.0	47.4	50.6
2035	48.6	47.2	50.0	51.4	49.5	53.3
2040	50.4	48.9	51.9	53.4	51.2	55.6
2045	52.1	50.4	53.7	55.0	53.0	57.4
2050	53.4	51.7	55.0	56.7	54.9	58.8

출처: <장래인구추계>, 통계청, 2006

이들의 정서적 배경과 경험에서 나오는 콘텐츠가 많아지다 보니 매스미디어에서도 3545가 주요 소비그룹으로 급부상했다. 이런 미디어의 영향력을 2030대가 받아들이고, 5060대도 받아들인다. 20대는 10대의 연장선상인 동시에 취업 문제를 가장 치열하게 고민한다. 이들은 30대에게서 영향을 받기 쉬운데, 지금의 30대는 40대에게서 받는 영향을 무시하지 못한다. 이렇듯 세대 간 연결고리에서 40대는 아주 중요한 포지션이다. 전체를 공략하기 위해서 단 하나의 세대만 타깃으로 잡는다면 단연 40대다. 현재 한국의 킹핀 세대가 바로 40대다.

영포티는 역사상 가장 젊고 청년이고픈 욕구로 가득 찬 40대를 지칭한다. 과거에는 40대를 중년으로 봤다. 하지만 이제 청년으로 봐야 한다. 통계청 장래인구추계에 따르면 2019년 기준 우리나라의 평균연령은 42.1세, 중위연령은 43.1세다. 그리고 한국의 평균연령은 X세대가 20대일 때 20대였고, 그들이 30대일 때 30대였으며, 그들이 40대가 되니 40대가 되었다. X세대는 나이를 먹어가면서 줄곧 한국사회의 중위연령대와 평균연령대를 유지하고 있는 것이다. 이렇게 영포티는 역사상 가장 젊은 40대이자 신세대의 진화 버전이다. 40대라는 나이가 더 이상 많은 나이가 아닌 시대다. X세대가 20대에도 그 이전 세대의 20대와는 달랐다. 이들이 맞은 40대도 이전의 40대와 다르다. 분명히 이들의 50대, 60대도 기성세대의 모습을 그대로 이어받지 않을 가능성이 크다.

영포티의 6가지 주요 특징은 무엇일까?

첫째, 영포티는 집에 대한 태도가 다르다. 집을 재테크의 개념으로 바라보는 게 아니라 취향의 공간, 라이프스타일의 거점으로 주목하는 첫 세대다. 돈이 있으면 무조건 집을 소유했던 베이비붐 세대와 달리, 영포티는 돈이 있더라도 굳이 집 소유에 집착하지 않는다. 물론 경제력이 있는 영포티는 집을 소유한 경우가 많지만, 고가의 전세도 선호한다. 내 집 마련에 저당 잡힌 인생을 사는 것에 대한 거부감이 그 이유다. 그리고 금융업계, 건설업계, 부동산업계의 이해관계와 자본의 탐욕이 만든 재테크 신드롬의 허상에서 벗어나려고 한다.

내 집 마련에 대한 집착을 버렸다는 것은 단지 집에 대한 문제가 아니라, 경제적 시각을 바꾸었다는 뜻이다. 자산의 전부가 부동산인 베이비붐 세대와 달리 영포티는 금융자산 비율이 상대적으로 높다. 금융상품과 투자에 관심이 크다. 획일적인 아파트보다 단독주택에 대한 관심이 커서 땅콩주택, 협소주택을 유행시키기도 했다. 주거문화의 다양성을 만든 일등공신이자, 홈퍼니싱 열풍을 만들어냈다. 도시재생을 유행시키고 2010년대에 등장한 주요 핫플레이스를 만든 숨은 큰손이었다.

둘째, 영포티는 보수나 진보보다는 합리와 상식을 더 우선시한다. 한국의 현실에서는 진보적 정치세력이 합리와 상식에 더 가까워서인지 영포티가 상대적으로 진보를 지지하는 것으로 보인다. 하지만 현재의 여당이나 야당 모두 영포티의 성에 차지 않는다. 이념과 정치성의 문제가 아니라 기존의 정치권이 실용과 합리에 취약하고 경제적으로 무능하기 때문이다. 그런 점에서 정치권은 선거에서 영포티의 표심을 공략하기 위해서라도 정치색을 걷어내고 좀 더 실용적이고 합리적인 정책들을 고민할 필요가 있다. 영포티는 글로벌 수준의 산업과 경제 정책을 요구한다. 고용과 복지에서의 실용성과 합리성도 요구한다. 바꿔 말하면 여당이나 야당이나 영포티를 사로잡을 기회는 분명히 존재한다는 것이다. 만약 정치권이 영포티를 사로잡을 수 있다면, 밀레니얼 세대도 사로잡을 가능성이 크다. 중요한 사실은 과거식 정치에 환멸을 느끼는 영포티를 대변할 뉴페이스들이 필요하다는 것이다.

셋째, 영포티는 결혼, 출산에 대한 관성을 받아들이지 않았다. 결혼과 출산 모두 필수에서 선택으로 바꾼 첫 세대가 바로 영포티다. 과거의 40대는 거의 다 결혼을 했고, 그들의 자녀는 초등학생이나 중학생쯤 되었다. 그런데 결혼하지 않은 40대, 결혼했다가 다시 싱글이 된 40대, 결혼은 했어도 아이를 출산하지 않는 딩크족들이 점점 증가하고 있다. 과거 기성세대의 관점으로 보면 불안정한 40대처럼 보이겠지만, 영포티에게는 개개인이 선택한 새로운 라이프스타일일 뿐이다. 각자 상황에 맞게 자신이 주도적으로 선택한 삶을 사는 데 좀 더 관심이 크다.

결혼과 출산을 하는 경우에도 좀 더 합리적인 결혼관과 양육관을 가지려 애쓴다. 가사노동의 공동 분담은 기본이고, 육아휴직을 서로 번갈아 쓰는 것에도 적극적일 만큼 공동 육아를 당연하게 생각한다. 이런 태도는 남녀평등을 당연시하는 그들의 인식에서 비롯한다. 사회에서나 가정에서 남녀의 역할에 대한 합리적인 태도가 그대로 드러난다. 기성세대에 비해 훨씬 더 가정적이며, 부모 자식 관계에서 권위적이지 않고 소통이 원활해 친구 같은 아빠도 많다.

넷째, 영포티는 현재의 행복에 충실하다. 미래를 위해 현재의 행복을 포기하거나 희생하지 않겠다는 생각이 크고, 워커홀릭보다는 가족과 잘 지내는 것을 더 중요시한다. 재테크보다 오늘의 소비에 관심이 많아서 좀 더 풍족한 소비를 누리기도 한다. 영포티 중에는 취미에 열광하는 하비홀릭도 많고, 여행도 더 많이 다니고, 문화생활도 많이 한다. 창업에 대해서도 기성세대보다 과감하고 적극적이다. 기성세대가 퇴직한 이후에 창업을 하겠다고 생각한다면, 영포티는 자신이 하고 싶은 일에 생기면 적극적으로 창업에 나선다. 이 모든 것이 현재에 충실하겠다는 태도에서 출발한다고 할 수 있다. 욜로가 밀레니얼 세대만의 화두가 아닌 것이다. 사실 영포티는 밀레니얼 세대보다 욜로와 작은 사치를 더 좋아한다.

다섯째, 영포티는 형식과 허울, 체면치레 같은 허식을 내려놓으려 한다. 형식보다는 내용, 현실과 실리, 실용성을 중시한다. 권위적이지 않고 쿨하려고 한다. 물론 이 모든 것은 이들이 가진 합리적이고 실용적이고 상식에 가치를 두는 관점에서 나온다. 이런 태도로 인해 조직에서도 잘 섞이고, 중간 역할을 잘 수행한다. 또한 영포티는 눈치를 전혀 안 볼 수는 없겠지만, 기성세대들처럼 남의 시선을 의식해서 자신이 하고 싶은 일을 못하는 삶을 살지 않는다. X세대가 가졌던 개인주의적이고 자기중심적 태도는 영포티와 밀레니얼 세대까지 고스란히 이어진다.

여섯째, 영포티는 트렌드에 민감한 소비자다. 왕성한 소비문화 세대였던 과거 X세대의 흐름을 여전히 이어간다. 새로운 것에 대한 거부감이 적고 수용능력이 좋다. 특히 하이테크에 대한 적응력이 좋다. 새로운 디지털 디바이스나 기술문화에 대한 수용력이 좋다 보니, 2030대와 좀 더 잘 소통하고, 새로운 IT 비즈니스나 산업의 변화에도 잘 적응한다. 수많은 변화의 과도기를 겪으며 적응해온 세대여서, 어떤 새로운 것이 나와도 겁먹거나 피하지 않는다. 덕분에 새로운 흐름에 도태되지 않을 수 있는 장점이 있다. 영포티가 한국사회에서 영향력을 계속 발휘할 수 있는 배경에는 이런 적응력과 트렌드 민감성도 한몫한다. 요즘 밀레니얼 세대가 열광하는 문화와 소비를 창조하고 생산하는 역할은 영포티에게 있다고 해도 과언이 아니다.

모든 X세대가 다 영포티가 되는 걸까?

X세대가 다 영포티가 되는 것은 아니다. 영포티가 X세대 출신인 것은 맞지만, 모든 X세대가 변화를 받아들이는 것은 아니기 때문이다. X세대 내에서도 서로 다른 그룹이 있다. 하나는 영포티, 그리고 다른 하나는 불혹이다. 여전히 불혹을 따르는 사람들, 즉 과거의 관성에 따

라 40대라는 나이를 받아들이는 이들이 있다. 과거의 신세대였다는 것을 잊어버린 채, 전형적인 40대의 모습을 그대로 재현하는 사람들이다. 당신이 만약 꼰대라면 영포티가 아니다. 영포티는 단지 옷 젊게 입고, 머리 염색하고, 멋 부리며 다니는 사람들이 아니다. 기성세대의 40대가 가진 전형적 사고방식을 버리겠다고 나선 사람들이다. 40대 중에는 전형적인 과거의 40대 모습 그대로인 사람도 꽤 있다. 이들은 과거 전형적인 50대의 모습도 그대로 답습할 가능성이 크다. 그렇게 보수적인 50대, 60대, 70대로 살아갈 소지가 높고, 점점 더 자신의 이익에 우선하는 가치관으로 세상을 바라볼 가능성이 많다.

누구나 기성세대가 된다. 그러면 자신도 모르게 과거의 기성세대처럼 변하기도 한다. 가족의 생계를 책임져야 한다는 무게감과 세상살이의 고단함이 그들을 좀 더 보수적이고 이기적으로 만들기도 한다. '나이 들면 다 그런 거야'라는 푸념 같은 자기변명과 위안은 이기적으로 변한 자신에 대한 비겁한 포장이다. 역사상 40대는 늘 있었다. 또 누군가는 새로 40대가 된다. 의지와 상관없이 나이는 들기에 누구나 40대를 맞는다.

나이가 어리다고 젊은 피이고, 나이가 많다고 전부 베테랑이 아니다. 새로운 생각을 할 수 있어야 젊은 피이고, 노련한 경험과 전문성이 쌓여야 베테랑이다. 그런데 우리는 나이를 기준으로 '젊다'와 '노련하다'를 구분하기도 한다. 이러한 논리는 전적으로 나이 든 사람들이 자기들의 입지를 다지기 위해 만들어낸 것이다. 이제 관건은 40대가 얼마나 잘 변화하느냐, 얼마나 잘 적응하느냐다. 20대는 대학 가고 스펙 쌓고 취직하는 게 전부였고, 30대는 직장에서 자리잡고 결혼해서 가정을 이루며 하나씩 자신의 영역을 구축해간다. 그렇게 40이 되면 벽을 하나 만난다.

무섭게 쫓아오는 후배들, 그들의 스펙은 만만치 않다. 조직에서는 중간 허리지만 제대로 올라가지 못하면 회사를 떠나야 할 위치다. 대기업에 신입사원으로 입사했더라도 40대 때 자의반 타의반 퇴직하는 경우가 꽤 많다. 사오정이란 말이 괜히 나온 것이 아니다. OECD 국가 중 최고의 자살율을 기록하는 한국에서, 40대 자살율은 전체 평균보다 훨씬 높다. 이혼율에서도 40대와 50대가 전체 평균을 높이는 주 연령대다. 그만큼 40대는 위기의 시기이기도 하다. 돈이 가장 많이 필요할 때이고, 돈을 가장 많이 벌 때이기도 하고, 다양한 일이 가장 많이 생길 시기이기도 하다.

영포티가 되려면 경제적 여력도 중요하다. 새로운 소비를 받아들이건, 새로운 삶의 관점을 받아들이건, 욜로를 하건 돈 없이는 어렵기 때문이다. 그렇다고 대단한 부자일 필요는 없지만, 적어도 자기 자신을 위해 돈을 쓸 경제적 여력과 심리적 여유가 있어야 한다. 결국 영포티가 되느냐, 과거의 전형적인 40대 중년이 되느냐는 가치관에 따른 선택이자, 경제적 상황과 자신이 처한 환경의 문제이기도 하다. 영포티가 된다고 좋고, 안 된다고 나쁘고의 문제가 결코 아니다.

하지만 향후의 40대, 즉 밀레니얼 세대가 40대가 될 경우 이들은 영포티의 특성을 이어갈 가능성이 훨씬 높다. 지금의 영포티는 가치관과 소비 코드에서 밀레니얼 세대와 교집합이 많기 때문이다. 점점 40대에서 영포티의 비율은 높아질 수밖에 없다. 더 이상 40대가 중년도 아니고, 자식과 가족을 위해 자신을 희생하며 살아가는 시대도 아니기 때문이다.

40대의 변신, 영포티의 등장을 누가 두려워했을까?

40대가 불혹 신드롬에 빠지고, 가장 컴플렉스에 빠져서 안정과 보수에 동조하는 것을 과연 누가 좋아할까? 보수정치 세력과 한국적 재벌기업이다. 익숙한 소비자이자 유권자가 상대하기 제일 편하고 이득이 되기 때문이다. 사람들은 나이를 먹어 40대가 되면 40대에 대한 고정관념에 사로잡히기 십상이다. 나이가 사람의 성향과 태도를 바꾸기도 하겠지만, 결정적으로 결혼을 해서 가장이 되고 부모가 되는 변화가 가장 주된 이유다. 아울러 사회생활을 하면서 조직에서 차지하는 입지의 변화가 주는 영향도 크다. 거기다가 40대에 대한 사회적 고정관념이 오랜 기간 고착화되면서 '40대가 되면 이렇게 해야 해'라는 생각을 암묵적으로 학습받은 사람들도 많다. 이렇듯 사람의 성향이 형성되는 과정에는 개인적인 영역뿐 아니라 사회적·구조적 문제에도 크게 영향을 받는다.

사회가 점점 진화 중이다. 변화하는 사회에서 40대의 고착화된 전형적 이미지에도 큰 변화가 일어나고 있다. 그 변화를 먼저 받아들이고 새로운 40대로서 자리를 잡아가는 이들이 바로 영포티다. 이들이 40대가 되면서 우리가 가진 40대의 이미지에 균열이 생기기 시작했다.

사람들은 나이를 먹으면서 새로운 변화보다는 현실과 타협하고 안주하는 것을 더 선호한다는 것이 통설이다. 2030대를 상대적 진보, 4050대를 상대적 보수로 봤고, 정치권에서도 각자의 이념에 따라 세대를 공략했다. 그런데 40대가 영포티가 되면서 상대적 진보 비중이 높아짐에 따라 203040과 506070으로 구분되기 시작했다. 어떤 사람이든지 공평하게 나이를 먹는다. 누구나 20대를 겪고, 40대, 70대도 겪는다. 그래서 나이에 따른 정치성향은 개인적 문제가 아닌 사회적 문제라고 볼 수 있다. 같은 사람인데도 나이를 먹으면서 세상을 바라보는 관점이 바뀌는 것이다. 특히 그 관점이 가장 크게 바뀌는 시점이 40세다. 인생 후반부에 들어섰다고 여기고, 노후를 심각하게 생각하기 시작한다. 돈에 더 민감해지고, 몸도 사리게 된다. 변화나 도전에 주저할 수밖에 없다.

영포티는 정치적 입장에서 과거 40대와 다르다. 역대 대통령 선거의 출구조사 결과를 보면 알 수 있다. 비밀선거 특성상 연령대별 지지성향이 나오지 않지만, 출구조사에서는 그 성향을 가늠할 수 있다. 박근혜 대통령이 당선될 때 흥미롭게도 다른 연령대는 초반, 중반, 후반이 비슷한 성향인데, 40대만 초반과 중반, 후반이 확연히 달라진다. 40대 초반이 야당 후보를, 40대 후반이 여당 후보를 더 지지하고, 40대 중반은 과도기임을 증명이라도 하듯 지지율이 비슷하게 나왔다. 20대와

30대에서 야당 후보가 압도적으로 높은 지지율이 나왔고, 50대와 60대, 70대 이상에서 여당 후보가 압도적으로 높은 지지율이 나온 것에 비춰보면 40대가 그 중간에서 분기점이 되는 것이다. 즉 한국의 선거에서의 세대 간 지지성향의 차이는 분명히 존재하고 그 중간지점이자 변곡점이 40대다.

그런데 40대 중에서도 2012년 대선 당시 영포티라 할 수 있는 40대 초반은 2030대와 지지성향이 비슷했고, 이는 이들이 30대 중후반이었던 2007년 대선에서의 지지성향, 그리고 그들이 30대 초반이던 2002년 대선에서의 지지성향과도 맥을 같이하고 있다. 그리고 이들은 40대 중후반이 된 2017년 조기 대선에서도 같은 지지성향을 유지했다. 결국 영포티는 2030대 시절의 정치성향을 40대가 되어서도 유지한 첫 번째 세대다. 이들이 50대가 되었을 때 어떤 변화가 생길지는 두고 봐야겠지만, 과거 50대와 같진 않을 것이다.

일단 안정과 보수의 관점으로 세상을 바라보기 시작하면 다시 진보와 변화의 관점으로 되돌아오기 어렵다는 것도 통설이다. 20대는 변화에 매우 민감하고 관대하다. 가진 것도 없고 이룬 것도 없는 20대로선 합리적인 변화를 거스를 이유가 전혀 없다. 하지만 40대는 다르다. 기득권이 많은 사람들일수록 변화에 대해 계산기를 두들길 수밖에 없다. 세상 모두에게 이익이 되더라도 막상 자기 자신에게 손해가 되는 변화라면 과감히 지지할 수 없다. 오히려 그 변화를 막기 위해 애를 쓰기 십상이다.

기득권이 있는 기성세대가 보수적인 관점을 가지는 이유는 그 변화가 자신에게 미칠 손해를 두려워하고 경계하기 때문이다. 이런 사람들은 익숙한 과거의 관성이 그대로 이어지기를 바란다. 이미 적응했고 대응능력까지 갖춘 환경에서는 자신의 기득권을 어떻게 유지하고 쌓아가야 하는지 알고 있기 때문이다. 그들이 그러한 환경이 깨지는 것을 경계하는 것은 당연한 일이다. 공공의 이익이 뻔히 보이고, 상식적으로 생각해도 변화를 받아들이는 것이 당연한데 왜 반대하는지 이해하지 못하겠다는 이들도 있는데, 사실 그들도 몰라서 그러는 게 아니다. 그들은 단지 자신의 이익에 좀 더 집중하는 것이다.

 물론 자신에게 이익이 되지 않는데도 보수적인 정치세력에게 표를 주는 기성세대도 많다. 그들은 변화를 통해서 설령 자신들이 더 이익을 보더라도, 변화 자체가 두려워 현재 상태를 그대로 유지하는 것이다. 한번 굳어진 관점과 태도를 바꾸기란 이래서 어렵다.

 정치는 편을 만드는 게임이다. 최대한 빨리 안정지향적인 보수 관점으로 넘어오게 하느냐, 최대한 늦게 넘어가게 하느냐가 서로 다른 정치세력 간의 표심에서 엇갈린 결과를 만들어낸다. 40대의 변신, 즉 영포티의 등장으로 40대 전체가 바뀌고, 이것이 50대에게까지 영향을 끼친다고 생각해보자. 정치권에선 희비가 엇갈릴 수밖에 없다. 영포티가 어떤 정치적 영향력을 발휘하느냐에 따라 한국정치의 흐름에 영향을 줄 수 있는 것이다. 가장 많은 수를 가진 유권자 그룹이기에 이들이 자신의 정치적 성향을 드러내는 것만으로도 정치권은 이들의 요구에 대응하고, 이들의 관점에 맞는 정책을 세울 수밖에 없는 것이다. 소비세력으로서의 영포티 외에 정치세력으로서의 영포티의 역할도 그만큼 중요해진 셈이다.

소비자로서의 영포티는 정말 큰손인가

08.

2018년 기준 40대는 848만 명으로 전체 인구 5182만 명 중 16%, 50대는 861만 명으로 17%다. 인구수는 50대가 조금 더 많지만 소비세력으로서의 영향력은 40대가 더 크다. 40대 중 남성이 433만 명, 여성이 417만 명이고, 남성 93.9%, 여성 67.4%가 경제활동에 종사한다. 40대 남자의 월 평균 소득은 383만 원이고, 여자는 월 평균 236만 원이다. 가령 40대 부부가 맞벌이를 한다고 치면 619만 원을 버는 셈인데, 이는 연 7428만 원이다. 통계청의 '2018년 가계금융·복지조사'에서 제시한 40대 가구의 평균 가구소득 7107만 원과도 비슷하다. 물론 모든 40대 가구의 소득이 이렇진 않지만, 영포티 중에서는 가구소득이 평균 이상인 경우가 많다. 영포티가 되는 데 경제력은 분명히 중요한 요소다. 밀레니얼 세대가 미래를 주도할 소비세력이라면, X세대는 현재 가장 왕성한 소비세력이다. 그중에서도 영포티의 소비력은 특별하다. 밀레니얼 세대가 가진 소비 특성과 비슷하면서도, 밀레니얼 세대보다 뛰어난 경제력과 구매력을 가졌기 때문이다.

영포티는 밀레니얼 세대의 롤모델이 될 수 있다. 아울러 X세대 중에서도 영포티는 트렌드를 주도하는 리딩 그룹이다. 경제활동 인구 중 40대가 소득이 가장 높다. 50대가 되면 퇴직도 많이 하고, 소득이 정체되거나 줄어들기 시작하는 데 반해 40대는 경제력에서 가장 전성기다. 과거에도 40대는 소득이 가장 많아지는 시기였다. 그런데 과거의 40대는 그 돈을 내 집 마련과 저축, 그리고 자식 교육비로 다 썼다. 그들은 정작 자기 자신에게는 인색했지만 영포티는 다르다. 소득이 많은

40대가 자기 자신을 위해서도 돈을 쓴다고 생각해보라. 기업들은 이들이 무엇을 좋아하고, 어디에 어떻게 쓰느냐를 중요하게 여길 수밖에 없다.

왜 40대 남자는 패션과 뷰티에 적극 투자하는가?

결론적으로 말하자면, 아저씨로 불리기 싫어서다. 영포티는 오빠라고 불리기 위해 외모 관리에 적극적이다. 과거의 40대와 달리 지금의 40대가 패션과 뷰티에 눈을 뜨면서 40대 남성은 백화점에서 중요하게 여기는 소비의 큰손이 되었다. 2015년 현대백화점의 40대 남성고객 매출 비중은 전체의 9.0%였는데, 2016년 12.5%, 2017년 13.8%, 2018년(1~6

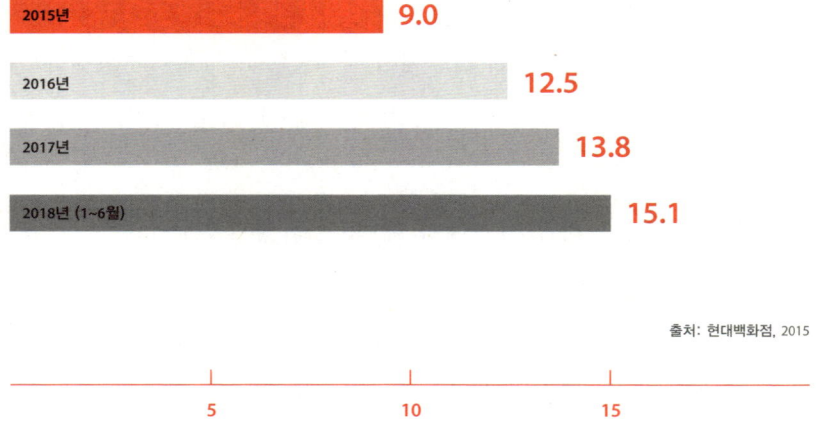

표 14. 40대 남성 고객 매출 비중   단위: %

출처: 현대백화점, 2015

월) 15.1%로 지속적 증가세다. 신세계백화점의 경우에는 40대 남성고객의 매출이 2018년 상반기에 2017년 상반기 대비 명품은 19.2%, 남성 패션은 7.9%, 남성 전문관은 20.3%가 증가했다. 이렇다 보니 백화점마다 영포티를 주요 타깃으로 남성 전문관에 적극 투자하고 있다. 패션뿐 아니라 화장품 매장, 향수 매장에서도 영포티 고객이 급증했다. 영포티는 자외선 차단제는 기본이고, BB크림, 기능성 화장품도 선호한다. 피부관리샵과 피부과에도 영포티들의 발길이 이어진다. 파마하고 염색하는 40대도 늘어나고 있다. 헬스&뷰티 매장인 올리브영에 따르면 옆구리나 뱃살을 보정해주는 보정속옷이 40대 남성들에게 잘 팔린다고 하는데, 2018년 1~6월 매출이 2017년 7~12월 매출보다 320% 높았다. 영포티가 운동으로 뱃살을 빼는 등 몸매를 관리하는 게 필수가 되다 보니 보정속옷까지 찾게 된 셈이다. 왜 이렇게까지 피부, 몸매, 패션에 신경 쓰는 40대가 늘어난 걸까?

외모가 경쟁력이라는 인식이 커서다. 한국사회는 전 세계에서 외모지상주의가 가장 심한 나라다. 기성세대, 특히 남성중심 사회가 만들어놓은 문화다. 외모 차별은 주로 여성이 많이 겪었다. 그런데 이젠 남녀 모두 겪는다. 과거에 중년은 멋 부리는 것과 거리를 둬도 사는 데 지장이 전혀 없었다. 하지만 이젠 불이익을 겪는 것이다. 구조조정이 전방위로 이뤄지면서 40대는 더 이상 퇴직과 무관한 나이가 아니다. 외모에 투자해서 젊어 보이려는 것은 좀 더 오래 일하고 싶은 의지이기도 하다. 나이 들어 보인다는 말이 곧 구조조정될 퇴물이라는 말로 들리기도 하기 때문이다. 영포티가 아닌 그냥 40대들조차도 염색이나 파마는 기본적으로 하는 시대다. 결과적으로 생존의 문제가 패션과 뷰티를 더 중요시하게 만든 한 가지 요인이다.

스스로가 젊다는 인식이 커진 것도 중요한 이유다. 과거의 40대는 말 그대로 중년이고 아저씨였지만, 지금 40대는 겨우 평균 나이밖에 안 되는 시기다. 이제 겨우 꺾어진 나이인데 벌써부터 나이 든 중년 티를 낼 필요가 없다고 여기는 것이다. 평균수명이 늘어나면서 80대 중반까지 살다 보니 40대는 겨우 중간밖에 안 되고, 아직 살날이 40년이나 더 남았다. 저녁이 있는 삶을 원하고, 현재의 행복을 중요하게 생각하면서 좀 더 젊고 활기차게 살고자 한다. 자아 존중감도 커졌다. 점점 집단주의적 문화에서 개인주의적 문화로 이동하는 시대다. 남들의 시선이 아니라 자기 스스로 느끼는 게 더 중요하고, 자신을 위한 삶에 대한 욕구도 커졌다. 밀레니얼 세대뿐 아니라 영포티도 욜로를 꿈꾸는 이유다. 자식을 위한 삶이 아닌 자신을 위한 삶을 살고 싶어 하는 영포티가 자신을 꾸미는 데 돈을 쓰고 그 속에서 즐거움을 찾는 것은 당연하다. 일 잘하고, 잘 놀고, 잘 꾸미는 걸 지향하는 세대가 바로 영포티다.

수입자동차 시장이 가장 좋아하는 소비자는 누구일까?

2018년 12월 출시한 폭스바겐의 아테온은 마케팅에서 영포티를 적극 내세웠다. 영포티를 주요 마케팅 타깃으로 삼은 것이다. 과거 중년과 달리 영포티들은 수입차 구매에 관심이 많고, 트렌드에 민감하고, 디자인을 중요하게 생각하는 등 자신에 대한 투자에 적극적이다. 이런 영포티가 선택한 자동차라는 마케팅 메시지로 다른 40대들을 유혹하려는 의도다. 물론 폭스바겐뿐 아니라 모든 수입차 브랜드가 중요하게 겨냥하는 고객이 바로 영포티다. 아테온의 기사를 검색해보면 영포티의 마음을 사로잡았다는 식의 이야기를 꼭 집어넣는다. 그런데 영포티들이 이 차를 구입하는 이유는 이 차를 유난히 좋아해서라기보다 아테온이 폭스바겐의 플래그십 세단이기 때문이기도 하다. 수입차 시장에서 40대 고객이 많은 이유는 40대의 인구수가 많아서이기도 하지만, 상대적으로 높은 자동차 가격을 감당할 수 있기 때문이다. 판매 대수 기준으로는 30대가 더 많은 차를 사지만 엔트리급을 주로 산다. 중형급을 더 많이 사는 40대가 수익성으로 볼 때 좀 더 주요 고객인 셈이다. 2018년 수입차 1위 차종은 벤츠 E클래스다. 단일 차종으로 3만 5539대가 팔려 전체 수입차 중 13.5%라는 압도적 비중을 차지한다. 2위 차종은 BMW 5 시리즈로 2만 3498대다. 이런 결과에 영포티가 일등공신이라 해도 과언이 아니다. 한국수입자동차협회에 따르면, 2018년 개인이 구매한 수입자동차(승용) 총 16만 6271대 중 5만 1153대를 40대가 구매했다. 40대가 전체에서 차지하는 비중은 2016년 29.4%, 2017년 30.2%, 2018년 30.7%으로 계속 커지고 있다. 수입차 시장에서 영포티는 중요할 수밖에 없다.

    수입차만이 아니다. 요즘 자동차 시장의 효자는 SUV다. 현대자동차가 2018년 12월 출시한 대형 SUV 팰리세이드를 마케팅할 때도 가족과 함께 여행 가고 캠핑 가는 40대를 중요하게 겨냥했다. 출시 후 3개월간 누적 계약대수 5만 5000대의 소비자 분석을 한 결과, 40대 후반이 17.8%, 40대 초반이 16.7%였고, 30대 후반도 16.4%였다. 40대가 전체의 34.5%였고, 30대 후반에서 40대 후반까지가 계약자의 절반을 차지했다. 확실히 영포티의 지지를 받은 셈이다. 모하비의 구매층이 50대가 33.7%, 렉스턴도 50대가 39.1%인 것을 감안하면 확실히 팰리세이드는 40대가 중심이다. 아울러 40대 소비자 중 남성 비율이 83.7%였는데, 스테디셀러 SUV 싼타페의 남성 소비자 비율이 80.5%, 베라크루즈가 79.1%인 걸 감안하면 팰리세이드를 40대 아빠들로 겨냥한 전략이 잘 들어맞은 셈이다. 연간 2만 5000대를 판매 목표로 세웠는데, 출시 3개월 만에 누적판매량은 1만 4000여 대, 누적 계약대수는 5만 5000대를 돌파하며 기대 이상의 성과를 거두었다.

이런 SUV 흥행의 일등공신이 40대다. 2010년대 들어 한국에서 영포티의 주도로 캠핑 열풍이 불기 시작했고, 그런 다음 40대 전체로 확산되었다. 캠핑 열풍은 자연 속에서 살아보고자 하는 자연친화적 욕망뿐 아니라, 가족과 함께 어울리는 친구 같은 아빠 신드롬이 만들어낸 결과로도 볼 수 있다. 과거에는 펜션과 리조트 중심으로 가족여행을 갔다면, 이제 SUV에 텐트를 싣고 캠핑장으로 간다. 경제력을 갖춘 40대가 자녀들과 어떤 주말을 보내고, 어떤 관계를 가질 것인지를 과거 40대에게서 물려받지 않은 것이다. 권위적인 가장으로서의 40대가 아니라 친구 같고 가족과 함께 어울리는 40대로의 변신에 영포티가 나선 것이고, 그런 영향으로 캠핑이 중요한 트렌드로 부상했다. 실제로 한국의 캠핑문화는 가족 단위의 캠퍼들이 유독 많다는 특징이 있다. 캠핑뿐 아니라 여러 형태의 가족여행이 늘어나고, 요리하는 아빠가 늘어난 것도 다 영포티의 선택이었다. SUV는 가족과 할 것이 많은 40대에겐 가장 합리적인 선택지다. 자녀가 있는 40대가 가장 선호하는 것이 SUV가 된 것은 우연이 아니다.

한국자동차산업협회에 따르면 2018년 국내 주요 5개 자동차 업체가 제조한 SUV는 총 51만 9886대로 전체 판매 자동차 중 40.1%였는데, 역대 최초로 연간 판매량 50만 대를 돌파하고 점유율 40%에 진입했다. 2012년에는 연간 SUV 판매량이 25만 대 수준이었는데, 6년 새 2배 이상 증가한 것이다. 반면 2010년에 전체 판매 자동차 중 77.4%를 차지했던 세단은 2018년 53.5%까지 떨어졌다. 심지어 수입차 시장에서도 SUV의 점유율이 2016년 29.7%, 2017년 30.2%, 2018년 32.0%로 계속 증가세다. 확실히 뜨는 SUV, 지는 세단이라는 말이 실감난다.

영포티는 왜 요리도 잘하고 가정적일까?

신기하게도 영포티 중에선 요리 잘하는 남자도 많고, 가사분담과 육아분담, 육아휴직에도 더 적극적이다. 40대가 외모만 젊은 척하는 게 아니라 진짜 사고방식이 젊어졌다. X세대가 30대 초중반이던 2004년 주 5일 근무제가 시작되었다. 이에 따라 여가와 레저, 여행에 대한 수요가 증가했고, 캠핑과 해외여행이 열풍처럼 번졌다. 이후 저녁이 있는 삶과 워라밸이 화두가 되기 시작했고, 결국 X세대가 40대 전체를 장악한 2018년에는 주 52시간 근무제가 시작되면서 더욱 중요한 기점을 맞았다. X세대가 가정에서의 태도, 직장에서의 태도가 과거세대와 다를 수 있는 배경이다. 월화수목금금금 하던 세대와는 확연히 다르다.

X세대가 친구 같은 부모나 가정적인 부모와 살았던 것도 아니다. 다만 그들은 부모 세대와 선배 세대를 보면서, 가족과 함께 어울리는 삶이 필요하다는 것을 더 각성했다. 과거세대는 바쁘다는 핑계로 가족과의 관계에 소홀한 경우가 많았고, 특히 아버지와는 서먹한 사이가 되기 일쑤였다. X세대 중 자신의 아버지와 30초 이상 전화 통화하는 사람은 드물다. 반면 영포티 중에서는 자기 자식과 길게 수다 떨며 통화하는 사람이 많다. 자신은 못 누렸지만 자식들은 누리게 해주겠다는 것이 영포티가 변신한 이유다. 사실 대단한 걸 하겠다는 게 아니다. 가족이 함께 저녁 먹고, 함께 대화하고, 함께 여행 갈 수 있는 것만으로 충분하다. 하지만 과거세대에는 그것조차도 어려웠다. 그래서 영포티의 변신이 더 돋보이는 것이다.

친구 같은 부모가 된다는 것은, 부부 사이도 훨씬 동등하다는 것을 의미한다. 더 이상 남자는 하늘이고 가장이자 집안의 권위를 독차지한다는 관성을 받아들이지 않는다. 부부 모두 공동의 가장이다. 이런 문화에서는 자녀들과의 관계도 좀 더 수평화되고 친밀해지기 쉽다. 적어도 말이 통하는 사이, 일상적으로 의견을 주고받는 사이가 되는 것이다. 이렇게 되는 데 시간과 돈을 쓰는 게 바로 영포티다. 과거세대가 동료와 회식하고, 인맥 쌓겠다며 지연, 학연 챙기며 쓴 시간과 돈을 이제 영포티는 가족을 위해 쓰는 것이다.

요리에 관심 갖는 영포티 남자가 늘어나는 이유는 요리 자체에 대한 탐닉이 아니라 요리를 통해 가족과의 관계를 돈독히 한다는 것으로 이해해야 한다. 영포티 남자가 할 수 있는 요리에서 된장찌개, 김치찌개, 미역국, 떡볶이, 김밥은 필수다. 배우자의 생일에 미역국은 끓일 수 있어야 하고, 한국인의 힐링푸드라 할 된장찌개나 김치찌개는 기본 중의 기본이고, 자녀들 간식으로 떡볶이와 김밥 정도는 만들 수 있어야 한다. 사실 이 다섯 가지는 가장 가성비 높고 활용도 높은 요리다. 이것만 배워놔도 센스 있는 남편, 멋진 아빠 소리 듣기 좋다. 그런데 이 정도를 마스터하고 나면 누가 시키지 않아도 자꾸 더 요리를 하게 된다.

영포티 중 요리하는 남자가 늘었지만, 그렇다고 모든 요리를 집에서 해 먹는 것은 아니다. 주방 일에 쏟는 시간을 줄여서 여가생활에 더 시간을 쓴다. 외식도 많이 하고, 특히 가정간편식을 적극 활용한다. 이렇게 커진 가정간편식 시장에 식품기업들은 다들 사활을 걸었다. 기존 식품회사뿐 아니라, 한국야쿠르트 같은 회사도 가정간편식에 진출했을 정도다. 요리에 대한 관심이 커질수록 재료에 대한 이해도 높아진다. 내가 먹을 것이면서 동시에 가족이 먹을 것이기 때문이다. 유기농 식재료를 선호하고, 달걀이나 고기를 먹을 때도 동물복지 인증을 따지기 시작한 것도 영포티들이다. 대형마트에 동물복지 인증을 받은 식재료가 점점 늘어나고 있다. 요리와 음식을 대하는 태도의 변화는 라이프스타일 전반의 소비에도 영향을 끼칠 수밖에 없다.

집안 꾸미기에 투자하는 것도 같은 이유다. 좀 더 안전하고 쾌적한 공간을 원하고, 더 멋진 소품들도 원한다. 가정적이라는 것은 가족이 사는 공간에 투자하고, 가족이 먹는 음식에 투자하고, 가족이 입는 옷에 투자하고, 가족과 가는 여행에도 투자한다는 의미다. 식구를 같이 밥 먹는 사람이라고 했지만, 과거의 식구는 정말 밥 먹는 것 빼곤 같이 하는 게 없었다. 영포티에게 식구는 훨씬 더 많은 것을 함께하는 사이이고, 더 많은 돈을 기꺼이 쓰게 하는 사람들이다.

출판, 공연, 여행 시장에서 영포티는 어떤 존재인가?

신한카드 빅데이터연구소에 따르면, 2018년(1~6월) 개인이 체크카드와 신용카드를 사용한 횟수를 기준으로 전 연령대 중 서점을 가장 많이 이용한 세대는 40대로 전체의 31%다. 다음은 20대가 29.4%, 30대가 22.1% 순이다. 성별과 연령을 함께 볼 경우, 40대 여성이 18.1%로 가장 높고, 그다음이 20대 여성 16.5%, 40대 남성 12.9%, 30대 여성과 20대 남성이 각 12.8%, 30대 남성이 9.3% 순이다. 분명히 40대가 가장 많다.

하지만 출판시장에서는 2030대가 가장 중요한 소비 타깃이다. 최근 들어 특히 2030대 여성들을 더 중요하게 보고 있고, 그들이 좋아할 주제의 책들이 상대적으로 더 잘 팔린다. 에세이와 페미니즘 서적들이 흥행한 것에도 이런 배경이 있다. 10년 단위 연령대 중에서는 분명히 40

대 독자가 많지만, 아이러니하게도 출판계의 편집자들은 40세를 정년이라고 할 정도다. 2015년 언론노조 서울경기지역 출판지부의 조사(편집자 500명 대상)에 따르면, 20대가 35.3%, 30대가 58.3%, 40대 이상이 6.4%였다. 영포티 편집자가 영포티 독자를 공략해야 할 텐데, 그것이 안 되고 있기도 하다. 방송계와 영화계에서는 영포티 PD와 작가, 기획자들이 주도권을 갖고 40대는 물론이고 2030대와 50대까지 공략하고 있는 것과는 다소 차이가 있는 셈이다.

뮤지컬, 오페라를 비롯해 가수들 콘서트 등 공연시장에서 가장 큰 손은 2030대 여성들이다. 하지만 영포티의 약진도 주목해야 한다. 한국에서의 팬덤문화는 1990년대부터 시작되었다. 당시 10대 청소년과 20대 대학생들이 지금 3040대가 되었다. 해체되었거나 활동을 중단했던 1990년대 가수들이 복귀해 공연을 하는 데에는 이들 팬들의 역할이 크다. 팬들이 과거의 오빠들을 부활시킨 셈이다. 페스티벌이나 힙합 공연에 가도 영포티들이 눈에 띈다. 물론 자녀를 데리고 공연에 가는 영포티는 자신이 청소년이었을 때 부모님과 공연장에 가보지 못했다. 하지만 그들은 자식에게 그 기회를 주고 있다. 주류는 2030대이지만, 과거에는 오지 않았던 40대가 공연을 찾는다는 것은 주목할 일이다.

2018년 3월 예술경영지원센터와 BC카드가 발표한 '공연 소비 트렌드 분석' 결과에 따르면, 40대는 소득에 비례해 공연 소비자 수도 증가했다. 40대 중 소득 상위 20%(1~2분위)가 전체 공연 소비자의 49%를 차지했다. 사실 어떤 연령이라도 소득이 높으면 공연 소비를 더 하게 된다. 40대 중에서도 소득이 높은 상위그룹에는 상대적으로 영포티가 많다. 결국 영포티들의 공연 소비 여력이 상대적으로 높다는 의미다. 공연시장뿐 아니라 극장에서도 40대의 위상은 높아졌다. 2018년(1~7월) 롯데시네마의 관객 중 40대가 30%로, 10대 23%, 20대 27%보다 높았다. 과거에는 문화예술 소비에서 2030대가 주도하고 40대 이상은 소외되었다면, 이제 40대도 주도세력에 합류하고 있다.

제주 한 달 살기 열풍을 주도한 것은 어린 자녀를 둔 영포티 엄마들이었다. 여행을 관광 위주가 아닌 경험 및 체험 위주로 선택하고, 한 달이라는 긴 기간을 현지인처럼 살아보겠다는 것이 한 달 살기의 목적인데, 과거세대에는 존재하지 않았던 여행문화다. 1988년 올림픽 이후 해외여행 자유화가 이루어면서 X세대는 1990년대 해외 배낭여행 1세대인 동시에 어학연수를 떠난 1세대다. 본격적으로 해외여행과 어학연수에 나선 이들은 그 후로도 계속 다양한 해외 경험을 쌓았다. 해외여행에 익숙한 세대로서 유럽은 물론이고 북미, 남미까지 섭렵했고, 아프리카 여행에도 관심이 많다. 경제력이 높아진 40대가 되면서 더 자주 해외로 나간다. 하나투어에 따르면, 자유여행은 4050대가 2016년 대비 2017년에 71.3% 증가했고, 패키지 여행은 2016년 대비 2017년에 11.8% 증가했다. 가족들과는 기본이고, 영포티 사이에서는 친구들과 해외여행을 가는 것도 익숙하다. 특히 영포티 중에서도 여성들이 출장이 아닌 순수 해외여행을 더 즐긴다. 2017년 하나투어의 해외여행 고객 중 40대 여성이 61%, 남성이 39%였다.

영포티는 왜 특별한 소비자인가?

영포티는 모바일에서도 새로운 큰손이고, 싱글 시장에서도 중요한 존재다. 심지어 4050대에게 미치는 영향력도 크고, 2030대에게도 영향력을 미친다. 그들은 자신의 소비력 이상으로 중요한 소비자인 셈이다.

온라인 쇼핑에서 모바일의 비중은 점점 높아지고 있다. 이마트가 운영하는 이마트몰의 경우, 모바일 쇼핑 매출의 비중이 2013년 8.5%, 2014년 24.6%, 2015년 44%, 2016년 56%, 2017년 63.8%, 2018년 73.9%로 매년 급증세다. 그런데 여기서 일등공신으로 꼽히는 소비자가 바로 40대다. 2018년 기준 전체 매출에서 40대가 차지하는 비중이 38.1%다. 2016년 35%에서 3.1%p 증가했다. 반면 모바일 쇼핑에서 가장 큰손인 30대는 2016년 42.8%에서 2018년 42.4%로 0.4%p 감소했고, 20대는 2016년 8.4%에서 2018년 7%로 1.4%p 감소했다. 모바일 쇼핑은 계속 성장한다. 각 연령대에서 소비도 더 늘어난다. 그런데 이 중에서 40대의 소비 증가세가 유독 크다 보니 30대와 20대의 비중이 줄어드는 셈이다.

203040은 스마트폰 보급률이 100%에 가깝다. 특히 40대는 PC통신에서 시작해 이미 1990년대에 인터넷 세대였다. 모바일을 비롯한 디지털 기술 소비에서도 2030대에 비해 뒤지지 않는다. 그중에서도 영포티는 더더욱 그렇다. X세대의 자녀가 Z세대다. 부모 세대가 자녀 세대와 디지털 격차가 생기면 대화가 안 된다. 디지털 네이티브인 그들과 한집에 사는 영포티로선 디지털 콘텐츠 소비와 디지털 기반의 쇼핑

표 15. 모바일 쇼핑의 매출 변화

단위: %

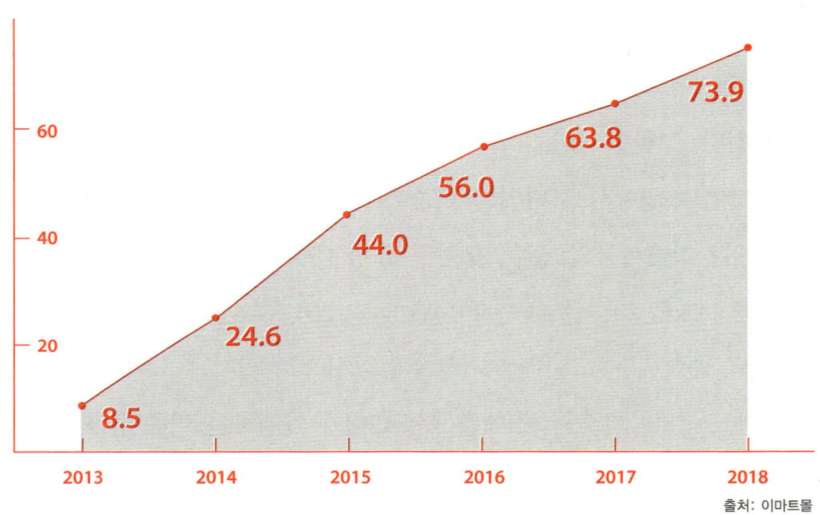

출처: 이마트몰

표 16. 연령대별 매출 비중

단위: %

출처: 이마트몰

에 익숙할 수밖에 없다. 넷플릭스와 유튜브에서도 40대 이용자는 계속 증가세다. 영포티의 소비가 4050대의 소비보다는 2030대의 소비에 오히려 가깝다고도 볼 수 있다.

영포티 중에서도 싱글 영포티를 주목해야 한다. 골드미스나 골드미스터는 소득과 구매력이 높은 싱글이다. 과거라면 노처녀, 노총각이라 불렸을 나이다. 싱글은 2030대라고만 생각하면 오산이다. 실제로도 2030대 1인 가구 숫자와 4050대 1인 가구 숫자는 큰 차이가 없다. 4050대는 이혼하고 다시 돌아온 싱글이 많은 나이이기도 하다. 아울러 비혼인 40대가 의외로 많다. 과거에는 40대가 되어서도 결혼하지 않으면 능력이 없어서 못 했겠거니 여겼다. 하지만 이젠 그렇지 않다. 가장 마지막까지 남는 싱글은 두 부류다. 능력이 아주 좋은 그룹과 능력이 아주 없는 그룹이다. 트렌드세터 중에는 경제력, 구매력, 심지어 영향력까지 뛰어난 싱글 영포티들이 많다. 그렇기 때문에 싱글 영포티는 가장 강력한 소비세력이다. 결혼한 영포티에 비해 자신에 대한 투자와 소비 여력이 훨씬 더 높고, 패션과 뷰티에서도 더 신경 쓴다. 공연이나 취미, 여행 등에서도 큰손일 수밖에 없다. 기업들이 영포티를 공략한다는데, 엄밀히 영포티 중에서도 싱글 영포티를 비중 있게 고려하는 것이 필요하다.

X세대를 일컬어 좀 놀아본 오빠(언니)라고도 부른다. 1990년대 20대 신세대로서 다양한 문화를 접하며 놀아봤다. 그들이 나이는 먹었지만 여전히 젊다. 새로운 기술, 새로운 문화, 새로운 산업에 적응하고 받아

들이기가 어렵지 않은 사람들이다. 50대 이상이 변화에 대한 두려움이 있는 것과 달리, 적어도 40대 중에서도 영포티만큼은 새로운 것에 대한 두려움이 적다. 이런 태도로 말미암아 이들은 트렌드에 민감한 세대가 되었고, 여전히 경제·사회·문화적 주도권을 유지할 수 있었다. 2030대의 시각에서 5060대가 좀 구시대적인 사람으로 보인다면, 40대, 그중에서도 영포티는 다르다. 밀레니얼 세대와도 충분히 교감하고 어울릴 수 있는 사람들이다. 아울러 영포티는 40대 모두에게 영향을 끼친다. 그리고 이러한 영향력은 50대에게도 미친다. 영포티가 곧 나이를 먹으며 영피프티로도 진화할 것인 데다, 기존의 50대들이 좀 더 멋지게 사는 영포티들을 보면서 부러워하기도 한다. 결국 영포티는 4050대, X세대와 386세대의 라이프스타일과 소비에서 직접적 영향을 미치는 킹핀이자 트렌드세터인 셈이다.

대한민국 세대분석 보고서

왜
베이비붐 세대는
뉴식스티가
되어야 하나

09.

한국의 베이비붐 세대는 1955년에서 1964년 사이에 태어난 약 900만 명 정도를 일컫는다. 한국전쟁 후 출생율이 가장 높던 시기였다. 이들은 경제성장기이면서 동시에 군사독재 시기였던 1970~1980년대를 2030대로 보냈다. 한국경제가 급성장하는 시기에 경제성장의 주역으로 왕성하게 활동했고, 스스로도 그 자부심이 있다. 다만 민주화투쟁에 적극 나선 386세대들에게 마음의 빚이 있다는 베이비붐 세대들도 있다. 가장 오랫동안 일을 하고, 가장 많은 돈을 번 세대다.

베이비붐 세대는 평생직장을 누린 마지막 세대이기도 하다. 가족보다는 회사에 더 충성하던 세대다. IMF 구제금융 위기를 맞아 타격을 입은 세대이기도 하고, 1990~2000년대 부동산 호황기를 누린 세대이기도 하다. 그들이 나이를 먹으면서 지금 50대 중반에서 60대 중반이 되었고, 태어났던 숫자에서 꽤 많이 줄어서 지금은 780만 명 정도가 남았다. 일부는 퇴직을 했고 앞으로 몇 년간 이들의 퇴직 행렬이 이어질 것이다.

통계청에 따르면 2019년 만 60세가 되는 1959년생은 84만 9000명에 달한다. 만 60세 도달하는 인구가 80만 명을 넘어서는 것은 처음이다. 2020년에 은퇴하는 1960년생은 92만 명, 2021년에 은퇴하는 1961년생은 91만 2000명, 2022년에 은퇴하는 1962년생은 87만 9000명, 2023년에 은퇴하는 1963년생은 79만 2000명이다. 2024년에 은퇴하는 1964년생은 83만 2000명이다. 매년 80만~90만 명이 은퇴 연령에 진입하게 되는데, 이들이 다 베이비부머 세대다.

그들은 역사상 가장 활동적이고 소비욕망이 충만한 60대가 되었다. 그들에게 60대는 더 이상 노년이 아닌 중년일 뿐이다. 은퇴를 했지만 그들은 인생의 마무리라는 인식보다는 새로운 시작이라는 인식이 더 강하다. 통계청에 따르면, 1970년 기준 기대수명은 61.9세였다. 그때만 해도 정년퇴직은 곧 인생의 마무리였다. 55세에 정년퇴직하면 7년의 노후를 보내고 죽었다. 1988년 기준 기대수명은 70.3세였다. 이때도 55~60세에 퇴직하고 나면 남은 시간은 고작 10~15년이었다. 하지만 기대수명이 80대 중반을 넘은 지금은 60세에 퇴직하면 25~30년 정도의 시간이 주어진다. 이 기간 동안 먹고살 만큼 충분한 돈을 벌어둔 것도 아니다. 그렇다고 연금이 충분히 있는 것도 아니다.

정년퇴직을 하고도 이들은 경제활동을 해야 한다. 자식이 부양해줄 것이라는 기대도 하지 않는다. 그들의 자녀 세대가 밀레니얼 세대다. 물론 베이비붐 세대는 자신의 부모를 부양했다. 한집에서 모시며 직접적 부양을 못한 경우 생활비와 병원비 등 경제적 책임을 지는 것을 당연하게 여겼다. 그리고 이들은 자녀들에게도 아낌없이 줬다. 자식을 대학 보내고 결혼시키는 데 들어가는 비용을 자신이 감당하는 것을 당연하게 여겼다. 지금 베이비붐 세대는 줄 건 다 줬지만 받지는 못하는 첫 번째 세대다. 베이비붐 세대는 과거 기성세대와는 다른 퇴직 이후의 삶인 노년을 보낸다. 이들은 새로운 노년문화를 만들어갈 사람들이다. 노년이라 인식하지 않는 첫 번째 60대가 바로 그들이기 때문이다. 뉴식스티를 본격적으로 받아들이는 세대가 바로 베이비붐 세대다.

정말 베이비붐 세대는 다 꼰대고 지는 해일까?

베이비붐 세대 중에는 꼰대도 많고, 지는 해도 많다. 하지만 다 그런 것은 아니다. 밀레니얼 세대만 뜨는 해이고 그들만 대단하고 멋진 게 아니다. 베이비붐 세대 중에서도 과거에 머물러 있지 않고 시대적 변화에 맞게 진화한 사람들이 있다. 그들은 중요한 소비세력이기도 하고, 사회적으로도 중요한 어른 역할을 한다. 그들이 바로 뉴식스티 New Sixty 다. 영포티와 마찬가지로 뉴식스티도 필자가 만든 용어인데, 뉴식스티는 2016년 11월에 출간한 『라이프 트렌드 2017 : 적당한 불편』을 통해 처음 소개했다.

60대라는 나이가 과거에는 노년에 가까웠다면, 평균수명 80대 중반이 넘고 노령화가 심화된 지금 시대에는 노년보다는 중년에 가깝다. 당연히 60대에 대한 새로운 정의가 필요해졌고, 과거의 60대와 구분할 필요가 있었다. 지금 60대는 인생의 끝, 은퇴, 황혼이 아니라 새로운 인생의 시작, 도전, 변신의 시기다. 60대를 바라보는 선입견을 과감히 버려야 소비세력으로 급부상한 그들의 실체를 볼 수 있다. 모든 베이비붐 세대가 뉴식스티가 된 것은 아니지만, 점점 뉴식스티가 되기 위해 변신하는 베이비붐 세대는 증가할 수밖에 없다. 변하지 않으면 도태되는 시대이기 때문이고, 더 이상 과거의 60대와 같은 삶을 살아가기 어려워졌기 때문이기도 하다.

2018년 7월 한국갤럽이 성인의 스마트폰 사용률을 조사한 결과를 보면, 60대 이상이 2012년 상반기 10% 초반에서 2013년 7월 30%,

2016년 1월 60%, 2016년 10월 70%, 2017년 1월 76%, 2018년 7월 77% 였다. 60대 이상이니 60대로만 좁히면 사용률은 더 높아질 것이다(2017년 한국정보화진흥원의 인터넷 이용 실태조사에서 60대 스마트폰 이용율이 81.2%였고, 70세 이상은 31.2%였다). 50대 사용률은 96%다. 베이비붐 세대인 5060대의 스마트폰 사용률도 90%를 상회하는 수준이다. 노인세대와 달리 이들은 모바일 격차, 디지털 격차를 별로 겪지 않음을 알 수 있다. 물론 생활수준이 낮은 경우 스마트폰 사용률도 낮았다. 60세 이상에서 특히 이런 경향이 두드러졌는데, 경제력 없는 노인세대가 치명적 디지털 격차를 가진다는 의미이기도 하다.

   실제로 스마트폰을 사용하지 않거나, 디지털 디바이스에 익숙하지 않은 노인들은 맥도날드에서 주문도 못 한다. 은행업무도 모바일뱅킹, 인터넷뱅킹을 이용하지 못하다 보니 은행영업소를 찾아가야 하는데, 은행들은 점차 오프라인 영업소를 축소하는 추세다. 노인층의 금융소외가 생길 수밖에 없다. 이런 소외나 격차는 점점 더 심해질 것이다. 사회적 변화에 맞게 적응하고 진화하지 못하면 불편이나 차별이 심각해진다. 정부가 이 문제를 해소하려고 노력은 하겠지만, 적어도 베이비붐 세대는 이런 상황 자체에 빠지지 않도록 변화에 계속 적응해나가야 한다. 베이비붐 세대가 뉴식스티가 되어야 할 이유가 바로 이것이기도 하다. 진화하지 못하는 자는 도태된다. 결국 베이비붐 세대에겐 뉴식스티로의 진화를 받아들일 것인가, 과거 60대들의 관성적인 라이프스타일을 고수할 것인가를 선택해야 한다.

신한 트렌드 연구소에 따르면, 2010~2015년 사이 60대 이상 고객의 해외여행 카드결제 금액 증가율이 100%로 전 연령대 중 가장 높았다. 같은 기간 30대의 증가율 89%보다 앞섰다. 해외여행을 가장 많이 가는 연령대인 30대보다 증가율이 높았다는 것은 주목할 일이다. 특히 5060대의 해외 항공권 결제액이 5년간 131% 증가했다. 이것은 5060대의 해외여행이 늘었다는 의미와 함께, 여행사 패키지 상품을 주로 이용했던 세대들이 이젠 직접 온라인으로 항공권을 구매하기 시작했다는 의미다. 더 이상 5060대는 과거의 나이 든 사람 이미지가 아니다. 그들은 인터넷과 스마트폰에 능숙하고, 소비 주체로 본격적으로 나서고 있다. 과거 5060대가 돈을 자식을 위해서만 쓸 줄 알았다면 이젠 자신을 위해서 쓰는 세대가 된 것이다. 인터파크투어는 2018년에 해외 패키지 여행에서 시니어요금제를 만들었다. 만 60세 이상 고객에게 할인 혜택을 제공하는 서비스다. 여행업계에서 60대 이상 소비자의 비중은 다른 연령대보다 적지만, 증가세는 가파르다. 중요한 미래 시장인 것이다. 하나투어에 따르면 2018년 5060대의 여행상품 구매가격은 평균 112만 원으로, 타 연령대 대비 18%가량 높았다. 패키지 선호도가 특히 높은 세대이며, 프리미엄 여행상품을 구매한 비중도 55%나 되어 다른 연령대보다 더 높았다.

  이들의 영향력은 여행 분야에서만 드러난 게 아니다. 백화점 VIP 고객의 절반이 5060대다. 사실 재산은 누적되는 개념이기에 부자들은 나이가 많은 경우가 많다. 백화점 VIP 고객에서도 고령자 비율은 계속 높아진다. 현대백화점의 경우, 60대 이상 고객의 유아동복 매장 방문 횟수가 2010년 평균 3.8회에서 2016년 상반기 평균 5.6회로 1.5배 정도 증가했다. 손주를 위해 지갑을 여는 60대가 증가한 것이다. 확실히 60대가 소비세력으로서 역할을 하고 있는 중이다. 그들은 손주를 위해서도, 자신을 위해서도 돈을 쓰고 있다. 한국체인스토어협회가 발간한 「2017 유통업체연감」에 따르면, 백화점 고객 중 50대 이상의 비중은 2015년 30.3%에서 2017년 35.5%로 증가했다. 백화점 문화센터는 5060대를 위한 강좌를 대거 만들어서 베이비붐 세대를 적극적으로 끌어들이고 있다.

온라인 쇼핑에서도 5060대의 이용율과 매출 비중이 다 증가세다. 이마트몰이 연령대별 모바일 쇼핑 소비자 비중을 분석한 결과, 50대는 2015년 34%에서 2017년 52%로 늘어났다. 60대는 2016년 32%에서 2017년 41%로 증가했다. 5060대도 스마트폰을 적극 사용하고, 모바일 쇼핑도 잘한다는 이야기다. 베이비붐 세대는 아직 죽지 않았다. 이들을 일컬어 골든 에이지Golden Age라고 부르는 데는 다 이유가 있는 것이다. 물론 모든 베이비붐 세대, 모든 60대가 다 뉴식스티가 되지는 못한다. 소비를 하건, 골든에이지가 되건 다 경제력이 바탕이 되어야 가능하기 때문이다. 그럼 자식을 위해 다 써버린 사람들은 뉴식스티가 되기를 포기해야 한단 말인가? 그건 아니다. 과거의 60대는 노동인구로 보지 않았다. 연금이나 모아둔 돈에만 의존할 수밖에 없었다. 하지만 지금 60대는 노동인구다. 제2의 인생을 만들어갈 시기인 것이다.

베이비붐 세대가 왜 김칠두를 기억해야 하는가?

2019년 가장 핫한 남자 모델을 꼽으라면 그중 김칠두 씨가 포함된다. 2018년 2월에 데뷔했으니 신인인 셈인데 그의 나이는 좀 많다. 1955년 11월생이니, 만 64세가 채 안 된다. 김칠두는 베이비붐 세대 중에서 가장 나이가 많은 축에 속한다. 베이비붐 세대 중에서 가장 선배지만 하는 일은 가장 젊어 보인다. 그는 실버 모델이 아니다. 노인을 위한 패션쇼 무대에 서는 노인 모델이 되는 것도 대단하지만, 김칠두는 젊은 모델과 같이 경쟁하며 일하는 정규 모델이다. 2018년 서울패션위크 무대로 데뷔했는데, 국내 패션쇼에서 시니어 모델이 메인 무대에 오른 첫 번째 사례다. 이제 그는 중장년을 타깃으로 하는 브랜드뿐 아니라, 1020대를 타깃으로 하는 스트리트 패션 브랜드와도 함께 일한다. 데뷔 1년도 안 돼서 룩북look book을 10개 브랜드나 찍었다. 룩북은 제품의 스타일링과 트렌드, 브랜드의 디자인 철학 등을 담은 사진집으로, 패션브랜드에겐 중요한 작업이다.

    2019년 들어 그의 존재는 SNS를 통해 더 알려졌고, 언론 인터뷰도 이어졌다. TV CF까지 찍었다. 그를 원하는 패션 브랜드가 더 늘어날 수밖에 없다. 그는 지금 스타성 있는 모델이고, 그와의 작업이 홍보효과에도 도움이 된다. 결정적으로 그는 모델로서의 매력 자체가 크다. 20대 모델을 압도할 만큼 유니크한 60대 모델의 등장이기 때문이다. 181cm의 키와 굵고 깊은 주름이 파인 얼굴, 흰색이 가득한 긴 머리와 긴 수염이 그를 더 돋보이게 한다.

그는 30여 년간 경기도에서 순대국밥 식당을 운영했고, 그전에 생선 장수도 했다. 처자식 먹여 살리느라 자신의 꿈은 포기하고 돈 벌기 위해 여러 일을 해왔다는 이야기인데, 베이비붐 세대의 전형적 모습이기도 하다. 60대 들어 본업이었던 식당을 정리했다. 직장인으로 보면 정년퇴직이나 마찬가지다. 그는 제2의 인생을 꿈꾸게 되었고, 딸의 권유로 모델 에이전시의 교육을 받았다. 집도 아예 서울로 옮겼다. 그렇게 그는 모델이 되었다.

이 사례는 스타가 된 어느 베이비붐 세대의 화려한 성공 스토리가 아니다. 모든 베이비붐 세대가 고민해야 할 제2의 인생에 대한 도전 이야기다. 20대의 김칠두는 모델을 꿈꿨다. 하지만 현실은 순순히 꿈을 이뤄주지 않았다. 수많은 베이비붐 세대가 자신의 꿈을 포기하고 자식을 위해, 가족을 위해, 생계를 위해 살아왔다. 그리고 이제 베이비붐 세대의 은퇴가 시작되었다. 그들이 과거세대의 관점을 가진다면 자신은 은퇴하고 할 일 없는 60대일 뿐이다. 과거의 60대는 노인이라는 혜택이라도 주어졌지만 지금은 그렇지도 않다. 적어도 20여 년은 더 살아야 할 나이다. 해가 지는 황혼이 아니라 아직 한창때다. 따라서 베이비붐 세대는 뉴식스티로 거듭나야 한다. 새로운 60대로서 진화해야 하는 것이다.

뉴식스티는 선진국에서 먼저 확산되기 시작했다. 2016년 6월 8일자 영국 일간 「데일리메일」은 60세에 모델로 데뷔한 필립 두마스Philippe Dumas를 소개했다. 그는 은퇴 후 모델이 되려고 자기관리를 했고, 자신의 사진을 온라인 커뮤니티에 올리면서 패션계의 눈에 띄어 화보 촬영을 비롯해 본격적인 모델로 활동하기 시작했다. 이제 60대는 자신의 꿈에 다시 도전하는 나이다. 그걸 받아들이는 사람들이 바로 뉴식스티다.

세계적으로 유명한 패셔니스타로 꼽히는 닉 우스터Nick Wooster는 1959년생이다. 키가 170cm도 채 안 되는 닉 우스터는 그저 패션 감각이 조금 뛰어난 프리랜서 패션 디렉터였다. 무명의 일반인이나 다름없던 그가 이제 전 세계 패션계는 물론이고, 패션에 조금이라도 관심 있는 사람이라면 알 정도로 유명해졌다. 그의 스타일은 5060대에겐 따라 해보고 싶은 롤모델이고, 3040대에게도 나중에 저렇게 나이 들고 싶다는 동경의 대상이다. 심지어 20대들마저도 닉 우스터의 스타일에 열광한다. 전 세계에서 제2의 닉 우스터들이 속속 등장하는데, 한국에서도 남포동 닉 우스터라 불리는 부산의 재단사 여용기, 대구의 재단사 겸 패션 블로거 박치헌은 둘 다 60대 베이비붐 세대다. 이들 모두 일반인이었지만 SNS에서 자신을 드러내며 순식간에 패셔니스타이자 유명인사가 되었고, 여전히 왕성하게 자신의 일을 한다.

베이비붐 세대 남자들은 패션도, 멋도 그다지 관심 없던 사람들이었다. 먹고사느라 늘 시간도 여유가 없었다. 그랬던 그들이 60대가 되고 은퇴를 하고 보니, 자신에게 주어진 시간을 어떻게 쓸지 고민하게 된다. 처음으로 맞이한 여유 앞에서 자신을 돌아보기 시작했고, 멋에 관심을 두기 시작했다. 이제 한국의 60대 남자들은 할아버지가 아니라, 멋지게 나이 들고자 하는 중년 남자다. 패션뿐 아니라 여행이나 취미,

새로운 학업, 취업 등 다양한 분야에서 그들의 도전은 계속될 것이다.

지금의 60대, 우린 왜 그들의 20대 시절을 떠올려보지 않았을까?

우리는 가끔 모든 사람이 어린 시절이 있었다는 사실을 잊고, 지금 그 사람의 모습이 평생 그랬을 거라고 오해한다. 지금의 60대를 보며 우리는 그들의 20대를 떠올려보지 않는다. 지금의 20대도 언젠가 60대가 된다. 즉 지금의 20대가 지금 60대의 20대 시절을 떠올려보는 것만으로도 서로에 대한 이해의 폭을 넓히는 데 도움이 된다. 사람은 나이가 들고 살아가면서 얻는 것과 잃는 것이 있고, 그에 따라 가치관과 삶의 방향이 달라지기도 한다. 지금의 20대가 베이비붐 세대의 20대를 떠올려보고, 베이비붐 세대도 자신의 20대를 떠올려보면서 요즘 20대를 바라본다면 간극은 줄어들 수 있지 않을까?

지금 60대들이 20대였던 시대는 1970년대다. 정치적으로는 독재의 시대였고, 경제적으로는 개발과 성장이 미덕이던 시대, 먹고사는 문제를 걱정하던 시대였다. 가파르게 성장하던 시기였지만 1970년 1인당 국민소득은 1100달러, 1979년에도 4455달러에 불과했다. 1만 달러를 넘어선 게 1983년이니까 1970년대는 경제적인 풍요와는 거리가 먼 시대였다. 그때 20대들의 패션은 어땠을까? 먹고사는 문제를 걱정하던 경제상황과 달리 당시 유행하던 패션은 멋이 있었다.

1970년대 한국에서 유행했던 패션 자료를 보면 놀라움을 금치 못한다. 1960년대 중반 미국에서 시작되어 전 세계로 번진 히피문화의 일환으로 한국의 20대들도 청바지와 미니스커트, 장발 등을 스타일 코드로 받아들였다. 특히 여성들이 입은 미니스커트와 핫팬츠, 미니원피스가 정말 1970년대가 맞나 싶을 정도로 과감하고 세련되었다. 요즘 20대가 입어도 손색없을 만한 스타일을 40여 년 전의 20대가 입었던 것이다. 당시 대학생들에게 미니스커트와 청바지는 가장 인기 있는 패션 아이템이었다. 그리고 이 패션문화는 단지 옷차림에 멈추지 않고 자유주의와 히피문화, 미국문화, 팝송 등으로 확산되면서 청년문화를 이뤘다.

1970년대 한국은 독재정권 시절이었다. 그 시대의 정부와 기성세대의 눈에는 청바지와 미니스커트, 장발로 대표되는 히피문화는 경계해야 할 대상으로 보였을 것이다. 정부는 미니스커트와 장발을 단속했다. 미니스커트의 길이가 무릎 위 20cm 이상이면 단속 대상이었고 경찰이 대나무자를 들고 확인했다. 1973년 '경범죄처벌법'이 개정된 후부터 본격적인 단속이 시작되어 1980년까지 이어졌다. 7년여 간 단속이 계속되었다는 이야기는 당시 20대들이 장발과 미니스커트 입기를 포기하지 않다는 것을 방증한다. 단속을 당하고 벌금을 내더라도 패션을 포기할 수는 없었던 셈이다.

그랬던 그들이 결혼한 뒤로는 자식과 가족을 위한 삶만 살게 되었다. 패션이고 멋이고 다 내려놓은 듯했던 그들이 지금 60대가 되었고, 퇴직을 하고 풍족한 시간을 만났다. 내려놓았던 멋과 패션을 되살리기에 충분한 나이다. 그래서 멋쟁이로 거듭날 60대를 더 주목해야 한다.

지금의 2030대보다 더 먼저 멋을 부려본 선배가 지금의 60대인 것이다. 60대가 멋쟁이로 부활하는 것은 이유 있는 흐름이다. 멋 좀 부리고 놀아봤던 그들이 다시 돌아온 것이다. 그리고 60대는 얼마든지 새로운 인생을 시작할 수 있는 나이다. 이런 영향으로 영캐쥬얼 의류나 청바지 같은 2030대의 옷까지 탐내는 60대가 늘어나고 있다. 이제 자라, 유니클로 같은 SPA 브랜드를 입은 60대를 보는 것은 어렵지 않다.

과연 이 60대 고객들은 철이 안 들어서일까, 아니면 젊어져서일까? 전형적인 노인 룩, 60대 룩을 거부하는 60대가 많아졌다. 전형적인 노인 컬러가 아닌 좀 더 밝고 과감한 컬러를 시도하고, 몸에 타이트하게 붙는 옷도 선호한다. 활동성을 살리는 의미이기도 하고, 좀 더 젊은 이미지를 갖기 위해서이기도 하다. 2030대의 패션을 소화하는 60대가 계속 늘어나는 것은 더 이상 나이와 패션을 관성적으로 연결짓는 태도를 버리는 이들이 늘어난다는 이야기다. 몇 살 때는 어떻게 입어야 하고, 늙으면 어떻게 입어야 한다는 식은 과거의 관성인 셈이다. 자신이 좋아하는 스타일을 나이와 상관없이 고수하고 나이가 들었어도 과감하게 멋을 내겠다는 이들이 늘어나고 있다.

취미나 여행도 마찬가지다. 더 활동적이고, 더 멀리 가는 것에 도전하며 60대 청춘을 만끽하려 든다. 은퇴는 했지만 몸과 마음이 아직 청춘인 60대의 화려한 시절이 사회 전반으로 확대되고 있다. 물론 핵심은 돈이다. 경제적으로 안정된 60대에게 해당되는 이야기다. 그들이 결국 뉴식스티이고, 기업 입장에선 중요한 소비자다. 기업은 모든 60대를 공략할 필요는 없다. 경제력이 없는 이들, 노후와 빈곤을 걱정하는 이들은 기업이 아니라 정부가 신경 쓸 복지의 대상이다. 기업은 60대 중 뉴식스티를 타깃으로 삼아야 한다. 그들이 가진 자산과 소비력이 밀레니얼 세대나 영포티 못지않은 기회를 만들어줄 것이기 때문이다.

베이비붐 세대에게 자식과 부부란 어떤 존재일까?

우리나라 전체의 이혼율은 감소세에 있다. 이혼 부부 중 결혼생활이 4년 이내인 경우가 1997년 31.0%에서 2017년 22.4%로 감소했고, 5~9년은 24.3%에서 19.3%로, 10~14년은 19.5%에서 14.0%로 감소했다. 하지만 결혼생활 20년 이상의 이혼율은 1997년 9.8%에서 2017년에는 31.2%로 증가했다. 현재 한국의 이혼부부 중 3분의 1이 결혼생활을 20년 이상 한 사람이라는 이야기다. 결혼생활을 20년 이상 한 사람들은 대개 5060대다. 결혼이 필수가 아닌 시대를 살아가는 밀레니얼 세대는 이혼을 두려워하며 무조건 참고 살지는 않는데도 결혼기간 4년 이내의 신혼이혼율이 줄어든다는 사실은 주목할 일이다. 반면 황혼이혼은 그동안 이혼하는 것이 두려워 참고 버티며 살아왔던 이들이 더 이상 못 버티고 이혼을 하는 것이다. 평균수명이 길어지면서 60대에 이혼해도 20여 년의 새로운 인생이 기다리고 있는 것도 황혼이혼을 하는 중요한 이유다. 한마디로 결혼, 가족, 부부에 대한 과거세대의 관성을 버린 것이다.

통계청의 '혼인·이혼 통계'에 따르면, 2017년 60세 이상 남성의 이

표 17. 결혼생활 기간에 따른 이혼율 변화　　　　　　　　　　단위: %

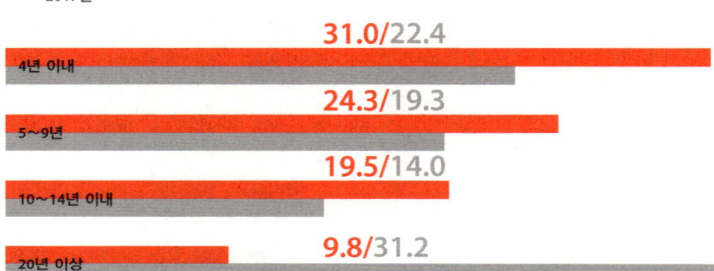

출처: 〈2017년 혼인·이혼 통계〉, 통계청 2018.3.21.

혼 건수는 1만 3600건으로 2007년 대비 2배 이상 증가했다. 여성의 경우에도 60세 이상의 이혼 건수가 2007년 3500건에서 2017년 8000건을 넘어서 2배 이상을 기록했다. 매년 이혼 건수가 증가하는 연령대가 55~59세와 60세 이상 두 그룹이다. 한국가정법률상담소의 '2018년 이혼상담 통계'에 따르면, 이혼상담 신청자 중 남성은 60대 이상이 36.3%로 가장 많았다. 여성도 60대 이상이 23.5%였다. 1995년에는 60대 이상의 비율이 남성 2.8%, 여성 1.2%에 불과했다.

황혼이혼 증가는 세계적인 추세다. 미국의 퓨리서치센터에 따르면, 50대 이상 이혼율이 1990년 5%에서 2015년 10%로 증가했다. 같은 기간 25~39세의 이혼율은 30%에서 24%로 감소했다. 노령화가 바꾼 변화이기도 하다. 자식 때문에 참고 버티며 사는 결혼생활이 아니라, 부부가 서로 즐겁고 좋아서 사는 결혼생활이 더 중요해진 것이다. 하지만 현실에서 베이비붐 세대 부부 중 이런 결혼생활을 유지하고 있는 사람은 얼마나 될까? 과거세대에게 배워오고 물려받았던 가부장적이고 남성중심의 결혼관을 가진 이들도 많다.

서울시 통계팀의 2016년 기준 자료에 따르면, '배우자에 대해 솔직히 감정표현을 한다'는 응답을 한 연령대 중 50대와 60대 이상에서 가장 낮은 응답률이 나왔다. 이 중 50대는 전 연령대 중 유일하게 10점 만점에서 5점대를 기록할 정도로 친밀도가 크게 떨어졌다. '부부의 공통된 가치관이 있다'는 항목에서도 5060대가 최저였다. '정기적으로 부부가 함께 식사한다'는 항목에서도 60대 이상이 가장 낮았다. 서로에게 솔직한 감정표현도 안 하고, 공통된 가치관도 없고, 밥도 같이 안 먹는 부부라면 계속 같이 살아야 할 이유가 있을까? 이런 사람이 뉴식스티로 진화를 하면 선택지는 두 가지다. 친밀한 부부로 변신하든가, 아니면 이혼해서 새로운 인생을 시작하든가.

일본 RV협회의 '캠핑카 백서 2018'에 따르면, 2005년 5만 대에 불과했던 캠핑카 보유 대수가 2017년 10만 6200대로 늘었다. 이런 증가의 일등공신이 바로 60대. 캠핑카를 구입하게 된 동기를 묻는 조사에서, '부부 둘이서 여행을 즐기기 위해'라는 응답이 54.5%로 압도적이었다. '아이들과 캠핑을 즐기기 위해서'라는 응답(19.7%)보다 3배 가까이 높았다. 60대에겐 자녀가 다 성장해서 출가했기에 자녀와의 여행은 관심사가 아니고, 부부의 여행이 더 중요한 관심사다. 실제로 캠핑카를 주로 사용하는 연령층을 보면 60대 40.8%, 50대 30.2%로 5060대가 전체의 71%를 차지했다. 이런 추세는 일본만의 상황이 아닐 것이다. 한국의 베이비붐 세대들도 부부가 함께할 활동에 대한 관심이 커질 수밖에 없고, 캠핑이나 여행 수요도 증가할 수밖에 없다. 베이비붐 세대 중 황혼이혼은 앞으로 더 늘어날 것이다. 그만큼 베이비붐 세대의 재혼도 늘어날 것이다. 그리고 베이비붐 세대 부부 중 부부관계를 회복하며 잘 지내려는 노력도 더 활발해질 것이다. 이런 변화 속에서 누군가는 비즈니스 기회를 찾을 것이고, 누군가는 새로운 정책을 고민할 것이다.

국회예산정책처의 '2019년 및 중기 경제전망' 보고서에 따르면, 한국의 60세 이상의 평균소비성향은 2016년 기준 67.2%다. 미국(104.0%·65세 이상 기준)의 3분의 2, 일본(88.6%)의 4분의 3 수준이다. (평균소비성향은 한 가구가 벌어들인 소득 중에서 얼마만큼을 소비 지출하는가를 나타내는 지표다.) 한국의 60세 이상들의 소비가 크게 위축되었음을 알 수 있다. 원래 평균소비성향은 2030대가 가장 높다. 돈을 많이 써서 그런 것이 아니라 버는 것이 적어서다. 그러다가 4050대가 되면 평균소비성향은 낮아진다. 소비 지출이 더 늘어났지만 소득도 그만큼 더 크게 늘었기 때문이다. 그리고 이들은 자식을 위한 교육자금이나 미래를 위한 노후자금 등 때문에 가처분소득을 다 써버릴 수 없기도 하다. 그러다가 60대가 되면 다시 평균소비성향이 올라간다. 소득이 크게 줄었지만 지출은 그에 따라 크게 줄이지 못하기 때문이다. 이제껏 연령별 평균소비성향 그래프는 늘 이런 식이었다.

미국과 일본은 지금도 이 그래프에 맞다. 미국에서는 25~34세에서 평균소비성향이 가장 높았고, 35~54세에 떨어졌다가, 그 이후 나이가 들수록 상승하는 형태다. 일본은 40세 미만에서 평균소비성향이 가장 낮았고, 그 이후 나이가 증가할수록 평균소비성향도 높아졌다. 그런데 한국은 그렇지 않다. 40대의 평균소비성향이 75.9%인데, 50대가 되면 67.9%로 떨어지고, 60세 이상은 67.2%로 떨어진다. 60세 이상이 전체 연령대 중 가장 낮다. 줄어든 소득 이상으로 지출도 줄여서다. 수명은 길어졌는데 노후 대비도 안 되어 있고, 자식에게 기댈 수도 없으니 결국 돈을 안 쓰게 되는 것이다. 60세 이상 가구의 총자산 중 금융자산 비중은 18.8%에 불과하다. 자산이 주로 집, 땅 같은 부동산에 몰려 있다 보니 소비여력이 커질 수 없다. 쇼핑하자고 집을 팔 수는 없지 않겠나.

그러니 베이비붐 세대는 절대 자식의 결혼자금을 대주지 말아야 한다. 자식 결혼한다고 집 사주고 혼수 해주느라 수천만 원에서 수억 원을 지출하는 걸 멈춰야 한다. 그 돈을 자신을 위해 남겨둬야 한다. 다 큰 성인 자녀의 학자금이나 사업자금을 대주는 것에도 신중해야 한다. 대학 가기 전까지 교육비와 생활비를 대주는 것까지는 어쩔 수 없더라도, 적어도 성인이 되는 순간 그들을 경제적으로 독립시켜야 한다. 어느 선진국에서 자녀 학자금을 갚아주고, 결혼자금을 대주는 부모가 보편적이겠는가? 과거의 관성에서 벗어나야 한다. 뉴식스티는 옷 잘 입고 젊게 사는 이미지가 아니라, 삶의 태도와 가치관에서 관성을 벗어난 사람들이다. 노인세대 중에 자녀와 증여에 얽힌 송사를 벌이는 경우가 급증했고, 자식들 간에 유산 싸움 하는 경우도 급증했다는 걸 베이비붐 세대는 기억해야 한다. 더 이상 자식에게 다 물려주는 걸 미덕이라 여기는 시대는 끝났다.

대한민국 세대분석 보고서

왜
태극기부대에
노인들이
많을까

10.

이른바 태극기부대라는 사람들은 거의 대다수가 노인이다. 왜 그럴까? 왜 특정 정치적 신념을 가진 이들의 연령대가 편중되어 있는 걸까? 특정 정치세력이 노인들을 이용해서 세력을 불리든, 노인들 자신의 신념에 의한 자발적 저항이든 상관없이 결과적으로 유독 노인들이 많은 것은 사실이다. 노인세대에겐 어떤 이유가 있기에 태극기를 들고 (때론 성조기까지 들고) 추위 더위 가리지 않고 매주 태극기집회에 나오고, 심지어 지방에서 기차 타고 서울까지 오는가. 이 이유를 밝혀보는 것이 한국의 노인세대를 이해하는 데 중요할 수밖에 없다. 이들의 정치성이 아니라, 그 배경에 있는 진짜 이유가 유권자로서의 노인, 소비자로서의 노인을 이해하는 데 도움이 되기 때문이다.

왜 노인들이 태극기를 들고 길거리에 나왔을까?

「한국정치학회보」 2018년 여름호에 흥미로운 논문이 하나 실렸다. '인정을 위한 저항 : 태극기집회의 감정동학'이라는 제목으로 김진욱(연세대 정치학 석사), 허재영(연세대 글로벌인재학부 조교수)이 태극기집회의 주된 참여자인 노인층이 왜 그런 집단행동을 하는지 분석했다. 이들은 사회적 무시가 낳은 모멸감이 이른바 태극기부대 노인들의 집단적 저항을 불러일으켰다고 주장했다. 그동안 무시당하던 노인층의 누적된 모멸감이 박근혜 대통령 탄핵을 주장하는 촛불집회를 계기로 결집되었고, 태극기집회 주최 측과 이들에 동조하는 언론들이 모멸감에 내재된 노년층의 도덕적 신념을 강화시켜 집단적 저항에 참여하게 만들었다는 것이다.

 충분히 설득력 있는 주장이다. 실제로 한국사회에서 노인은 사회적 약자에 해당된다. 노동력을 상실한 그들은 경제적 약자로 집에서건 사회에서건 힘을 잃었다. 이런 상황에서 사회적으로 밀레니얼 세대를 중심으로 노인 무시, 즉 틀딱·노슬아치·노인충 같은 혐오 표현이 나오는 것도 불쾌하다. 아울러 노인으로서 받던 복지혜택을 노인 나이 기준을 상향해서 조정하려는 시도도 못마땅하다. 특히 한국의 노인들이 OECD 국가 중 빈곤율이 가장 높다는 상황도 이들을 더 불안하고 위태롭게 만든다.

 지금의 노인들은 한국전쟁을 겪은 세대다. 반공 이데올로기가 자연스럽게 탑재되어 있고, 충효사상도 이들에겐 상식이자 신념이다. 박정희 대통령이 장기 독재(직무대행까지 포함하면 1962년에서 1979년까지 대통령이었다)하던 시기 이들은 한창 열심히 일하던 2030대였다. 그 시절, 충성을 다해 따르던 당시 대통령 박정희가 그들에겐 하늘과 같은 존재였다. 박정희의 경제개발과 새마을운동을 몸소 경험했던 세대다. 현재 65~80대의 노인들은 민주화의 과오보다는 경제화를 이룬 것에 훨씬 더 높은 점수를 준다. 이 신념은 박정희 대통령을 우상화했고, 그의 딸인 박근혜 대통령에게도 이어졌다. 특히 이들은 보수적 가치를 지키는 것을 애국이라고 여긴다. 진보를 친북으로 매도하는 가짜뉴스에 혹할 정도로 반공 이데올로기에 취약하다. 이들로선 박근혜 대통령의 잘잘못보다 박정희 대통령의 딸이 탄핵당해 감옥에 간 것, 그로 인해 진보세력이 집권하게 된 것 자체를 심각한 국가적 위기로 본다. 그 동안 존재감 없이 퇴물 취급 받던 자신들을 원하는 정치세력도 있겠다. 그들과 함께 목소리를 내면서 뭔가 애국하고 있다는 자부심이 생기고, 오랜만에 중요한 존재가 된 듯도 하다. 태극기집회에 동원된 알바라는 시각도 있으나(일부 그럴 수도 있으나), 돈을 받든 받지 않든 이들은 집회에 나오면 자존감이 회복되는 것만으로도 충분히 동기부여가 된다.

물론 탄기국(탄핵무효 국민저항총궐기운동본부)이 이들을 조직화하고, 이해관계가 있는 정치집단도 이들을 활용하면서 노인층은 더더욱 결집하며 집단저항을 하고 있다. 물론 모든 노인이 다 그런 것은 아니다. 태극기부대 중 노인이 유독 많은 것이지, 모든 노인이 다 태극기부대는 아니기 때문이다. 다만 노인들은 같은 노인세대의 이야기에 좀 더 반응할 수밖에 없다 보니 태극기부대와 보수정치 세력, 일부 종편 뉴스와 가짜뉴스들이 노인세대의 여론 형성에 영향을 미치는 것은 사실이다. 자신들이 소외되었다 여기는 노인들은 자신들이 보고 싶고 믿고 싶은 이야기에만 반응하기 쉽다. 노인으로선 퇴물이 되어가는 것이 불안하고, 자신의 사회적 역할과 목소리가 소멸될까 봐 두렵다. 정치적 이해관계를 떠나 자신의 입지, 자신의 목소리를 내고자 하는 것일 수도 있다. 이런 상황에서는 논리도 팩트도 중요치 않다.

태극기부대의 노인들이 나라를 위해 나섰다는 이야기는 믿기 어렵다. 과거 독재정권 시절 민주주의의 심각한 위기상황에서 그들은 나서지 않았다. 먹고사는 문제만 신경 쓰며 나라를 잊고 살았다. 그런 그들이 지금 나라를 위한다는 말이 나이 먹고 할 일 없고 존재감도 없어진 상태에서 스스로의 행동을 정당화하고 스스로가 뭔가 대단한 일을 하는 것 같은 자기최면을 위한 이야기는 아닌지 되묻고 싶다. 일제 강점기 때 친일했던 이들이 해방 이후에도 계속 등용되고, 후손들이 여전히 잘 먹고 잘사는 것 따위는 안중에도 없다. 보수 정치권이 저지른 수많은 문제가 나라에 얼마나 해악이 되었는지 그들은 전혀 개의치 않는다. 그러고도 애국을 이야기하는 것은 국민 전체의 대한민국이 아니라 그들의 이해관계를 대변해줄 보수 우익의 나라에 대한 충성일 뿐이다. 나이가 들면 지혜롭고 어른스러워진다는 것은 모두에게 해당하는 사항이 아닌 것이 확실하다. 태극기부대의 노인들은 자신들이 세상의 중심이라고 생각하겠지만, 숫자로 보건 비중으로 보건 그들은 철저한 아웃사이더일 뿐이다. 노인들 중에서도 비주류다. 목소리 크고 시끄럽게 굴다 보니 주류인 양 착각하지만, 빈 수레가 요란할 뿐이다. 결국 이들은 밀레니얼 세대와 영포티들에게 그레이네상스로 대표되는 노인세대의 소비세력으로서의 파워나 사회적 영향력을 가진 노인세대가 아니라, 경제적 어려움과 불안과 위기가 만들어낸 분노하는 소수의 앵그리 실버로 보일 뿐이다.

그동안 노인층은 자신의 신념이 무너지는 상황을 겪고 있었다. 정부가 그들이 그렇게 싫어하는 북한과 회담을 하고, 평화가 온다느니 통일이 온다느니 하며 더 이상 북한이 적이 아니라는 사회적 분위기가 만들어졌다. 노인층이 그렇게나 지지하고 믿던 미국마저 북한과 회담을 하며 관계를 쌓는 것도 보기 불편하다. 2차 북미회담이 결렬된 것을 유독 좋아했던 것도 태극기부대였다. 이들의 반공과 애국에 대한 신념만 무너진 게 아니라, 이들의 효도관도 무너졌다. 더 이상 자식이 부모를 모시며 효도하는 걸 당연하게 여기지 않는 사회다. 이들로선 자신들은 분명히 부모를 모시는 데 최선을 다했는데 막상 자신이 노인이 되니 효도받지 못한다는 상황이 억울하고 화가 난다. 살면서 모아둔 돈은 자식 공부시키고 결혼시키느라 다 썼는데, 제대로 부양받지 못하니 살아가기도 버겁다.

노인을 대하는 사회적 시선도 불편하다. 노인세대가 장유유서(長幼有序)나 나이를 내세우는 걸 젊은 세대가 못마땅해하기 때문이다. 나이를 존중할 수는 있어도 나이가 많다고 무조건 존중해달라고 요구하는 것은 구시대적이지만 노인세대로선 내세울 게 나이밖에 없다. '이 나라를 이끌어온 게 다 윗세대인데, 요즘 애들은 고마운 줄을 모른다'거나, '요즘 애들은 버릇이 없어서 노인을 보고도 인사도 안 한다'거나 하는 게 별것 아닌 것 같아도 노인들에겐 중요한 불만사항이다. 사실 세대갈등은 세대차이에서 비롯되는데, 노인세대는 젊은 세대를 이해하려고 노력하지는 않고 젊은 세대가 자신들의 방식대로 따르지 않는다고 불만만 제기한다. 이런 태도는 세대갈등을 오히려 키울 뿐이다. 노인세대로서는 과거 노인들이 누리던 혜택을 떠올리며 요즘 시대의 변화가 불만스럽겠지만, 세상이 바뀌었다. 결정적으로 평균수명의 증가로 요즘 70대 정도는 과거로 보면 50대 정도에 불과하다. 과거에는 80대가 요즘 100살보다 더 보기 어려웠다. 요즘 평균수명이 80대 중후반이기 때문이다. 과거 나이가 아니라 지금 시대의 나이를 기준으로 재설정해서 노인 대접을 받으려 들어야 한다. 즉 노인 기준이 65세가 아니라 80세는 되어야 한다. 65세가 누리던 혜택을 80세부터 주겠다고 하면 어떨까? 아마 태극기부대가 두 배는 더 늘어날 것이다.

2015년에 발간된 「한국인구학회보」(제38권 제1호)에 실린 연구 논문 중 '한국 고령자의 연령 차별 경험과 노년기 인식 질적 연구'라는 제목의 김주현(충남대 사회학과) 교수의 논문도 흥미롭다. 60세 이상 노인 27명의 심층 인터뷰를 통해 연구했는데, 노인세대는 노후에 대한 불안을 겪고 있고, 지위와 역할의 변화를 스스로도 받아들여야 할 상황이며, 가족이나 타인과의 관계에서 무시·소외·기피 등을 경험하면서, 체념·거부·분노 같은 반응을 보인다는 것이다. 한마디로 나이 먹은 게 서럽다는 이야기다. 사실 연령으로 인한 차별인 연령주의Ageism에 대한 연구는 미국에서도 수십 년 전부터 활발히 이뤄지고 있다. 노령화가 되면 연령 차별을 받는 노인들이 사회적 문제가 될 수밖에 없는데, 한국사회가 지금 그런 상황이다. 노인들이 느끼는 차별과 소외가 이들의 분노와 서러움을 만들어, 태극기부대 같은 정치적 행동으로까지 이어지게 할 수도 있는 것이다.

참고로, 노인세대에게 충효는 아주 중요하다. 태극기부대, 엄마부대, 어버이연합 등 대표적인 보수세력의 이름만 보더라도 여실히 드러난다. 태극기는 충의 상징인데, 안타까운 사실은 보수세력들은 충효를 늘 중요시 여겼다는 점이다. 이러한 현상은 한국만의 일이 아니다. 미국에서도 보수세력은 유독 성조기를 적극 활용한다. 즉 극우들이 태극기를 적극 활용할 것은 충분히 예상 가능한 시나리오였다. 만약 진보세력이 미리 태극기를 적극 활용해 촛불집회를 했다거나, 과거부터 엄마·아버지·어버이·부모 같은 단어가 들어간 단체명을 사용해서 선점했더라면 어땠을까? 그랬으면 충효를 가장 중요한 신념으로 삼고 있는 노인층으로선 곤혹스러웠을 수도 있을 것이다.

왜 한국의 노인들은 가난할까?

가난이 부끄러운 것은 아니지만 불편한 것이긴 하다. 특히 젊어서 가난한 것과 늙어서 가난한 것은 완전히 다르다. 가난한 노인은 한국사회의 중요한 변수다. 통계청의 '2018 고령자 통계'에 따르면, 생활비를 '본인 및 배우자가 부담한다'는 비중이 61.8%(2017년 기준)였는데, 2011년 조사 때 51.6%보다 6년 새 10.2%P나 늘었다. 생활비를 '자녀 또는 친척 지원'의 비중은 2011년 39.2%에서 2017년 25.7%로 13.5%P나 줄었다. 자녀에게 생활비를 의존하는 노인은 점점 줄어들고, 직접 해결하는 노인들이 늘어나고 있다. 55~79세의 월평균 연금 수령액은 2018년 기준 57만 원이고, 전체 고령자 중 연금을 받는 사람은 45.6%에 불과하다. 이는 절반 이상의 노인이 연금도 없고, 설령 연금을 받는다고 해도 생활비에는 턱없이 부족한 경우가 많다는 이야기다. 경제적 어려움

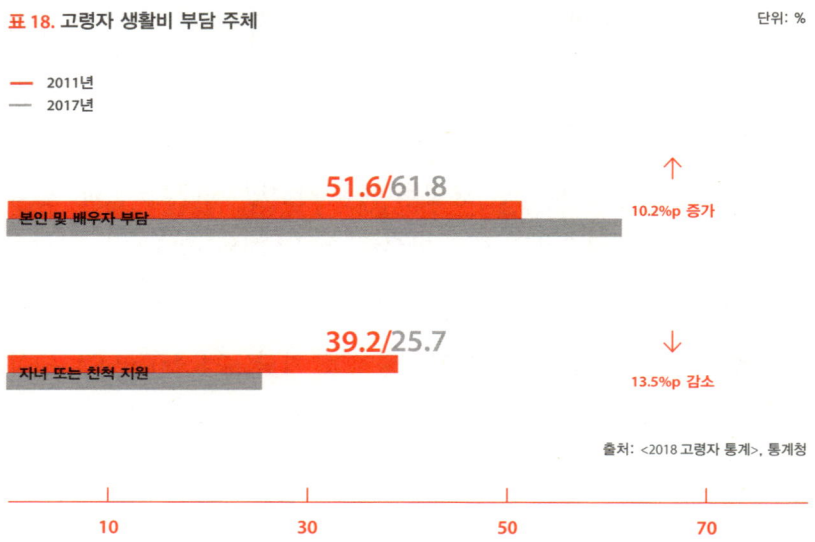

표 18. 고령자 생활비 부담 주체

을 겪는 노인들이 많을 수밖에 없다. 한국은 65세 이상 노인의 상대적 빈곤률이 43.7%(2016년 기준)이다. 노인 중 절반에 가까운 이들이 빈곤선(중위소득의 50%에 해당하는 소득) 미만의 소득으로 생활하고 있다는 이야기다. OECD 국가 중 독보적 1위이고 OECD 평균보다 2~3배 높다. 물론 2015년 46.3%에 비해선 줄었고, 2014년 47.7%, 2013년 49.6%로 계속 하락세이긴 하지만 여전히 심각하다.

OECD의 노인 빈곤율 통계는 소득만 따진다. 월급이나 연금만 따진다는 이야기다. 그래서 OECD 통계를 그대로 받아들이면 안 된다는 시각도 있다. 노인에겐 자산도 있고, 자식에게 받는 용돈도 있기 때문이다. 하지만 이 시각 또한 비판적으로 봐야 한다. 노인들의 자산이 고작 살고 있는 집 한 채가 전부인 경우도 많은 데다, 그 집을 팔아서 생활비로 쓰긴 어렵다. 결국 집을 담보로 은행으로부터 연금을 받는 상품들이 계속 늘어갈 수밖에 없다. 소득이 없이는 자산을 계속 까먹는 것이다. 점점 수명이 길어지는 시대에 소득이 계속 줄어드는 상황에서 노인들이 가질 불안감은 심각하지 않을까?

결국 이런 불안감은 더 오래 일해야 하는 결과를 낳았다. 한국은 노인 빈곤율과 노인 고용률 모두에서 OECD 국가 중 압도적인 1위다. '2018 고령자 통계'에 따르면, 한국의 70~74세 고용률은 33.1%로, OECD 회원국 평균 15.2%보다 2배 이상 높다. UNECE(유엔 유럽 경제위원회)와 EU가 EU 회원국 28개국을 대상으로 작성한 고령 지표인 활동연령지수에서 70~74세 고용률 최상위 국가가 15% 정도였다. 65~69세 고용률도 한국은 45.5%였다. 한국의 65~74세 노인들이 일할 수밖에 없는 이유가 돈 때문이다. 한국의 55~79세 중 장래에 일하기를 원하는 사람의 비율은 64.1%였고, 이들이 일을 원하는 첫 번째 이유가 생활비를 보태려는 것(59%)이었다. 2014년 조사 때는 생활비를 보태려는 이유가 54.1%였으니 4년 새 4.9%p가 높아졌다. 안타까운 사실은 이런 노인 고용률은 높지만 이들에게 주어진 일자리가 질 높은 일자리가 아닌 단순노무직이 많다는 점이다. 이런 경제적 상황은 노인에게 자신들의 생존을 위해서라면 더 이기적인 정치적 행동도 할 수 있게 만들 수 있다. 다른 세대나 국가 전체의 이익을 고려할 여유가 없을 정도로 그들이 처한 빈곤의 위험과 불안이 크기 때문에 노인 유권자들이 노골적으로 집단이기주의적인 태도를 보이는 것일 수도 있다.

노인의 가난 문제를 전적으로 노인 자체의 문제로 보긴 어렵다. 한국사회의 구조적 문제로 봐야 한다. 과거에는 노후대책을 국가가 아닌 개인의 몫으로 바라봤던 한국적 관행이 존재했고, 아직까지도 거기서 완전히 벗어나지 못했다. 지금의 노인들은 젊은 시절 누구보다 열심히 일했다. 그런데 이들은 번 돈을 고스란히 자식에게 다 썼다. 대학 보내느라 쓰고, 결혼시킬 때 집을 사주거나 결혼자금으로 썼다. 심지어 사업하는 자식의 사업자금으로도 줬다. 이렇게 아낌없이 줬던 이유는 부모의 내리사랑보다는 한국사회의 암묵적 관행 때문이다. 자식이 잘돼야 부모가 행복하다고 여기고, 자식을 위해 돈을 벌고, 재산을 최대한 남겨서 유산으로 물려주는 걸 미덕으로 여겼다. 이런 관행은 자식이 부모의 노후를 책임진 데서 비롯됐다. 따라서 자식이 부모를 부양하던 시대에는 아무런 문제가 없었다. 그런데 시대가 바뀌어 이제는 대부분의 자녀가 부모를 부양하지 않는다. 한국의 노인들이 가난해진 결정적 이유는 바로 자식 때문이다. 그들에게 다 줬기 때문이다.

연금도 없고, 자식마저 책임져주지 않으면 노인은 빈곤에서 벗어날 길이 없다. 경제적 어려움은 이들을 분노하게 만들고, 좌절하게 만든다. 노령화가 심화되면서 65세 이상 인구가 점점 많아지니 정치권이 나서서 이들의 분노와 좌절을 이용하고 있다. '2018년 고령자 통계'에 따르면, 2018년 7월 1일 기준으로 65세 이상 고령자가 738만 1000명으로 전체의 14.3%를 차지했다. UN 기준에 따르면 65세 이상 인구가 전체의 7% 이상이면 고령화사회Aging Society, 14% 이상이면 고령사회Aged Society, 20% 이상이면 초고령사회post-aged society인데, 한국사회는 지금 고령사회다. 2026년에는 20.6%가 되어 초고령사회에 진입한다고 추산하는데, 예상보다 고령화사회가 빨리 온 것을 고려하면 2026년 이전에 초고령사회가 될 가능성이 크다. 이미 지방 농어촌 지역은 초고령사회에 진입했다. 세대갈등의 본질은 세대 간의 문제가 아니라 복지문제인 것이다. 빨리 늙어가는 한국사회, 노인의 빈곤 문제를 해결하지 못하면 노인들의 정치적 집단행동과 이기적 행태가 더욱 심해질 것이고, 이를 통한 세대갈등은 더 심화될 수 있다.

자식에게도 정부에게도 의지하지 못하는 한국 노인들의 가난은 심각한 사회적 문제다. 여기서 노인의 정치적 파워가 높아질 계기가 만들어진다. 자식이 노후를 책임져주는 시대에서 자신이 노년을 책임지는 시대로의 전환이 가져다준 흐름이다. 당연히 노령연금을 비롯해 노인들에 대한 복지에 따라 6070대의 표심이 왔다 갔다 할 수 있다. 그들이 기댈 수 있는 가장 안정적인 수입원이 연금이기 때문에, 연금정책에서 자신들에게 한 푼이라도 더 이익이 되는 쪽에 손을 들어주는 것은 당연한 일이다.

왜 노인들은 변화를 받아들이는 것이 어려울까?

노년층은 새로운 변화에 대한 두려움이 있다. 그냥 익숙한 것, 해오던 그대로를 유지하는 것이 변수도 적어서 좀 더 안정감 있다고 여기기 쉽다. 노년층이 보수적인 태도를 가지는 것은 어느 나라나 마찬가지다. 선거에서도 노년들의 힘을 무시할 수 없다. 일도 젊은 층이 하고, 세금도 젊은 층이 내지만, 선거 결과에 영향력을 행사하는 것은 노년층이 될 수 있는 것이다. 이는 세대 간 갈등의 골을 더 깊게 만들 수 있다. 정당들이 표를 얻기 쉬운 노년층의 입맛에 맞는 정책을 내세울 수 있기 때문이다. 세대갈등, 세대전쟁 프레임을 만들어내는 극우 정치세력들이 많아질 수밖에 없다. 이런 정치세력들을 걸러낼 사회적 안목과 유권자들의 수준이 점점 더 필요해진다.

  2014년 9월 역사적인 일이 생길 수도 있었다. 스코틀랜드가 영국으로부터 독립을 할 뻔했기 때문이다. 그런데 노인들이 스코틀랜드 독립을 무산시켰다. 그들은 국가의 독립과 미래의 비전이 아니라 당장 익숙한 생활이 변하는 것에 반대다. 스코틀랜드의 독립 여부를 묻는 찬반투표에는 16세 이상 전체 유권자 428만 3392명 중 84.6%가 참가했는데, 이 중 찬성 45%, 반대 55%로 독립이 무산됐다. 투표 당일 영국 보수당 상원의원 마이클 애시크로프트Michael Ashcroft가 실시한 전화·인터넷 사전조사에서는 연령대별로 흥미로운 결과가 나타났다. 16~54세의 연령대에서는 독립 찬성이 더 높게 나타났다. 16~24세는 반대 49% 찬성 51%, 25~34세는 반대 41% 찬성 59%, 35~44세는 반대 47% 찬성 53%, 45~54세는 반대 48% 찬성 52%였다. 55~64세에서는 반대 57% 찬성 43%로 반대표가 조금 더 많이 나왔고, 65세 이상에서는 반대 73% 찬성 27%로 반대가 압도적인 차이로 많았다. 사전조사대로 투표 결과가 나왔다면 찬성이 더 많아야 했다. 하지만 젊은 세대는 투표 참가율이 좀 더 낮았고, 투표 참가율이 높은 65세 이상 유권자들의 몰표가 투표 결과를 뒤집었다. 실제로 찬성과 반대의 표 차이는 38만 표 정도였는데, 65세 이상 유권자는 94만 명 이상이었다.

이러한 일이 남의 나라 이야기만은 아니다. 선거철만 되면 정치권의 포퓰리즘이 작용하기 쉽다. 노인 유권자 수가 노령파워가 되어 정치적 영향력을 행사하면 결정은 노인이 하고 돈은 청년이 내는 상황이 벌어질 수 있다. 선거에서나 정책에서 노인 유권자들이 자식이 아닌 자신을 위한 선택을 하고 있다. 그렇다고 이러한 현상을 노인의 문제라고 이야기할 수는 없다. 누구나 자신의 이익을 위해 행동할 권리가 있기 때문이다. 하지만 그로 인한 결과는 사회 전체가 감수해야 한다. 노인을 위한 나라는 없어도, 노인에 의한 나라는 있을 수 있다.

안타깝지만 변화를 거부할수록 더 소외된다. 그런데도 노인들은 변화한 세상에 대한 저항감을 가진다. '옛날이 좋았어'라고 이야기하면서 현재를 부정한다. 분노하는 노인들은 태극기부대가 아니어도 자신들의 분노를 표출할 계기를 만들었을 것이다. '앵그리 실버angry silver'는 세대갈등을 넘어 단절로 나아가는 데서 오는 노인들의 분노를 일컫는데, 일본에서 십여 년 전에 만들어진 말이다. '폭주노인'은 그 분노가 마침내 폭력 등 범죄행위로 치닫는 현실을 일컫는다.

우리나라에서도 앵그리 실버의 폭행, 상해 범죄율은 급증하고 있다. 최근 경찰청 범죄통계에 따르면 5년간(2013~2017년) 살인, 강간, 강도,

방화 등 강력범죄를 저지른 65세 이상 노인은 2013년 7만 7260명에서 2017년 11만 2360명으로 45% 증가했다. 과거 노인범죄가 빈곤에 따른 생계형 범죄가 주를 이뤘다면, 현재는 살인이나 강간 등 극단적 범죄의 비율이 눈에 띄게 높아졌다. 노인을 더 이상 사회적 약자라고만 볼 수가 없다. 꼰대나 세대갈등이라는 말은 사실 나이 때문에 생긴 필연적인 상황이 아니다. 귀를 열고 다른 사람에게 관대해지고, 자신이 가진 낡은 생각을 새롭게 개선하려는 태도가 없어서 생긴 일이다. 이러한 현상은 고령사회 진입에 따른 부정적 측면이다.

2019년 3월, 울주군의 한 양로원에서 77세 노인이 다른 노인 4명을 흉기로 찌른 후 자신은 투신자살을 한 사건이 있었다. 여기까지만 보면 괴팍한 노인이 폭력을 저지른 것 같다. 하지만 자세히 들여다보니 흥미로운 점이 있었다. 흉기를 휘둘렀다니 평소 폭력적인 노인이 아닐까 생각했는데, 양로원 측에서는 오히려 조용한 성격이고 혼자서 시간을 보내는 경우가 많았다고 설명했다. 청각 장애가 있어 남의 말을 잘 알아듣지 못해 다른 노인과 말다툼을 하는 경우가 생기다 보니 아예 다른 노인들과 거리를 두고 지냈다는 것이다. 경찰에 따르면, 흉기가 날카롭지 않아 4명 모두 생명에 지장이 없었고, 이 중 2명은 치료받고 당일에 양로원으로 돌아갔을 정도로 상처가 경미했다. 그 노인은 그날 분노를 스스로 감당하지 못했던 것으로 보인다. 가해자인 노인은 2006년에 양로원에 스스로 들어와 노후를 이곳에서 보내왔다. 그런데 그곳에서 지내는 13년 동안 그를 찾아온 가족과 지인이 전혀 없었다고 한다. 가족과의 단절, 양로원 동료와의 단절은 그를 오랫동안 고립시켰다.

이러한 일은 양로원에 있는 노인만의 문제가 아니다. 우리 사회의 노인 중에는 가족과의 불화로 관계가 단절된 경우가 적지 않고, 이들이 친구나 지인들과도 교류하지 않을 경우 고립화는 심해지고 우울증에 빠질 가능성은 그만큼 더 커진다. 원래부터 화가 많고 폭력적인 사람이 앵그리 실버가 되는 게 아니라, 단절과 고립화 상황에 놓인 노인이 불안감을 분노와 폭력성으로 드러낼 수 있는 것이다. 자신이 처한 상황에 대한 불만과 불안, 위기감을 스스로 조절하지 못하면 태극기 부대의 노인들처럼, 지하철에서 젊은이들에게 행패 부리듯 시비 걸고 욕하는 노인들처럼 될 수 있다. 평생을 조용히, 선하게 살아왔던 이들이라도 노년에 경제적·심리적 위기를 맞으면 평소와 다른 행동이 나오고, 이것이 반복되다 보면 폭력성은 더 심각해지고 정신적으로도 피폐해질 수 있다.

세상은 많이 바뀌었다. 2017년 기준 65세 이상 고령자 중 72.4%가 자녀와 따로 사는 것으로 나타났다. 2011년(68.6%)에 비해 3.8%P 늘어난 수치다. 더 이상 자식에게 부양받으며 노후를 보낼 수 있는 시대가 아니다. 오히려 함께 사는 걸 불편해하는 노인들도 많다. 「KOSTAT 통계플러스」 겨울호(2018)의 '노인 인구집단별 삶의 만족도 분석'에 따르면, 65~74세 노인 중 자녀와 동거하지 않은 노인의 삶의 만족도가 2.94점(5점 만점)였는데, 자녀와 동거하는 노인의 삶의 만족도는 2.83점이었다. 75세 이상 노인의 경우에도 자녀와 동거하지 않는 노인의 삶의 만족도(2.86)가 동거하는 노인의 삶의 만족도(2.80)보다 높았다. 아이러니하게도 자녀와 함께 살지 않는 노인이 더 만족하며 사는 것이다.

그레이네상스, 어떻게 노인들이 산업 지형을 바꿔놓는가?

그레이네상스Greynaissance는 백발이라는 뜻의 그레이grey와 르네상스renaissance의 합성어로 미국을 중심으로 10여 년 전부터 유행하기 시작한 말이다. 노령화사회를 맞아 노인들의 경제력과 소비력이 그만큼 중요해졌다는 의미인데, 노령화 산업의 원조 격인 일본에서는 1980년대부터 실버산업이라는 말이 쓰이기 시작했다. 이후 구매력 있는 노인층을 '골드실버' 세대라고 부르기도 한다. 동서양 모두 노령화를 중요하게 바라보면서 머리색깔에 빗대어 노령세대의 타이틀을 만들었다는 점이 흥미롭다.

요즘 노인세대의 구매력은 전통적으로 노인세대가 주요 고객층이던 건강과 복지 분야뿐 아니라 연애, 취미활동, 야외활동 등 역동적이고 관계적인 분야에까지 확장되었다. 실제로 2030대가 선호하는 중저가 패션, 뷰티 브랜드에서도 할머니 모델을 선택하는 경우가 있는데, 2030대가 멋쟁이 할머니를 실버폭스라고 부르며 멋지게 여기기 때문이다. 그레이네상스는 노인들만의 리그가 아니라 이제 중요한 사회적 흐름이자 소비 트렌드가 된 셈이다.

이제 패션업계에서도 노인을 중요한 소비자로 바라본다. 급격히 늘어난 수명은 은퇴 이후 삶에 대한 고민을 안겨줬지만, 한편으로는 이들에게 자신들 방식으로 삶을 누릴 수 있는 기회를 줬다. 그래서 60대들이 패션시장에 중요 소비자로 부각되는 것이다. 패션업계, 뷰티업계에서는 지난 2015년부터 노인 모델들이 봇물을 이루면서 그레이네상스 시대가 열렸다. 화장품 브랜드 로레알은 2016년 1945년생 영국 여배우 헬렌 미렌Helen Mirren을 대표 모델로 내세웠다. 백발을 멋지게 빗어 넘기고 빨간 립스틱을 바른 당당한 표정의 그녀를 일컬어 '세상에서 가장 섹시한 노인'이라 칭하기도 했다. 패션 브랜드 셀린은 80대인 작가 조앤 디디온Joan Didion을, 입생로랑은 70대의 가수 조니 미첼Joni Mitchell을, 케이트 스페이드는 심지어 90대의 디자이너 아이리스 아펠Iris Apfel을 모델로 선택했다. 마크 제이콥스는 1949년생인 제시카 랭Jessica Lange을, 코스메틱 브랜드 나스는 1946년생인 샬롯 램플링Charlotte Rampling을 모델로 썼다.

노인들에게 2030대 젊은 모델은 어필이 안 된다. 비슷한 또래가 공감대를 만들고 다가가기도 쉽다. 한국에서도 노인 모델들의 활동이 확대되어간다. 특히 70대 유튜버인 박막례 할머니는 유튜브 구독자 수가 74만 명에 이른다. 구글 본사에 초청되어 가기도 하고, 유통회사와 마케팅 제휴를 하기도 하고, 금융사 CF도 찍었다. 박막례 할머니는 1020대들 사이에서도 인기가 많다.

과거의 노인은 은퇴한 사람으로, 경제와 소비에서 배제시킨 적도 있었지만 지금은 아니다. 오히려 소비에서는 노인이 가장 중요한 큰손이기도 하다. 2차 세계대전 종전 직후 태어난 미국의 베이비붐 세대는 현재 미국의 주요 소비층이다. 글로벌신용평가사 무디스에 따르면, 2017

년 미국 전체 소비의 43%가 베이비부머의 지갑에서 나왔다. 2030대 소비가 13%에 그친 것과 대조적이다. 한국의 베이비붐 세대와 달리 미국의 베이비붐 세대는 노인세대다. 주요 선진국에서는 전체 소비에서 65세 이상의 비중이 점점 높아져간다. 일본에서는 냄새를 줄여주는 바디로션을 팔고, 코니카는 휴대용 냄새 탐지기를 만들어 홀아비 냄새가 나는지를 확인하게 했다. 파나소닉은 노인용 가전제품을 만드는데, 노인을 위한 세탁기·냉장고·형광등 등이 있다. 세탁기는 허리가 굽은 노인들을 위해 세탁조 높이를 낮게 만들었고, 냉장고는 서랍을 끝까지 나오게 만들어 서랍 안쪽 깊숙한 곳의 물건을 꺼내느라 허리를 깊이 숙이지 않아도 되게 했다. 형광등은 노화 정도에 따라 안구의 수정체가 볼 수 있는 색이 바뀌게 만들었다. 백화점 문화센터에서는 노인 대상 강좌를 늘리고, 홈쇼핑에서는 노인들이 볼 시간대에 자막을 키우기도 한다. 심지어 미국에서는 베이비부머의 재혼을 위한 결혼정보산업과 베이비부머를 위한 여가용 자동차 산업이 급부상하고 있다.

노인은 단지 나이만 많은 사람이 아니라 젊고 건강한 삶이 연장된 사람이다. 확실히 노인 소비시장은 새로운 미래 성장 분야다. 노령화는 점점 더 심화된다. 다시 말해 앞으로 기회가 더 커진다는 의미다. 따라서 노인 소비시장을 건강이나 요양 같은 전통적 방식으로 접근해서는 발전할 수 없다. 그레이네상스를 맞아 노인을 위한 자동차 시장, 노인을 위한 여행 시장, 노인을 위한 콘텐츠 시장, 노인을 위한 엔터테인먼트 시장, 노인을 위한 패션 시장 등 노인 소비시장의 전방위적인 확장을 도모해야 한다.

　노령화사회와 그레이네상스는 전 세계가 처음 겪는 일이다. 가장 먼저 노령화에 따른 비즈니스 기회를 접한 것은 일본이다. 일본은 65세 이상 인구가 전체 인구 중 28.1%인 3600만 명에 육박하는 초고령사회다. 심지어 70대 이상의 비율도 전체 20.7%다. 90세 이상만 200만 명이다. 일본은 세계에서 가장 늙은 나라이자 초고령사회를 가장 먼저, 오래 겪은 나라로서 비즈니스 노하우도 많이 쌓았다. 일본의 노인시장을 연구해야 하는 중요한 이유다. 최근 일본의 노인 관련 사업을 하는 기업들이 중국에 대거 진출 중인데, 중국에는 65세 이상 인구만 1억 6천만 명에 이른다. 그레이네상스는 자국의 내수 소비시장뿐 아니라 해외시장 진출의 새로운 기회이기도 한 것이다.

왜 할아버지, 할머니의 날을 제정하는 국가가 늘어나는 걸까?

노령화사회가 되면서 할아버지, 할머니의 날을 제정해 기념하는 나라들이 늘어나고 있다. 호주, 캐나다, 에스토니아, 프랑스, 독일, 이탈리아, 멕시코, 파키스탄, 폴란드, 싱가포르, 스페인, 영국, 미국 등이 이미 조부모의 날을 만들었고, 그 위상도 강화하고 있다. 노령화사회가 되면서 오래 사는 조부모들이 많아졌고, 손주 육아까지 겸하고 있어 사회적으로 중요도가 커졌다. 그리고 이들은 유권자로서의 힘도 크다. 2019년 1월 기준, 지구의 인구는 76억 명 정도인데 이 중 18%인 14억 명 정도가 손주를 둔 할아버지, 할머니다.

표 19. 맞벌이 가구의 황혼육아 비율   단위: %

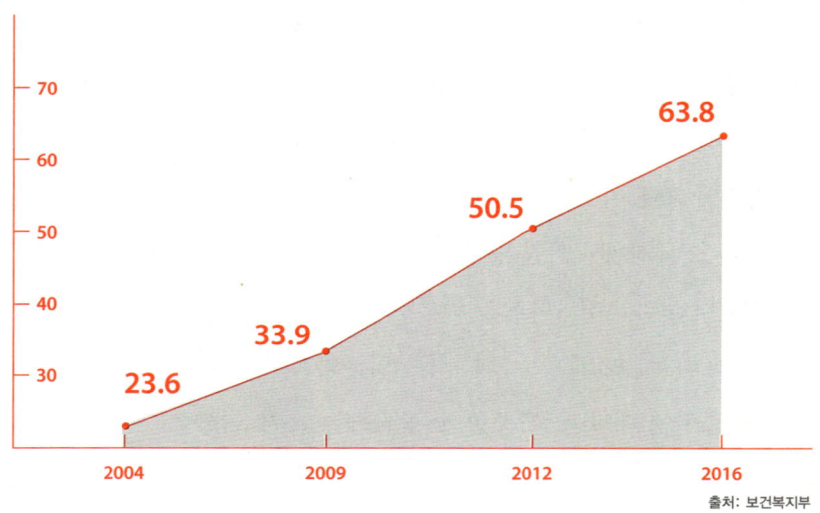

출처: 보건복지부

　보건복지부에 따르면 맞벌이 가구의 황혼육아 비율은 2004년 23.6%, 2009년 33.9%, 2012년 50.5%, 2016년 63.8%로 매년 급증세다. 맞벌이 가구 셋 중 둘은 조부모가 양육을 담당하고 있는데, 우리나라의 맞벌이 가구 수는 550만 가구다. 할머니, 할아버지가 황혼육아를 하는 것은 손주를 사랑해서이기도 하지만 다른 육아방법이 없기 때문이기도 하다. 육아휴직 제도가 있긴 하지만, 이 제도를 활용할 수 있는 사람은 극히 드물어 아직 한국에서는 사회가 육아를 책임져주지 않는다고 볼 수 있다. 조부모에게 기댈 수밖에 없는 이유다.
　이러다 보니 황혼육아가 스트레스가 되는 할머니들도 많아졌다. 한국여성정책연구원이 손자녀를 양육하는 조부모 500명을 대상으로 조사한 결과, 73.8%가 손자녀 양육을 그만두고 싶다고 응답했다. 그만두고 싶은 이유로는 '육체적으로 너무 힘들다'는 것이 44.4%로 가장 높았다. 손자녀 양육 때문에 건강에 문제가 생기거나 우울감을 겪는 노인들이 많다고 한다. 오죽하면 자녀의 출산을 앞둔 예비 할머니들이 스트레스를 받기도 한다. 양육 과정에서 양육방법을 둘러싼 세대차이도 발생하고, 고된 노동으로 육체적 피로도 심하다.

이런 상황에서 더 이상 공짜 양육은 없어졌다. 황혼육아에 대한 대가가 당연해지고 있다. 보모나 베이비시터를 쓰는 데 드는 비용을 조부모에게 주는 것이다. 2015년 보건복지부 산하 육아정책연구소의 조사에서도 황혼육아에 돈을 지불해야 한다는 응답이 77.6%였다. 노인정이나 복지관, 동창회에서도 양육비 시세는 중요한 대화 주제가 됐다. 평균 액수는 주 5일 12시간 정도에 월 100만~150만 원이고, 주 5일 24시간 이상이라면 보모의 월급과 맞먹는 수준인 200만 원 이상으로 훌쩍 뛴다. 여기에 손주의 분유값과 기저귀값 등의 비용은 별도다. 중요한 사실은 얼마를 받느냐가 아니라 과거에는 손주라는 이유로 또는 자식한테 돈 이야기를 꺼내는 것이 껄끄럽다는 이유로 제대로 된 대가를 받지 못했던 관행이 사라지고 있다는 것이다.

조부모 양육은 한국만의 상황이 아니라 글로벌 트렌드이기도 하다. 미국과 영국 등에서도 할머니가 손주의 육아를 전담 혹은 부분적으로 도와주는 비율이 50% 이상으로 추산된다. 그래서 각 정부에서는 조부모 양육에 대한 지원을 하는 경우가 늘고 있다. 호주에서는 정부 차원에서 시간당 비용을 지원하고 있고, 일본에서는 3대가 같이 사는 가구에 주택 보조를 해주기도 한다. 한국에서도 여러 지자체가 지원 프로그램을 만들었는데, 가령 서울의 서초구는 손주돌보미 서비스를 시행해, 조부모들이 육아 전문가에게 최신의 보육방법을 교육받는 프로그램도 만들고, 한 달에 40시간씩 직접 손주를 돌보면 최대 24만 원의 수당을 제공한다.

노인 기준을 70세로 하면 안 되는 걸까?

이 말을 노인들이 가장 싫어한다고 오해하는 사람들이 있는데, 그건 아니다. 한국보건사회연구원이 주관한 '2017년 노인실태조사'(2017년 4~11월 전국 1만 299명의 65세 이상 노인을 면접 설문한 결과)에 따르면, 70세 이상부터 노인이라는 인식이 86.2%였다. 조사대상 노인 10명 중 9명이 70세는 넘어야 노인이라고 생각한다는 것이다. 이는 2008년 68.3%보다 크게 높아진 수치다. 현재 노인들 스스로도 65세를 노인 기준으로 인식하지 않는다는 이야기다. 게다가 10명 중 3명은 75세 이상을 노인으로 인식하고 있다.

우리나라에서 노인을 65세 이상으로 규정한 것은 1964년부터다. 무려 54년 전이다. 당시 우리나라 인구의 기대수명이 50대 초반이었고, 현재 기대수명이 80대 중반이 넘는 현실을 감안하면 노인 기준이 65세라는 것은 말이 안 되긴 한다. 하지만 한번 만들어진 기준을 바꾸는 것은 그 기준으로 손해를 보는 사람들의 저항 때문에 쉽지 않다. 65세부터 지하철 무임승차 등 노인에게 혜택이 주어지다 보니 노인의 기준을 70세로 조정할 경우 65~69세 노인들의 반발을 살 수밖에 없다.

　노인 기준으로 65세에서 그 이상으로 상향하려는 논의나 시도는 아주 오래전부터 있어왔지만 번번이 실패했다. 정치권에서 노인 유권자의 표를 의식했기 때문이다. 2015년에는 대한노인회에서 노인 기준 연령을 70세로 하자는 제안이 나오기도 했지만 노인들의 반발로 흐지부지되었다. 2019년 2월, 대법원에서 육체노동 나이를 기존 만 60세에서 65세로 판결했는데, 이는 정년 연장과 노인 기준 상향으로 이어질 법적 기준을 만든 셈이다. 2019년 1월에는 보건복지부 장관이 노인 기준을 점진적으로 70세까지 상향 조정하자는 제안을 하기도 했다.

　참고로, 65세를 노인 기준으로 삼은 첫 번째 사례는 1889년 독일이었다. 당시 수상 비스마르크Otto von Bismarck가 세계 최초로 노령연금법을 제정하였는데, 노령연금 지급 대상을 65세 이상으로 정하면서 이런 기준이 생겨났다. 당시 독일인의 평균수명이 42세 정도였으니, 노인 기준은 평균수명보다 한참 높은 나이에 도달하는 셈이었다. 이후 UN이 노인의 기준을 65세로 정한 게 1950년이었다. 2015년에 UN은 80세 이상을 노인으로 보자고 제안했다. 당시 평균수명 측정 결과를 바탕으로 18~65세를 청년, 66~79세를 중년, 80~99세를 노년, 100세 이상을 장수노인으로 하자는 것이었다. 노인 기준은 바뀔 필요가 있다. 이미 일본과 북유럽을 비롯한 선진국에서는 노인 기준이 70세 또는 68세 정도로 바뀌었고, 더 상향하자는 움직임도 계속되고 있다.

나이가 들면
무조건
꼰대가 되는 걸까

11.

표준국어대사전에서는 '꼰대'를 '늙은이나 선생님을 이르는 은어'라고 설명한다. 꼰대라는 말의 어원을 두 가지로 보는데, 첫째는 번데기처럼 주름이 자글한 늙은이를 뜻하는 영남 사투리 '꼰데기'다. 그리고 일제 강점기 때 백작과 자작 같은 작위를 수여받은 친일파가 자신을 백작을 뜻하는 프랑스어 콩테comte라 불렀고, 사람들이 이들을 비하하며 일본식 발음으로 꼰대라고 불렀다는 설이다. 중요한 것은 둘 다 나이와 권위가 있는 사람, 즉 연장자이자 윗사람을 비하하는 말로 썼다는 점이다. 동방예의지국이라며 나이 서열을 중요하게 여기고 윗사람 존대를 깍듯이 하는 우리나라에서 윗사람을 비하하는 데는 그만한 이유가 있을 것이다. 어른으로서 책임 지고 모범을 보이지 않으면서 권위와 나이만 내세워 자신의 생각을 일방적으로 강요하는 것에 대한 저항인 셈이다. 꼰대는 아랫사람이 윗사람에게, 즉 약자가 강자에게 부를 수 있는 저항적 표현이다. 당연히 꼰대의 조건에 나이와 지위는 필수적이다.

꼰대는 어떻게 만들어지는가?

나이가 많다고 다 꼰대가 되는 것은 아니지만, 꼰대 중에는 나이 많은 사람들이 상대적으로 많은 것은 분명하다. 그리고 직급도 상대적으로 높은 경우가 많다. 자신이 현재 그 위치에 오르기까지 엄청난 세월과 고통이 따랐다고 생각할수록 자신의 생각과 신념이 곧 정답이고, 다른 사람들도 자신의 신념을 따라야 한다는 강박에 빠진다. 나이를 먹어갈수록 경험과 기억이 쌓인다. 자신이 쌓은 수많은 경험과 기억, 그리고 성과들이 현재의 자신의 사회적 위치나 경제력, 정체성 등을 만들어내는 것이다. 그 대단한 것이 인성으로 쌓이지 못하고, 서열과 힘이 생겼다고 생각하는 사람이 꼰대다. 나이와 지위가 있으니 다른 사람에게 무엇을 강요했을 때 먹히는 상황이 생긴다. 꼰대 자신도 어렸을 때 윗사람에게 당했던 일이기도 하다.

한국사회처럼 나이가 서열이 되는 사회에서는 나이차가 있는 관계에서 수평적 소통은 어렵다. 수직적 위계구조에 의한 하향식 일방 소통에 능한 기성세대가 많다 보니 나이 먹으면서 자연스럽게 꼰대가 되는 경우도 많다. 동서양을 막론하고 마찬가지다. 다만 우리나라는 나이에 따른 서열화가 견고한 데다, 존대말과 반말이 확연히 구분되는 언어체계를 가졌다. 아울러 상명하복의 군대문화를 경험한 기성세대 남자들은 꼰대화되기가 더 쉽다. 이들이 나이 어린 후배와의 수평적인 관계를 받아들이는 것은 어렵기도 하다.

이들은 자신이 불리할수록 나이라는 무기를 더욱 강력하게 쓴다. 사실 악의 유혹이기도 하다. 논리적으로, 합리적으로 설득시키지 못할 때 나이와 지위는 무슨 마법처럼 상황을 평정시켜버린다. '내가 왕년에~' '내가 너희 나이 때는~' '내가 그 나이였으면~' 같은 말이 무기처럼 쓰인다. 꼰대가 되기 쉬워지는 이유는 과거를 잊지 못해서다. 이들은 자신이 경험하고 검증한 과거의 성과나 기억들을 무기처럼 내세운다. 이들은 새로운 변화를 받아들이기보다 이미 익숙해진 것을 고수하려 든다. 시대착오적인 신념을 많이 가질 수 있다.

회사에서 리더가 이런 태도를 가졌다면 비즈니스에서 심각한 위기를 맞는다. 세상은 바뀌었는데 과거에만 사로잡혀 있으니 말이다. 성희롱이나 언어폭력으로 설화를 겪는 꼰대들이 점점 늘어간다. 여전히 문제를 일으킨 꼰대들은 '다 너 잘되라고 그런 것이다' '같이 웃자고 한 이야기인데 뭘 그리 정색하느냐' '동생 같아서, 자식 같아서 그런 건데'라는 변명을 한다. 그리고 속으로는 엄청 억울해한다. 또래들 사이에선 동조해주는 꼰대 친구들도 많다. 과거에도 똑같은 말, 아니 더 심한 말을 했지만 그땐 괜찮았다. 문제가 없어서가 아니라 한국사회 자체가 기형적이어서 그런 문제를 제대로 해결하지 못해서 넘어갔던 것뿐이다. 하지만 이젠 달라졌다.

나이와 지위가 높다고 다 꼰대가 되는 것은 아니다. 시대 변화에 적응하지 못하는 자가 꼰대가 된다. 그들은 시대적 흐름에 적응하지 못하고, 여전히 나이 서열 중심의 수직적 위계구조라는 과거의 관성에 따라 살아간다. 꼰대가 무슨 대단히 사악하고 못된 사람들을 이야기하는 게 아니다. 새로운 변화와 도전하는 젊은 세대 때문에 불안해하고, 미래에 대한 위기감을 가진 것뿐이다. 불안하고 위기감에 사로잡히다 보니 믿을 것은 자기가 쌓아놓은 지위와 나이뿐이고, 이걸 강조해가며 주도권을 유지하려 애쓴다.

공부하지 않는 자, 꼰대가 된다. 386 꼰대가 제일 무섭다. X세대 꼰대도 무섭다. 이들은 나름 자신은 젊은 척, 쿨한 척하면서 꼰대질을 하기 때문이다. 심지어 20대 어린 꼰대도 있다. 20대는 기성세대에게 꼰대질하는 게 아니라, 또래나 후배에게 꼰대질을 한다. 물론 이런 꼰대들은 도태될 수밖에 없다. 밀레니얼 세대, Z세대가 기성세대와 달리 나이와 지위만 믿고 꼰대질하는 상사나 선배에게 그리 관대하지 않기 때문이다.

한때 신세대였던 X세대는 왜 꼰대화를 피하지 못했을까?

X세대는 1990년대에 신세대로 불렸다. 당시 그들은 20대였고 기성세대로선 이해하기 힘든 '요즘 것들'이었다. 그 어떤 세대에게도 붙여본 적 없는 이름이 바로 신세대였다. 얼마나 새로웠으면 그랬을까 싶다. 소비에서도 해외 브랜드를 적극 받아들였고, 당시 기성세대에겐 양담배라 불렸던 말보로 같은 수입담배를 거리낌 없이 피웠다. 소비에서 애국심이 중요하던 기성세대와는 많이 달랐다. 해외 패션 트렌드도 적극 받아들였으며, 과감한 패션을 통해 신세대 패션이란 말을 만들어내기도 했다. 해외 대중문화를 탐닉하고, 배낭여행으로 대표되는 해외여행을 다니고, 해외유학, 어학연수를 본격적으로 시작한 첫 세대다. 기성세대로선 엄두도 못 낼 일들을 신세대는 과감히 받아들였다. 그래서 당시 기성세대로선 신세대인 X세대가 두려웠을 수 있다. 말을 안 들어서도 두렵고, 잘 몰라서도 두렵고, 자신들이 하지 않는 것을 하니까 두려웠다. 그들이 세상을 다 바꿔놓을 것만 같았으니 두려웠을 수 있다. 물론 당시 꽤 많은 걸 바꾸긴 했어도 세상이 바뀌진 않았다.

한때 신세대였던 그들이 이젠 기성세대가 되었다. 그들은 지금 40대이고, 빠른 X세대 중에선 50을 코앞에 둔 이들도 있다. 회사에서도 과장, 차장, 부장, 심지어 상무까지 단 경우도 있다. 수많은 사원, 대리급 후배들을 거느리기도 하고, 의사결정을 해야 할 위치에 있기도 하다. 심지어 재벌가 3, 4세 중에선 경영권을 물려받은 40대들도 꽤 있다. 더 이상 도전하는 신세대가 아니라, 주도권을 쥔 주류, 기성세대가 되었다.

지금 시대의 신세대는 밀레니얼 세대와 Z세대다. 특히 기성세대가 된 X세대와 신세대인 밀레니얼 세대가 함께 일하는 회사에서는 세대 차이에 따른 세대갈등이 생길 수밖에 없다. '요즘 애들은 왜 그렇지?'라는 이야기와 '꼰대들처럼 왜 그러지?'라는 이야기가 공존하는 게 현실이다. 분명히 신세대였던 X세대가 왜 신세대인 밀레니얼 세대와 세대갈등을 빚을까? 신세대라는 말이 당시 기성세대에 대비한 말이지 어떤 그룹을 영원히 지칭하는 말이 아니기 때문이다. 한번 해병만 영원한 해병일 뿐 한번 신세대는 그냥 그때뿐이다. 신세대는 늘 새롭게 등장한다.

과거의 신세대가 기성세대가 되면 새로운 신세대의 공격에 방어하려는 태도를 취하기 쉽다. 직장에서건, 친목모임에서건, 각종 선후배 사이에서건 우리는 나이로 서열화한다. 대부분의 기성세대는 이런 시스템을 받아들이고 유지하길 원했다. 나이 서열화 시스템의 수혜자이기 때문이다. 반대로 모든 시대의 신세대는 새로운 도전자로서 기득권에 저항하고, 자신들만의 새로운 답과 관점을 주장한다. 하지만 신세대가 더 합리적이고 효율적일지라도, 나이 서열화 시스템으로 인해 주도권을 잡을 수는 없었다. 그러니 신세대로선 나이 서열화 시스템을 깰 필요가 있다. 나이 따지고, 서열 따지는 문화를 꼰대문화로 규정할 수밖에 없고, 이를 배격하고 저항한다.

X세대도 자신이 신세대였을 때는 나이 서열화 문화에 저항했다. 더 과거로 가보면 모든 새로운 세대는 나이 서열화 문화를 극복하고 기성세대의 주도권에 대항해야 하는데, 철옹성 같은 문화 앞에서 엄두를 내지 못했다. 기성세대에게 복종하기를 처음으로 거부한 세대가 X세대였다. 하지만 이들도 나이 들고 기성세대가 되면서 대부분 자신의 과거 모습을 잊었다.

하지만 지금의 밀레니얼 세대는 과거 X세대보다 더욱 강력하게 저항하고 자신들만의 색깔을 퍼뜨리는 중이다. 아울러 깨질 것 같지 않던 우리 사회의 나이 서열화 문화도 크게 퇴색하고 있다. 기업들마다 수평화를 강력하게 추진하고 있고, 공유오피스 형태로 사무실을 바꾸고 애자일 조직문화를 적극 받아들이는 것도 그런 맥락이다. 한국 기업들은 십여 년 전부터 수평화를 위해 호칭을 바꾸어왔는데, 점점 더 강력한 수평화 방법들이 적용되고 있다.

이런 시대에 자라나는 사람들은 수평화를 더 자연스럽게 받아들일 수밖에 없다. 그 말은 밀레니얼 세대가 기성세대가 될 때는 적어도 X세대가 기성세대가 되었을 때보다 다음 세대와 수평화된 관계를 유지할 가능성이 훨씬 더 클 것이라는 이야기다. 이런 것이 진화다. 사회는 갑

자기 바뀌는 게 아니라 서서히 진화하는데, X세대의 등장이 우리 사회의 사회적·문화적·정치적 진화에 영향을 줬고, 그 뒤로 밀레니얼 세대의 등장이 이런 진화를 더 빠르고 전방위적으로 확산시키고 있다. 그 다음 Z세대, 즉 X세대의 자녀들이 2030대가 될 즈음이면 진화는 더 많이 이루어질 것이다.

모든 X세대는 아니지만, X세대 중 일부가 영포티가 되어 신세대의 정체성을 이어가며 진화했다. 스스로를 영포티라고 자부하는 이들이라면 절대 꼰대가 되어서는 안 된다. 꼰대질하는 영포티는 진정한 영포티가 아니다. 한때 신세대였지만 과거세대를 답습하는 그저 나이 든 사람일 뿐이다.

386세대는 아직도 민주화 세대인가?

한국적 특수 세대인 386세대는 1990년대부터 쓰이기 시작한 말인데, 1980년대에 대학을 다닌 당시 30대로서 1960년대(1961~1969) 출생자들을 말했다. 이른바 민주화 세대로서, 전두환, 노태우로 이어지는 군사정권 시절에 학생운동과 민주화 투쟁을 벌이고 문민정부를 이끌어낸 세대이기도 하다. 이들은 베이비붐 세대와 X세대의 중간 세대이면서 두 세대와 일부 겹친다. 386세대 중 1960년대 초반생들은 베이비붐 세대에 해당되고, 386세대의 가장 마지막인 1969년생(88학번)은 X세대에 오히려 더 가깝다. 과거에 이들이 가진 정치적 영향력 때문에 중요한 세대로 다뤄졌다. 이들을 386세대로 명명했던 1990년대부터 2000년대까지가 그들의 전성기다. 전대협, 한총련 등 1980년대 총학생회장들이 대거 정계에 진출하면서 386세대가 정치세력화되었다. 김대중·노무현 정부 때 중용되었고, 이후 문재인 정부에서도 중용되었다. 젊은 피로서 정치에 들어왔지만, 이제 그들도 50대로 기성세대가 되었다.

386세대는 이름이 계속 바뀐다. 2000년대에는 이들이 40대가 되었다고 해서 486세대라 불렀고, 2010년대 들어서는 586세대라고도 부른다. 나중엔 686세대라고도 부를 수도 있겠지만, 굳이 그렇게까지 해서 이들을 별도 세대로 분류해서 다룰 만한가는 생각해봐야 한다.

386세대는 특정 정치인들이 아닌 1980년대에 대학에 다닐 당시 민주화운동을 한 이들이다. 지금 50대가 되고 일부는 60대가 된 이들은 누군가의 부모로 자녀의 결혼을 걱정하고, 정년퇴직을 했거나 곧 할 사람들이다. 2000년대 부동산 호황기에 집을 사서 큰 이익을 본 수혜자들이기도 하다. 그래선지 나이를 먹으면서 이들의 정치성은 민주당이나 진보정치 세력이 아니라, 한국당과 보수당을 지지하는 이들도 늘어났다. 유권자의 연령별 지지율을 보면 확연히 386세대가 40대가 되고, 50대가 되고, 60대를 맞으면서 과거 386세대라 불렸던 사람들과는 달라지는 것을 볼 수 있다. 물론 그 나이대 모두가 386세대는 아니겠지만, 적어도 386세대라 부를 정도의 감정적 동조나 정치적 이해는 하고 있는 동년배임에 분명하다. 그럼에도 나이를 먹고 이해관계가 달라지면서 부동산정책이나 세금정책 등에서 보수정당을 지지하는 이들이 늘어났다.

물론 386세대라는 말은 386에 해당되는 정치인들을 부각시키기 위해 만들어진 정치적 수사이기도 하다. 386세대 정치인들 중에서도 정치성이 변한 이들도 있는데, 당시를 살았던 같은 또래의 변심쯤이야 문제도 아니다. 1970년대 민주화운동을 한 사람들도 정치권을 주도하던 적이 있었다. 그중에는 민주화운동을 했었다는 것이 의아할 정도로 변신한 정치인들도 있다. 나이를 먹고 스스로도 꼰대의 입장이 되고, 변화가 불편하고, 익숙한 과거가 좋고, 가진 것과 잃을 것에 대한 이해관계가 바뀌는 등 정치성이 바뀔 상황은 얼마든지 주어진다.

과연 이들은 여전히 정치적 영향력을 가진 세대일까? 386세대는 아직도 민주화 세대이자 개혁 세대일까? 이 질문에 결론부터 말한다면, 아니라고 말하고 싶다. 이제 그들은 혁신의 주체인 동시에 혁신의 대상이기도 하다. 그걸 받아들여야 진짜 민주화 세대다. 그들도 기득권을 가졌고, 정치적 이해관계에 얽혀 있다. 정치에서 도전자의 입장이 아니라 방어자의 입장이 된 것이다. 386세대였지만 꼰대가 되고, 과거세대가 보였던 부정과 탐욕을 서슴지 않는 이들도 있다. 우리가 알던 과거 386세대의 정체성은 이제 사라졌다고 해도 과언이 아니다.

이제 386세대는 베이비붐 세대에 포함시켜 이야기하는 게 맞다. 그들에게 실질적 이해관계보다 정치적 신념을 지킬 것을 요구하는 것 자체가 난센스다. 386세대 정치인은 정치권에 있을지언정, 1980년대에 가졌던 가치관이 그대로 586세대로 이어지는 것은 아니다. 안타깝지만 그때의 그들이 더 이상 아니다. 본인이 386세대라고 여기는 사람들에겐 속상한 이야기일 수 있겠지만, 그렇다고 그들이 586이 된 지금 변하지 않았다고 증명하는 것이 없다. 그냥 1980~1990년대 추억 속에서나 존재하는 사람들이라고 해도 결코 비약이 아니다.

부모가 되는 순간 인생의 가치관은 바뀔 수도 있다. 그래서 가장이 되고, 부모가 되어 현실의 벽에 굴복한 일부 386들을 굳이 변절이라 부르지는 않는다. 강남에 진입해서 고액과외를 받게 하고, 부동산에 투기하고, 각종 편법적인 행위를 아무렇지 않게 하는 386세대, 아니 한국의 5060대가 많다. 정치인들이 이러한 행태를 두고 물고 뜯고 힐난하지만 막상 현실에서는 직접 이런 일을 하면서도 문제의식을 느끼지 못한다. 현실을 살아가면서 지극히 당연한 선택 아니냐며, 자신에게 이익이 되는 일을 하는 게 인지상정이 아니냐며 반문하기도 한다. 다 가족을 위한 일이고, 자식을 위한 일이라는 명분으로 스스로에게 정당성을 부여하기도 한다. 재테크라면 다 정당화되고 용서되는 줄 안다. 정직하게 해서야 언제 돈 버느냐며, 남이 하면 불륜 내가 하면 로맨스식의 태도를 보인다. 슬픈 현실이다. 그들이 과거 20대 때 치열하게 민주주의와 정의를 외쳤던 걸 떠올려보면, 격세지감이 아닐 수 없다.

가장 진보적인 2030대를 보냈던 이들이 40대를 넘어서 보수화되는 걸 보면서 삶의 무게가 이렇게 무거운가 생각이 든다. 한국당 의원들 중에서도 한때 노동운동가였거나 민주화운동으로 투옥당했던 이들이 꽤 있다. 정치적으로 가장 치열하게 20대를 보낸 이들이 아마도 386세대일 것이다. 1987년 6월 민주항쟁을 겪은 세대이자, 군사독재 시절에 대학을 다니며 저항하며 민주주의를 갈망했던 그들이다. 그랬던 그들이 이제 50대 중후반과 60대 초중반이 되었다. 각종 선거에서 이들 연령대의 표심을 보면 정치성향으로는 보수에 가깝다. 이제는 변화보다는 안정에 더 지지를 보낸다는 것으로 볼 수 있고, 이미 그들이 이 사회의 기득권을 어느 정도 가진 기성세대가 되었다는 의미이기도 하다. 이를 두고 386세대를 변절자라고 하긴 무리다. 다만 그들은 나이의 변화, 즉 자기 입장에 맞는 현실적 포지션을 택한 것뿐이다. 가치관이 변했다기보다 현실의 무게감이 상대적으로 더 커서 그런 거다. 선택해야 할 여러 가지 길 중에서 가장 현실적인 것을 택하는 것은 보편적인 일이다. 그렇게 그들은 시대에, 사회에 적응했다. 세대를 바라볼 때는 그들의 전성기가 아닌 현재의 모습을 봐야 한다. 우린 과거가 아닌 현재를 살아가기 때문이다.

나이는 숫자라고 얘기하는 사람을 왜 경계해야 하는가?

'나이는 숫자일 뿐'이라고 말하는 사람들은 대개 나이가 많다. 나이 든 자신이 좀 더 젊은 척하기 위해서 나이를 숫자에 불과하다고 호기롭게 말하지만, 정작 그런 사람들 중에는 나이대접 받으려는 이들이 의외로 많다. 이들은 나이 적은 후배가 자신에게 깍듯이 존대하지 않으면 기분 상해하고, 자기보다 나이 어린 상사 아래서 일하는 것을 불편해한다. 나이가 숫자일 뿐이라고 이야기하려면 스스로 쌓아온 나이의 힘을 버려야 한다. 자신보다 나이 어린 사람을 아랫사람이라 여기는 태도를 버리고, 나이 어리다고 함부로 반말하거나 낮잡아보지도 말아야 한다. 한국사회는 나이 서열화 문화가 견고하게 지배하는 사회다. 만약 당신이 나이가 숫자라고 말하려면 한국사회가 가진 나이 서열화 문화에 정면으로 반기를 들어야 한다. 다시 말해 나이와 상관없이 동등한 인간으로서 서로 존중하며 어울릴 줄 알아야 한다. 요즘 밀레니얼 세대와 영포티들 사이에서 확산 중인 살롱문화가 그렇다. 그곳에 온 사람들끼리 서로 명함을 꺼내지 않고, 상대의 직업이나 지위, 나이를 이야기하지 않는다. 수평화하겠다는 이야기다. 신분제 사회임에도 불구하고 신분과 나이를 초월한 수평적 관계를 지향했던 17세기 프랑스의 살롱문화를 재현하는 셈이다. 한국사회가 유독 세대차이가 크고, 세대갈등이 심한 것은 나이 서열화 문화와도 무관하지 않다.

나이는 특별한 노력 없이도 모두가 공평하게 먹는다. 단지 먼저 태어났다는 이유만으로 서열의 우위를 점하는 사회적 관계는 병폐가 생길 수밖에 없다. 직장에서는 선후배 관계가 라인이 되어 사내정치를 하는 경우가 많다. 심지어 몇 살 차이 안 나는 대학 내에서도 나이 서열이 강력히 작용한다. 집단주의적 문화에 익숙한 이들이라면 이런 문화에 문제의식을 느끼지 못하겠지만, 개인주의적 성향을 가진 사람들에겐 아주 불편하기 짝이 없다. 필자가 대학생이던 20여 년 전에도 선배가 후배의 군기를 잡는다는 식의 태도가 영 못마땅했는데, 요즘 대학생들이라면 말할 나위도 없을 것이다. 물론 요즘 대학가는 예전에 비해 나이 서열화가 줄어들긴 했다.

나이가 어른을 규정하는 기준이 되어서는 곤란하다. 어른이란 살아온 경륜으로 현재와 미래를 볼 줄 아는 사람, 한마디로 혜안이 있는 사람이다. 이런 혜안은 나이와 무조건 비례하지는 않는다. 나이가 아무리 많아도 자기밖에 모르는 이기적이고 탐욕적인 사람은 절대 어른이 아니다. 오히려 나이가 어리더라도 어른이 될 수도 있다. 어른을 정의하는 가장 비중 있는 기준이 나이라는 것은 너무 비합리적이다. 영화 〈은교〉의 대사 중 "너희 젊음이 너희 노력으로 얻은 상이 아니듯, 내 늙음도 내 잘못으로 받은 벌이 아니다"라는 명대사가 있다. 노년의 거장 시인인 이적요의 말을 인용한 것이다.

대법원의 「사법연감」 통계에 따르면, 가족관계등록부 정정 신청 사건은 2011년 9430건에서 2014년 1만 300건으로 제도 시행 후 4년 만에 1만 건을 넘더니 2018년 1만 1422건까지 늘었다. 주로 가족관계등록부 내용 중 출생연도를 바꿔달라는 것인데, 초기에는 나이를 줄여달라는 소송 주를 이루었고 요즘에는 나이를 올려달라는 소송이 주를 이룬다고 한다. 왜 나이를 바꾸려는 걸까? 예전에는 50대들이 정년 연장을 위해 나이를 낮춰달라고 요청했다면, 요즘은 60대들이 연금 수급 시기를 조금이라도 앞당기려고 나이를 정정하고 있다. 연금재정 악화를 우려해 미리 받아놓으려 하는 이들도 있다. 실제로 가족관계등록부 정정 신청서 사유란에 '사회보장 혜택을 받기 위해서'를 많이 쓴다고 한다. 경제적 이득 앞에서는 나이도 조정의 대상이다.

네덜란드에서는 69세 남성이 40대로 나이를 낮춰달라며 소송을 걸기도 했다. 2018년 11월, 에밀 라텔반드라는 남성이 자신은 실제 나이보다 훨씬 젊은 신체를 갖고 있다며 출생일 변경 소송을 했다. 이름과 성별도 바꾸는 시대인데, 자기 나이를 자신이 결정할 권리가 있다는 것이 그의 주장이다. 물론 법원은 이를 기각했다. 법원 판결문에 따르면, 법적으로 나이를 기준으로 권리와 의무를 정하고 있는데, 개인이 마음대로 나이를 바꾸면 다른 문제를 초래할 수 있다는 것이다. 가령 투표권이나 결혼할 권리, 술을 마시거나 운전할 권리 등이 여기에 해당된다. 나이를 줄여달라는 요청을 허락하면 나이 늘려달라는 요구도 생길 텐데, 이는 사회적 혼란을 가중시킨다는 것이다. 에밀 라텔반드가 나이 정정 소송을 걸 때 밝힌 이야기 중에 흥미로운 것은 자신의 실제 나이를 이야기하면 데이트 사이트에서도 불이익을 받고 취업에서도 불이익을 받는다며, 나이만 정정해준다면 자기가 받고 있는 연금을 포기하겠다는 것이었다. 해프닝으로 끝난 소송이지만, 노령화사회에서 충분히 생길 수 있는 일이다.

중요한 사실은 점점 젊게 사는 사람들이 늘어나고, 노령화사회도 심화되면서 과거와 같은 자신의 신체나이가 곧 사회적 연령이 되는 시대는 끝났다는 점이다. 노인들이 중년의 건강 상태와 라이프스타일을 누리는 일도 비일비재하다. 나이를 바라보는 기준은 앞으로 바뀔 수 있다. 미래에는 노화방지 기술이 더욱 발달하여 노인이 젊은 사람 못지않은 피부와 건강 상태를 유지하는 일이 충분히 가능할 것이다. 그렇게 되면 나이를 둘러싸고 전혀 새로운 문제가 나올 수도 있다.

요즘 애들은 정말 버릇이 없는 걸까?

'요즘 애들은 버릇이 없다'는 것만큼 시대를 막론하고 통용되는 말도 없다. 기원전 1700년경 수메르 시대 점토판에도 '요즘 젊은이들이 너무 버릇이 없다'는 문구가 적혀 있다고 한다. 기원전 425년경 소크라테스도 "요즘 애들은 버릇이 없다. 부모에게도 대들고 스승에게도 대든다"라고 했다고 전해진다. 그리스의 고전 『일리아드』에도 "고대 장수들은 혼자서도 가뿐히 돌을 들어 적에게 던졌지만, 요즘 젊은이들은 나약해서 그러지 못한다"는 표현이 나오고, 중국의 『한비자』에도 "지금 덜 떨어진 젊은 녀석이 있어 부모가 화를 내도 고치지 않고, 동네 사람들이 욕해도 움직이지 않고, 스승이 가르쳐도 변할 줄을 모른다"라는 요즘 젊은이들에 대한 표현이 나온다. 소설가 조지 오웰George Orwell은 모든 세대는 자신들이 앞선 세대보다 더 많이 알고, 다음 세대보다 더 현명하다고 믿는다고 말한 바 있다.

굳이 동서양의 다양한 사례를 들지 않아도 우린 늘 '우리 때는 그렇지 않았는데 요즘 애들은 참 버릇이 없다'는 말을 직접 하기도 하고 많이 듣기도 한다. 그 정도로 누구나 요즘 애들에 대해 '버릇없다'라는 표현을 쓴다. 그렇다면 정말 요즘 애들은 버릇이 없는 걸까? 왜 동서고금을 막론하고 수천 년간 기성세대는 다음 세대인 젊은 세대에 대해 이런 시각을 계속 유지하고 있을까? 바로 세대차이 때문이다. 기성세대가 다음 세대의 변화를 못 받아들여서다. 세상은 늘 변화한다. 당연히 세대별 차이도 생긴다. 하지만 어느 시대의 기성세대든지 자신들의 방식과 삶의 태도를 따르지 않는 새로운 세대의 등장이 못마땅하다. 기존의 방식대로 살아오고, 그것을 통해 기득권을 가진 기성세대는 자신의 기득권을 지키고, 자신이 믿고 따랐던 방식을 다음 세대에게도 전수하고자 하는 욕망이 있다. 변화보다 기존에 익숙하던 것을 고수하고자 한다.

반면 다음 세대, 즉 신세대는 과거의 것이 아닌 새로운 현재를 원하며 변화를 도모한다. 결국 지키려는 자와 바뀌려는 자의 차이가 갈등으로 이어질 수 있는 것이다. 이때 등장하는 말이 바로 '요즘 애들은 버릇이 없다'는 이야기다. 그리고 동시에 '요즘 어른들은 말이 안 통한다'는 말이 나온다. 수천 년간 요즘 애들과 요즘 어른들 간의 세대차이와 세대갈등은 이렇게 이어지고 있다. 지키려는 자와 바뀌려는 자의 싸움 속에서 우린 계속 조금씩 바뀌어왔다. 그걸 진화라고 부른다. 결국 세대차이와 세대갈등은 필요하되, 세대 간의 간극을 좁히기 위한 방법을 찾는 게 중요한 셈이다.

버릇없는 요즘 애들과 말 안 통하는 요즘 어른들은 원하든 원하지 않든 간에 공존하고 있다. 서로 외면하고 살아갈 수도 없고, 그럴수록 자신에게 손해이기도 하다. 기득권을 갖고 있는 어른들은 방어자가 되기 쉽다. 그들은 자신이 가진 걸 지키기 위해 견고한 권위의 성을 쌓는다. 반면 가지지 않은 애들은 도전자이자 공격자가 되기 쉽다. 하지만 이 싸움에서는 누구 하나가 일방적인 승리자가 될 수 없다. 그러니 서로 적당한 선을 지키며 공방전을 벌이는 게 최선이다.

버릇없는 요즘 애들도 시간이 지나면 말 안 통하는 요즘 어른들의 위치에 서게 된다. 이래서 인생은 공평하다. 각자가 속한 세대의 입장만 고수하는 것은 근시안적이기 쉽다. 좀 더 넓은 관점에서 전체를 아우르는 시각이 필요하다. 어쩌면 어른스럽다는 것은 그런 관점을 갖춘 사람을 일컫는 말일 수 있다. 자기 세대만의 입장이 아니라, 우리 사회를 구성하는 모든 세대의 입장을 고려하는 것은 분명히 삶의 깊이가 만들어내는 어른스러움이기 때문이다. 하지만 늙은이는 많지만 어른은 사라져가는 시대라고 해도 과언이 아닌 지금 사회에서, 서로 다른 세대를 아우르는 어른들의 역할은 제한적일 수밖에 없다. 어쩔 수 없이 우린 버릇없는 요즘 애들과 말 안 통하는 요즘 어른들을 앞으로도 계속 만나야 한다.

나이가 많으면 트렌드에 둔감해지는 게 당연한 걸까?

밀레니얼 세대가 열광하는 핫플레이스를 정말 밀레니얼 세대들이 다 만든다고 생각하는가? 아니다. 4050대, 심지어 60대가 만드는 경우도 있다. 가령 독립잡지, 독립출판, 독립서점, 복합문화공간 등은 밀레니얼 세대가 열광하는 문화다. 밀레니얼 세대는 복합문화공간에서 재미있는 전시를 보고, 물건을 사고, 커피를 마시고 논다. 독립서점에서 독립잡지와 독립출판물도 사고, 사람들과 어울린다. 밀레니얼 세대가 열광하는 핫플레이스 중 하나인 복합문화공간 피크닉의 김범상 대표는 40대 중반이다. 이곳의 전시 기획도 그가 주도한다. 인기잡지가 된 매거진 B, 독립서점 스틸북스, 한남동의 핫플레이스 사운즈한남 등을 만든 조수용도 40대 중반이다. 독립출판, 독립잡지 등 하위문화에 집중하는 프로파간다 출판사의 김광철 대표는 50대 중반이다. 통의동 보안여관의 최성우 대표는 60세를 코앞에 둔 50대 후반이다. 유명 독립서점인 최인아책방의 최인아 대표는 50대 후반이다. 분명히 4050대가 만든 공간과 콘텐츠지만, 2030대가 열광하고 좋아한다.

그들은 어떻게 세대를 초월해 자기 또래들이 아닌 자기보다 한참 어린 세대의 감성을 공략할 수 있었던 걸까? 이들이 바로 영포티와 뉴식스티이기 때문이다. 젊은 사람들만 트렌디하다고 생각하는 것은 오해다. 새로운 변화에 관대한 사람은 나이와 무관하게 트렌디할 수 있다. 새로운 문화, 새로운 소비, 새로운 경험을 위해 시간과 돈, 노력을 계속 투자하는 사람들은 나이가 아무리 많아도 트렌디하다. 좋은 안목과 취향을 위해서는 시간과 돈, 노력을 투자해야 한다. 그래야 좋은 안목이 생기기 때문이다. 우리 사회에는 좋은 안목을 갖고 잘 자란 어른이 필요하다.

나이 많은 사람들 중에서는 본인이 트렌드에 둔감하고 세상 변화에 뒤처진 것을 부끄러워하지 않는 경우가 많다. 나이가 많아서 그런 거다, 그건 자기가 못해서 그런 게 아니라 다들 그런 거라면서 스스로 위안하지만 결코 그렇지 않다. 늙어간다는 것은 물리적 나이를 먹는다는 의미만 있는 게 아니라, 현재에서 소외된 채 과거에만 집착한다는 의미도 있다. '내가 왕년에'를 자주 이야기하는 사람들은 현재보다 과거를 살고 있는 사람이다. 그들은 현재를 살아가는 세대를 이해하려고 노력하지 않기 때문에 현재와 점점 거리가 생길 수밖에 없다.

세상은 계속 변한다. 변화는 거부한다고 해서 멈춰지는 게 아니다. 변화 자체를 인정하고 존중해야 한다. 자신이 이해하지 못하는 새로운 변화에 대해서는 거부할 게 아니라 인정하는 자세면 충분하다. 모든 변화를 다 따라 하라는 게 아니다. 그걸 따라 하는 사람들을 존중하고, 자신과 다르다는 이유로 그들을 공격하지는 말아야 한다. 이런 사람은 꼰대와는 거리가 먼 진짜 어른이다. X세대 중에서도 영포티, 베이비붐 세대 중에서도 뉴식스티는 나이가 들었지만 변화를 받아들인 사람들이다. 노인세대 중에서도 변화를 받아들인 새로운 노인들이 있다. 우리 사회가 점점 더 주목할 사람들이 바로 그들이다.

세대차이, 세대갈등, 세대 간 단절을 느끼는 사람일수록 과거에만 머물러 있는 사람이 많다. 내가 배웠고, 내가 경험했던 것만이 옳다는 맹신을 버려야만 세대차이와 세대갈등, 단절이 줄어들 수 있다. 나이는 많지만, 새로운 것을 적극 받아들이고, 자신의 주장만 고집하지 않을 수 있다면 여러 세대를 다 포용할 수 있는 사람이 된다. 이런 사람들이 가진 기회는 더 많아질 수밖에 없다. 절대 나이가 사람을 지배하지 않는다. 절대 나이가 든다고 다 꼰대가 되고, 나이가 많다고 트렌드에 둔감한 게 아니라는 사실을 나이 든 사람일수록 주목해야 한다.

왜
세대갈등은
과거에 비해
커지고 있는가

12.

과거에 세대 간 소통이 더 잘 돼서 그런 게 아니다. 나이 서열에 따른 하향전달식 소통은 예나 지금이나 여전하다. 다만 과거에는 젊은 세대가 기성세대의 주장과 요구를 무조건 받아들였고 지금은 그렇지 않다는 것이 다르다. 윗사람이 이야기하는 것에 맹목적으로 순종하는 문화에서는 세대갈등이 불거지지 않았다. 기성세대가 주도권을 쥔 시대여서 젊은 세대는 그들만의 문화를 가져도 사회 전반을 주도하지 못했고, 기성세대도 주도권을 뺏기는 상황이 아니어서 젊은 세대와 갈등을 드러낼 필요가 없었다.

하지만 지금은 온라인과 소셜미디어가 언론의 역할까지 흡수하며 젊은 세대가 뉴스, 사회적 주류 목소리를 크게 내기 시작했고, 기성세대의 주장과 요구에 주눅 들지 않고 논리적으로 반박하기 시작했다. 즉 세대갈등은 세대 간 소통이 안 되는 데서 생긴 문제가 아니라, 나이 서열에 따른 일방적 관계에서 벗어나려는 세대와 그 관계를 지키려는 세대의 이해관계 차이에서 발생하는 문제다. 사실 갈등을 일으키는 기성세대는 그때나 지금이나 크게 달라지지 않았다. 이른바 꼰대는 그때도 지금도 일방적이고 강압적으로 나이 서열 중심적 사고로 일관한다.

갈등을 피해가는 기성세대도 분명히 늘었다. 이들은 젊은 세대의 목소리를 들어주고 배려해주려는 태도를 가진다. 사회적 진화에 적절히 대응하는 세대와 그렇지 않은 세대로 구분되는 것이다. 과거와 달리 기성세대에게 순종하지 않는 새로운 세대, 과거세대의 관성을 무조건 따르지 않겠다는 새로운 세대의 등장 때문이기도 하다. 분명한 사실은 과거에 비해 세대갈등이 표면적으로 더 자주 드러난다는 것이다. 그만큼 우리 사회의 문제가 많아졌고, 과거와 다른 산업적·사회적·문화적 변화가 생겼다.

최근 몇 년 사이 우리 사회에서 세대갈등이 중요한 화두가 될 정도로, 세대갈등 이슈들이 계속 쏟아진다. 세대갈등을 부추겨 정치적 이득을 얻으려는 정치계도 일조하고 있고, 근본적 문제 분석은 하지 않고 표면적인 현상들을 세대갈등으로 부풀려 퍼뜨린 언론계도 일조하고 있고, 이들이 만들어낸 프레임에 영향을 받은 이들이 소셜미디어와 온라인에 끊임없이 퍼나르면서 세대갈등론은 더 힘을 얻어갔다. 최근 들어 밀레니얼 세대와 Z세대를 다룬 책들과 보고서들이 쏟아지고 있고, 기성세대들 사이에서도 젊은 세대를 이해하기 위한 노력을 본격화하게 된 것도 이런 세대갈등론의 영향이다. 분명히 세대 간 차이는 크다. 하지만 이걸 실체 있는 갈등이라 할 것인지, 아니면 실체 없는 갈등론이 만들어낸 가상의 갈등이라고 할 것인지는 따져봐야 한다.

한국인들에게 가장 큰 갈등은 무엇일까?

2018년 12월, 국민일보(공공의창, 리얼미터 공동)의 한국사회 갈등에 관한 여론조사 결과에 따르면, 가장 심각한 갈등으로 빈부갈등(35.4%), 이념갈등(22.4%), 성갈등(20.4%) 등을 꼽았다. 연령별로 보면, 20대는 성갈등(56.5%), 빈부갈등(22.2%), 이념갈등(9.3%), 세대갈등(1.6%) 순이었는 데 반해, 50대는 빈부갈등(44.8%), 이념갈등(28.1%), 세대갈등(13.4%), 성갈등(6.7%) 순이었다. 20대와 50대의 확연한 차이가 나는 것이다. 세대갈등은 밀레니얼 세대보다 베이비붐 세대가 더 느끼는 셈인데, 분명 나이 서열화 사회에서 나이 어린 사람들이 세대갈등으로 인한 피해를 더 많이 볼 수 있는데도 오히려 나이 많은 사람들이 더 문제라고 느낀다는 것은 자신들의 가치관과 다른 밀레니얼 세대에 대한 거부감이자 두려움일 수 있다. 밀레니얼 세대가 베이비붐 세대의 자녀 세대라는 점도 작용했을 것이다.

집에서 자녀들이 말을 안 듣는다고 세대갈등으로 받아들이는 것은, 자식은 당연히 부모의 말을 들어야 한다는 기성세대의 가치관이 위협받으면서 생긴 불만일 수 있다. 회사에서도 기성세대 직장인들이 가장 힘들어하는 것이 밀레니얼 세대 직장인들이 자기들 말을 잘 안 듣는 것이다. 상사에게 순종하는 태도가 사라졌다는 것을 불편해한다. 하지만 이러한 문제는 서로를 동등하게 보고 존중하면 사라질 수 있는 차이일 뿐이다.

하지만 나이 서열화를 당연시하던 기성세대로선 나이 어린 후배를 자신과 동등하게 본다는 것 자체를 받아들이기 어렵다. 나이 어린 상사 밑에서 일하는 걸 불편해하는 기성세대는 여전히 많다. 나이 어린 후배가 자신보다 일을 더 잘하거나 자기주장을 강력히 내세우는 걸 불편해하는 기성세대 상사가 존재하는 것이다. 사실 이것은 절대 세대갈등이 아니다. 일하는 방식에서 과거 조직문화와 새로운 방식이 충돌하는 것일 뿐이다. 기업들이 조직문화에서 애자일과 공유오피스화를 받아들이는 것도 새로운 방식에 손을 들어준다는 의미이고, 밀레니얼 세대의 방식이 좀 더 합리적이라는 의미이기도 하다. 사회적 진화가 급속화될수록 변화에 잘 적응하는 젊은 세대보다 뒤처지는 기성세대가 더 불안하고 불편하다. 이들은 이런 상황을 세대갈등으로 보기 쉽다.

"과거를 지배하는 자는 미래를 지배하고, 현재를 지배하는 자는 과거를 지배한다." 이 말은 조지 오웰의 소설 『1984』에서 나오는 빅브라더를 지배하는 절대권력의 당이 가진 슬로건이다. 현재는 과거와 무관하지 않다. 미래도 과거와 무관하지 않다. 과거의 주도권을 가진 이들이 현재와 미래에서도 그 주도권을 유지하려 들고, 현재의 주도권을 가진 이들은 과거마저도 바꿔놓을 수 있는 힘을 가진다. 역사는 이긴 자들의 기록이라 하지 않았던가. 이것은 단지 정치 이야기가 아니다. 과거와 현재, 미래는 늘 공존한다. 과거를 살았던 사람과 현재를 살아가는 사람, 미래를 살아갈 사람이 동시에 공존하기 때문이다.

시대는 세대를 낳고, 세대는 시대를 만든다. 그리고 모든 세대는 태어난 시점이 아니라 현재 시점을 동시에 살아간다. 서로 다른 환경에서 나고 자란, 서로 다른 이해관계와 가치관을 가진 이들이 서로 얽혀서 살아가는 게 현실이다. 그러니 서로에 대한 이해가 적을수록 갈등은 커질 수밖에 없다. 대부분의 갈등은 이해관계를 둘러싼 입장 차이에서 올 때가 많은데, 일자리 문제, 부동산 문제, 결혼과 출산율 문제, 연금과 노후 문제 등에서 발생하는 이해관계의 상충은 갈등이 되어서 나타날 수 있다. 물론 이것이 엄밀히는 세대의 문제가 아니다.

일자리 문제는 경제와 노동의 문제지만, 한정된 일자리를 두고 젊은 세대와 나이 든 세대가 다투는 형국으로 그려질 때가 있다 보니 우린 이 문제를 세대 충돌로 오해할 수 있다. 분명히 착시이긴 하지만 숲을 보지 못하고 나무만 보는 이들은 자신이 구조조정되고 명퇴당하는 판국에 신입사원이나 젊은 인재들이 입사하는 걸 보면서 그들에 의해 자신이 밀려난다고 오해할 수 있다.

반대로 젊은 세대로선 나이 든 세대가 정년 연장을 하고 더 오래 일하게 되면 그만큼 새로운 일자리가 생기지 않아 자신들이 들어갈 기회가 줄어든다고 오해하기 좋다. 일자리를 제로섬으로 보고 세대 간 대결구도처럼 그려내서 이런 오해가 생기는 것인데, 일자리를 더 만들어내고 경제를 성장시킬 방안을 찾기보다 세대 간 다툼으로 그려내는 것이 자신에게 유리하다고 보는 세력들이 이런 메시지를 적극 확산시킨다. 이들은 주로 언론과 정치세력, 그리고 기업이다. 일자리를 더 만들어내지 못하고, 기업의 성장과 경제성장을 이뤄내지 못한 책임을 지는 대신, 세대 간 대결구도를 통해 갈등을 확산시키는 셈이다. 기득권층이 자신들에게 향할 화살을 피하기 위해 일부러 세대갈등을 조장한다는 이야기가 괜히 나오는 게 아니다. 누가 빈부격차의 심화, 경제적 불평등의 수혜자인가?

누가 세대갈등 프레임을 원하는가?

한국은 빈부격차가 큰 나라다. 한국사회의 가장 큰 갈등으로 빈부갈등을 이야기하는 것도 당연하다. 빈부갈등, 즉 경제적 불평등에서 가장 큰 것은 소득격차다. 점점 상위, 하위 그룹 간 소득격차는 커진다. 그런데 소득격차는 생산성의 차이다. 더 많이 일하고, 더 힘들고 중요한 일을 하는 이들의 소득이 올라가는 것이기에 이런 차이를 없애는 것은 부당할 수 있다. 반면 부동산 소득은 엄밀히 불로소득이다. 가진 사람이 더 가지게 만들다 보니, 빈부격차를 심화시킨다. 노동을 통한 소득이 아니라 소유한 부동산이 만들어낸 수익은 경제적 불평등을 만들어내는 주범이다. 부동산 소득은 매매차익과 임대소득의 합인데, 한국은행이 제공하는 국민대차대조표와 행정안전부가 제공하는 취득세 자료를 통해 2016년 부동산 소득을 추산해본 결과, 505.7조 원이었다. 이 중 가계 및 비영리단체만 따로 분류해보면 358.3조 원이다. 이만큼의 부동산에 의한 불로소득이 빈부격차를 심화시키는 것이다. 결국 부동산 소득을 얼마나 환수하느냐에 따라 빈부격차 해소의 성패가 달려 있다고 해도 과언이 아니다. 정부의 부동산 정책에서도 이 점이 고려되어 보유세가 인상되는 것이다.

　이런 정책에 지지를 보내는 사람과 반발하는 사람의 차이는 뭘까? 부동산 소득으로 이득을 보는 사람과 그렇지 않은 사람의 차이일 수 있다. 집을 가진 사람들은 집값이 오르길 원한다. 반대로 무주택자는 집값이 내리길 원한다. 전자 중에는 기성세대가 많고, 후자 중에는 밀레니얼 세대가 많다. 지금 2030대로선 그동안 집값이 너무 크게 올라서 집을 살 엄두를 못 낸다. 베이비붐 세대가 2030대일 때는 적어도 집을 살 엄두는 냈다. 빚 내서 집 사도 계속 월급을 받으며 빚을 갚아나갈 것이고, 집값도 오를 것이라는 희망이 있었고 실제로도 그랬다. 하지만 지금 2030대에겐 그런 희망조차 사라졌다. 이런 상황에서 부동산을 바라보는 세대별 이해관계의 차이는 존재할 수밖에 없다.

자산에서 부동산 비중이 절대적인 노년층의 세금 부담과 집값 하락에 대한 불만도 분명히 존재한다. 취업도 어려운데 주거 불안정에까지 내몰리는 청년층의 불만도 분명히 존재한다. 노년층은 부동산 정책에서 자신들만 소외되었다고 불만이고, 청년층은 부동산 정책에서 자신에 대한 배려가 부족하다고 불만이다. 표면적으로는 세대 간 갈등처럼 보여질 수도 있지만 이는 부동산 불로소득, 주거안정의 문제가 핵심이다. 그동안 정치권에서 이 문제를 제대로 풀지 못해서 계속 문제가 커진 것이다. 빈부격차의 심화, 소수 기득권층의 이익의 강화에 의해 기성세대와 청년세대, 베이비붐 세대와 밀레니얼 세대 모두가 피해를 본다. 핵심은 세대갈등이 아닌데, 이런 갈등을 부추기는 세력의 목적은 진짜 문제를 푸는 것을 방해하는 것일 수 있다. 과연 진짜 문제 해결을 원치 않는 세력은 누구일까? 기존의 상황으로 이득을 보던 사람들이다. 뭐든 세대갈등의 프레임으로 문제를 보는 세력들이 가장 문제 있는 세력인 셈이다.

이는 일자리와 연금 문제에서도 드러난다. SKY를 포함한 서울 주요 대학 11곳의 2017년 평균 취업률은 67.2%였다. 교육부가 발표한 2017년 취업률은 수도권 대학 67.5%, 비수도권 대학 65.4%였다. 취업

률보다 더 심각한 것이 양질의 일자리 숫자다. 통계청에 따르면 업종별로 매출 400~1500억 원 이상인 기업의 일자리는 2015년 377만 개, 2016년 368만 개, 2017년 356만 개로 계속 줄고 있다. 전국경제인연합회 산하 한국경제연구원이 종업원 300명 이상 기업의 2019년 상반기 신규채용 계획을 조사한 결과, 채용 계획을 못 세웠다는 곳이 46%, 전년도와 비슷한 규모라는 답변이 27%, 채용 규모를 줄이겠다는 기업이 12.8%, 1명도 뽑지 않겠다는 기업이 7.1%였다. 채용을 전년도보다 늘리겠다는 기업은 7.1%에 불과했다.

게다가 신입사원 정기 공채를 없애는 기업들도 나오기 시작했다. 현대자동차가 공채를 폐지하고 수시채용을 전면 도입했는데, 한국의 대표 대기업의 결정은 다른 기업에도 영향을 준다. 사실 신입사원 정기 공채는 한국적 방식이기도 하다. 글로벌 스탠더드를 보더라도 수시채용, 부서별 채용이 보편적이다. 하지만 그동안 유지되던 관행이라서 이걸 폐지하는 데 청년층의 반발과 우려도 존재한다. 공채시험이 가장 공정하고 투명한 방식이라고 여기는 밀레니얼 세대가 많은데, 이는 치열한 경쟁구도 속에서 그나마 시험이 객관적으로 평가하는 데 좋은 수단이라는 인식 때문이다.

밀레니얼 세대는 취업청탁이나 부정채용 등을 가장 경계하는데, 이는 자신들의 능력이 아닌 부모 세대의 능력으로 기회를 차지하는 것에 대한 반발이다. 금수저 이야기가 나오는 것도 이런 이유다. 사실 기업에서 필요한 인재를 필기시험을 통해서 뽑는다는 것은 지극히 구시대적 발상이기도 하다. 시험점수가 업무능력을 평가하는 데 한계가 있기 때문이다. 그럼에도 불구하고 청년층의 반발과 불만을 고려해서 시험제도를 유지하는 경우가 많다. 청년층이 일자리를 두고 서로 싸우는 형국이다 보니, 기성세대가 누리던 선후배 간의 우정이나 대학생활의 낭만은 지금 시대에는 사라졌다. 서로가 경쟁자이기 때문이다. 이걸 두고서도 청년층 내에서의 세대 내 갈등으로 보는 경향도 있는데, 엄밀히 말해 일자리를 만들어내지 못한 경제구조의 문제다. 기업과 산업의 문제이자 이를 도와주지 못한 정부의 문제다. 정부가 일자리를 만들어내는 데는 한계가 있다. 결국 기업이 만들어내야 하고, 산업의 성장을 통해 만들어내야 한다. 이 문제를 풀지 않고, 부족한 일자리를 두고 경쟁하는 이들의 갈등을 부각시키는 것은 심각한 문제다.

일자리 경쟁도 세대 간 갈등으로도 변질될 수 있다. 통계청에 따르면, 60대 이상 취업자 수는 2007년 256만 명에서 2017년 409만 명으로 늘어났다. 20대(20~29세) 취업자 수는 2007년 406만 명에서 2017년 366만 명으로 줄었다. 한정된 일자리를 두고 60대 이상보다 20대가 덜 차지하고 있다고 보여질 수 있다. 하지만 20대의 일자리를 60대가 뺏어가는 게 절대 아니다. 60대 이상은 은퇴한 이들로서 생계를 위해 임시·일용직에 나선 경우가 많다. 20대가 하던 아르바이트 자리를 60대가 하는 경우도 늘어났다. 결코 양질의 일자리가 아니긴 하지만, 이를 세대 간 일자리 갈등으로 오해할 수 있다. 이것도 세대갈등이 아니라, 한국사회의 경제문제가 핵심이다. 여기서도 정치세력이나 언론들이 이런 세대갈등 프레임을 좋아한다.

국민연금을 둘러싼 세대 간 입장 차이도 존재한다. 국민연금 고갈이 예상되는 시점 때문이다. 정부가 제시했던 국민연금 개편안은 4가지였다. 첫째가 현행 유지, 둘째가 현행 유지하되 기초연금 40만 원으로 인상, 셋째가 소득대체율을 45% 상향하고 보험료율을 12% 인상, 넷째가 소득대체율 50% 상향하고 보험료율을 13% 인상하는 것이다. 첫째, 둘째 개편안을 적용할 경우 국민연금기금 소진 예상 시점이 2057년이고, 셋째 개편안을 적용할 경우는 2063년, 넷째 개편안을 적용할 경우 2062년이 된다. 사실 베이비붐 세대는 연금 고갈 시점이 두렵지 않다. 1955년생이 2057년이면 102세다. X세대는 조금 두렵다. 1972년생이 2057년이면 85세다. 밀레니얼 세대는 더 심각하다. 1990년생이 2057년이면 67세다. 누구나 덜 내고 더 받고 싶어한다. 아니 적어도 낸 만큼은 돌려받고 싶어 한다. 하지만 이 부분에서 불안감이 생길 경우 국민연금제도에 대한 불신으로 이어진다. 지금 노년세대로선 정말 조금 내고 엄청 받는다는 말이 맞을 정도로 수급자들의 혜택이 크다. 하지만 이들이 받고 있던 수준을 줄이자고 하면 반발이 거세진다. 뭐든 받던 걸 덜 받으면 빼앗기는 느낌이라 저항이 클 수밖에 없다. 결국은 아직 받기 전의 사람들의 것을 줄이는 게 반발은 그나마 적다.

우리나라는 저출산율로 인해 조만간 인구가 줄어드는 시점을 맞는다. 노령화로 인해 국민연금 수급자는 더 많아진다. 일자리도 줄어들 수 있기에 국민연금을 내는 경제활동인구도 줄어들 수 있다. 이런 상황이 연금 고갈의 배경이 되는데, 어떤 개편안이 적용되더라도 베이비붐 세대보다는 X세대가, X세대보다는 밀레니얼 세대가, 밀레니얼 세대보다는 Z세대가 좀 더 부담을 질 수밖에 없다. 사실 이 문제의 핵심도 세대갈등이 아니다. 국민연금의 운용 수익율이나 국민연금 제대 설계의 문제를 세대 간 대결구도로 보게 하면 안 된다. 하지만 이 문제도 세대갈등으로 부각시키는 이들이 있다. 일부 언론과 일부 정치세력이다.

세대갈등과 소통 단절로 누가 가장 손해를 볼까?

가치관 충돌은 쉽게 해결하기 힘든 문제다. 선과 악의 대결처럼 누가 잘하고 누가 잘못하고를 가리기 어렵기 때문이다. 각자의 입장에선 서로 다 정당하다. 이것은 옳고 그름의 문제가 아닌 상호 존중과 배려의 문제다. 차이를 인정하지도, 차이를 해소하기 위해 노력하지도 않는다면, 차이는 더 커지고 이는 불필요한 오해를 낳고 갈등을 만들어낼 수밖에 없다. 방치하면 더 심각해지는 것이 세대차이다. 서로 다른 세대가 각기 따로 존재하는 게 아니라 서로 어울려서 존재한다는 걸 잊어버리는 기성세대가 많다.

세대 간 가치관 충돌로 명절문화가 사라진다면 어떨까? 이런 상황이 되면 가장 속상한 사람들은 기성세대가 아닐까? 추석과 설은 한국인의 대표 명절이자 가족을 만나고 고향을 찾는 즐거운 날이었다. 하지만 명절에 스트레스를 겪는 이들이 하나둘 나오기 시작하면서 명절을 기피하는 사람들이 늘어나고 있다. 먼저 명절 스트레스를 겪은 이들은 주부였다. 남성 중심의 가부장적 문화에서 명절은 주부와 여성의 희생을 강요해왔다. 모든 것이 남편을 중심으로 이뤄지기에 명절에 친정을 못 가는 경우도 많았다. 과거에는 악법도 법이라며 따라왔다지만 지금은 그렇지 않다. 명절 이후 이혼율이 급증한다는 통계는 명절이 갈등의 날임을 단적으로 보여준다. 여성들의 명절 파업은 가부장적 문화에 대한 저항인 셈이다. 이것은 남녀 성별 대결이 절대 아니다. 결국 명절 상차림을 대행해주는 곳을 이용해 명절 가사노동에서 벗어나는 대안이 확산되었고, 아예 명절을 지내지 않고 해외여행을 가는 대안도 대두되었다.

명절 스트레스를 겪는 또 다른 부류가 자녀 세대다. 명절에 친척과 부모를 만날 자녀 세대 중에는 신혼부부도 있을 테고, 아직 결혼하기 전의 미혼남녀도 있을 테고, 갓 취업한 신입사원도 있을 테고, 취업 준비생도 있을 것이다. 이들은 명절에 '애는 언제 낳을 거니' '결혼은 언제 할 거니' '취직은 언제 할 거니' '연봉은 얼마나 되니' 같은 질문 공세 속에서 스트레스를 받는다. 이런 질문들을 일방적으로 던지는 이들은 친척이나 부모 등 나이가 많은 어른이다. 어른으로서 걱정되고 위하는 마음에 이런 질문을 한다고 하지만 거짓말이다. 정말 상대를 위한다면 상대의 상황과 마음을 헤아리는 게 먼저인데, 그런 것 없이 일방적으로 묻는다. 이것은 호기심 이상도 이하도 아니다. 이러다 보니 이런 상황을 겪지 않기 위해 명절에 고향에 가지 않고 여행을 간다거나, 호캉스를 하는 젊은 세대는 점점 많아진다.

젊은 세대를 독립적인 성인으로 존중하지 않고, 아랫사람 취급하며, 사생활을 전혀 존중하지 않는 기성세대를 밀레니얼 세대는 받아들이기 힘들다. 가치관의 충돌이 나는 이런 상황도 엄밀히 세대갈등이라기보다 예의 없는 기성세대의 소통능력 부재가 문제다. 세대 간의 다툼이 아니라 기성세대가 가진 일방적 잘못인 경우다. 나이 서열화는 기성세대에겐 지극히 당연한 문화지만, 밀레니얼 세대에겐 더 이상 당연한 문화가 아니다. 명절의 주도권은 당연히 기성세대가 가진다. 이런 상황에서 밀레니얼 세대가 할 수 있는 방법은 회피뿐이다. 결국 이런 상황이 지속되면 명절도 더 이상 존속하지 못한다. 전통은 다음 세대가 이어받아야 유지가 된다. 기성세대가 그렇게 좋아하는 명절, 가족, 고향, 가문 같은 가치를 훼손시키고 소멸시키는 주범은 결국 기성세대가 되는 셈이다.

세대차이를 방치하면, 세대갈등과 세대 단절이 생길 수밖에 없다. 노키즈존처럼 노노인존이 만들어지고, 20대는 20대끼리, 40대는 40대끼리, 70대는 70대끼리만 소통하며 자기들의 입장만 주장한다면 어떨까? 결국 그로부터 발생하는 손실은 다 한국사회가 감당해야 한다. 서로의 다름을 인정하라. 그것이면 충분하다. 군림하려 들거나 이용하려 들지 말고, 그냥 인정하고 받아들여야 한다. 차이는 차이대로 인정할 때 서로 공존할 수 있다. 그러기 위해선 나이 서열화에서 벗어나야 한다. 지역감정, 남녀갈등, 세대갈등 같은 기득권 유지나 정치적 이해관계가 만들어낸 대결구도로부터 벗어나야 한다. 근본적인 문제, 사회구조적 문제를 걸핏하면 서로 대치되는 그룹 간의 갈등구조로 풀어가는 방식에서 벗어나야 한다. 젊은 세대는 멋지고, 기성세대는 고루한가? 젊은 세대는 혁신적인데 기성세대는 꼰대인가? 사실 이런 이분법적 구도도 버려야 한다. 아니 버릴 수 있도록 기성세대의 변신이 필요하다. 우린 태어난 시점이 아닌 지금 현재를 살아간다. 모든 세대는 같은 시점에 동시에 살아간다는 것을 잊어선 안 된다.

분명히 세대 간 차이도 있고, 일부에선 세대갈등도 있고, 때론 세대 간 충돌도 있다. 하지만 여기선 갈등과 충돌은 서로 다른 세대를 누르고 이기겠다는 게 아니라, 자기 세대의 목소리를 높이고, 이해를 관철시키는 것에 있다. 이런 갈등과 충돌의 진짜 목적은 서로 공존하기 위해서다. 일방적인 관계가 아니라, 서로를 인정하고 존중하며 상생하는 구도를 만들기 위해서다. 하지만 절대 세대전쟁은 없다. 만약 세대전쟁 프레임을 강조하는 사람이나 세력이 있다면, 그들을 멀리해야 한다. 사회적·경제적·구조적으로 다양한 문제가 갈등의 원인이 되는데, 이런 진짜 원인을 외면한 채 모든 걸 세대문제로만 돌리는 것은 악의적 의도가 있거나 무지한 것이기 때문이다.

대한민국 세대공선 보고서

참고문헌

밀레니얼 세대 신입사원 특징, 2019.1, 사람인
퇴사자 현황과 변화, 2018.3, 사람인
2017년 신입사원 채용실태 조사, 2017.6, 한국경영자총협회
"노래방까지 화려한 2차" 찬성 0.5%뿐, 2018.2.1, 동아일보
新정치세력으로 떠오른 '밀레니얼 세대', 2018.10.24, 문화일보
공유주택 전성시대 우아하게 럭셔리하게…'나 혼자 산다', 2019.1.25, 매일경제
삼성전자 "모든 제품에 친환경 포장재 사용", 2019.1.28, 동아일보
"화장품택배 속 구김종이…뽁뽁이보다 비, 2019.2.25, 연합뉴스
"新 VIP는 나야나" '쇼핑 큰 손' 부상하는 20대, 2018.12.26, 머니투데이
"페미니즘 무장한 20대 여성은 집단이기주의"라는 대통령 직속 정책, 2019.2.27, 한겨레
"20대 남성 지지율 하락이 페미니즘 때문?", 2019.3.1, 프레시안
스웨덴의 16세 소녀가 노벨평화상 후보로 추천됐다, 2019.3.15, 허프포스트코리아
팔레스타인 잔다르크 타미미 "국제법정에 이스라엘 세우겠다", 연합뉴스, 2018.7.31.
직장선택 기준 1위 '경력직-연봉, 신입직-근무시간', 2017.3.27, 잡코리아
꼰대 사절, 고용 한파에도 1년 안 돼 사표 던지는 '요즘 것들', 2018.12.11, 메트로
구찌에선 이제 털을 볼 수 없다, 2017.10.12, 중앙일보
'구찌 르네상스' 일군 예술경영 … 'gucci하다'로 신세대와 소통해 매출 껑충, 2018.10.20, 중앙선데이
구찌, 30세 미만 직원들로 '그림자 위원회' 구성… 젊은 아이디어 모아, 2017.12.16, WEEKLY BIZ
다시 한번 왕좌에 오른 구찌, 2018년 3월호, VOGUE Korea
팰리세이드 누적계약대수 5만 5천대 돌파… 3040 아빠 마음 사로잡았다, 2019.3.15, 한국경제
자동차회사는 40대 남성을 믿는다, 2019.2.5, 한국경제
[2018 영포티 리포트 ②] 40대들 "아재 거부합니다"…멋내는 男에 전문관 우후죽순, 2018.7.5, 헤럴드경제
20대 브랜드 러브콜 받는 60대 모델 김칠두, 2019.2.18, 한경비즈니스
日 캠핑카 시장이 성장하는 이유는?, 2019.2.11, 프레스맨

참고문헌

자녀와 따로 사는 노인 더 행복하다…10명 중 7명 독립생활, 2018.12.24, news1
한국 노인 취업률 세계 1위인데…빈곤율도 압도적 1위 왜, 2018.9.28, 중앙일보
"자식한테 이런 대접 받을 줄은…" 이중 부양 마지막 세대의 분노, 2018.6.22, 한국일보
1주택 부모 vs 무주택 자녀 '부동산 세대갈등', 2018.9.27, 한국일보
"미래 대비 투잡, 2030은 유투버 4050은 자격증", 2018.12.26, 경향신문
편의점·공공 알바로 번진 '20 vs 60 전쟁', 2018.12.24, 한국경제
국민연금 개편안 대로라면 미래세대 최고 33.5% 보험료 부담, 2018.12.24, 연합뉴스
세대별 갈등 요인, 청년 '性' 장년 '빈부' 노인 '이념' 꼽아, 2018.12.10, 국민일보
"세대갈등 극심… '노키즈존'처럼 '노노인존' 나올 수 있다", 2018.11.22, 국민일보
누가 '세대 게임'을 함께 하자면, "의심하고 주저하자", 2018.12.03, 교수신문
"예쁜 쓰레기 들어봤나요?"…'라이프스타일숍'은 왜 대세가 됐나, 2017.7.25, 뉴시스
[대한민국 신입사원 리포트] '사표'를 품고 사는 청춘, 2017.5.29, 국민일보
캠핑보다 '서핑'… 나는 오늘 '하비자'로 간다, 2017.8.4, 한국경제
파도타기 짜릿함, 10초면 충분, 2017.7.30, 중앙Sunday
서핑은 스포츠? 아니다, 서핑은 패션이다, 2017.7.5, 중앙일보
호텔들 "밀레니얼 잡아라" 요가 공간은 필수, 2017.3.8, 미주 한국일보
골프의 나라 미국, 골프인구 줄어드는 이유?, 2014.8.1, 패션엔
아디다스, 자회사 테일러메이드 등 매각, 2017.5.10, 중앙일보
나이키·아디다스, 골프장비 사업 왜 포기했나?, 2016.10.10, 패션서울
[클라스업] X세대는 잘 자랐다! Y세대도 그럴 것이다!, 2017.8.14, 비즈한국
'미래 소비 주역' Z세대 겨냥한 CSR 핵심 전략 4, 2018.2.28, SAMSUNG NEWSROOM
['요즘 애들' Z세대] "'막연한 미래'보다 '오늘 하루'를 생각하죠", 제1173호(2018.5.23), 한경비즈니스
['요즘 애들' Z세대] 640만 명의 '디지털 원주민', 미래 소비지도 바꾼다, 제1173호(2018.5.23), 한경비즈니스
유튜브에 빠진 초등생, "안보면 말 안 통해요", 2018.7.16, 국민일보

유튜브 10대 사용시간, 카톡+네이버+페북 보다 많아, 2018.5.15, 지디넷코리아
유튜브의 힘… 월간 로그인 이용자 18억명 넘어, 2018.5.5, 연합뉴스
[江南人流] 아재들은 모르는 10~20대들의 '명품', 2018.12.20, 중앙일보
"섹스-술보다 가족과 함께"… 美-유럽 10대 '제너레이션 센시블', 2018.8.1, 동아일보
"선거권 연령 18세로 확대해야", 2017.1.20, 내일신문
연공서열 파괴, 세비반납 요구, 미 하원 청년세대 반란, 2018.12.30, 중앙일보
잘나가던 빅토리아시크릿에 무슨 일이… "불편한 속옷 싫다" 소비자 외면, 2018.9.2, 조선비즈
판타지 속옷은 그만! 2019 란제리 트렌드는 '포괄성', 2019.1.1, 패션엔
쓰레기를 줄여라 … 패션·뷰티 업계 업사이클링 바람, 2018.4.16, 중앙일보
잇단 총기난사에 뿔난 美 10대…미넥스트운동, 총기규제로 이어질까, 2018.2.21, 아시아경제
美 총기규제 돌풍 몰고온 10대…'수정헌법 2조' 넘을 수 있을까, 2018.3.4, 중앙일보
美총기협회에 등 돌리는 기업들…양대 항공사도 제휴 중단 결정, 2018.2.25, 연합뉴스
日, 성인연령 20→18세 법안 국회통과…술·담배는 20세 유지, 2018.6.13, 연합뉴스
유권자의 새로운 자격, 18세, 2017.1.4, 한겨레21 제1144호
'인기 유튜버' 대도서관이 밝힌 Z세대가 유튜브에 열광하는 이유는?, 2018.5.31, 한국스포츠경제
CBS '김현정의 뉴스쇼' 대도서관 인터뷰, 2018.5.21, CBS
10대는 유튜브로 세상을 읽는다, 제544호(2018.2.22), 시사인
2018 한국 'Z세대 사용설명서'… 나를 위해 소비하고 모바일쇼핑 선호, 2018.5.25, 한국경제신문
'부모 재산 증여받은 자녀가 부모 외면땐 재산 반환' 입법 추진, 2015.8.13, 법률신문
[아재슈머의 습격]5060세대 소비주체로…"나 위해 쓰고 손주에게 지갑 열고", 2016.7.19, 아주경제
할머니 모델 전성시대…보그 화보부터 명품 광고까지, 2016.5.15, 경향신문
패션 모델로 발탁된 60대 할아버지, 2016.6.10, 톱스타뉴스
2018년 골프장 산업 전망, 한국레저산업연구소
소셜 빅데이터 분석을 기반으로 한 서핑 열풍에 대한 트렌드 보고서, 2017.8, 이노션 월드와이드
청년의 첫 직장과 잠재경제활동인구, 2017년 11월호, 한국고용정보원 고용동향브리프

참고문헌

문재인 대통령 국정수행 지지도 조사결과, 2018.12.17, 리얼미터 발표(YTN 의뢰)
인정을 위한 저항 : 태극기집회의 감정동학, 김진욱, 허재영, 한국정치학회보 2018년 여름호
한국 고령자의 연령차별 경험과 노년기 인식 질적 연구, 김주현, 한국인구학회보 2015년 제38권 제1호
2018 고령자 통계, 통계청
장래인구추계, 통계청
6085 라이프스타일 보고서, 2016.7, 닐슨코리아
실버 모델과 중년의 패션 트렌드, 곽선영, 2016. 4, 한국패션협회(KFA) 패션컨텐츠
국가기록원 – 금기와 자율, 국가기록원
2018 청소년 통계, 2018.4, 통계청
연령별(시도) 추계인구(1970~2040), 통계청
인구주택총조사 기준_내국인 – KOSIS 100대 지표
『라이프 트렌드 2019 : 젠더 뉴트럴』, 김용섭, 2018.10, 부키
『라이프 트렌드 2018 : 아주 멋진 가짜 Classy Fake』, 김용섭, 2017.11, 부키
『라이프 트렌드 2017 : 적당한 불편』, 김용섭, 2016.11, 부키
『라이프 트렌드 2016 : 그들의 은밀한 취향』, 김용섭, 2015.11, 부키
『라이프 트렌드 2015 : 가면을 쓴 사람들』, 김용섭, 2014.11, 부키
『라이프 트렌드 2014 : 그녀의 작은 사치』, 김용섭, 2013.11, 부키
『라이프 트렌드 2013 : 좀 놀아본 오빠들의 귀환』, 김용섭, 2012.12, 부키
『세대 게임 – 세대 프레임을 넘어서』, 전상진, 2018.1, 문학과지성사
Generations: The History of America's Future, William Strauss, Neil Howe, 1991
유일무이한 Z 세대(Uniquely Gen Z), 2017.1, NRF/ IBM기업가치연구소
THE 2014 MILLENNIAL IMPACT REPORT, 2014.6, Achieve
The dumb-bell economy: inside the booming business of exercise, 2018.2.9, Financial Times
Feel Rich: Health Is the New Wealth, Peter Spirer, 2017, Documentary Film

Greta Thunberg nominated for Nobel peace prize, 2019.3.14, The Guardian
Defining generations: Where Millennials end and post-Millennials begin, 2018.3.1,
    Pew Research Center
Millennials love their brands, Gen Zs are terrified of college debt, and 6 other ways Gen Zs
    and millennials are totally different, 2018.7.12, Business Insider
Why I'm proud to be part of Generation Sensible, 2018.7.18, The Telegraph
2017 Cone Gen Z CSR Study: How to Speak Z, 2017.9, CONE Communications
Winter/Spring 2015 Cassandra Report: Gen Z, 2015.3, Cassandra
'Gen Z' ,2018, Barna/Impact 360 Institute
Millennials Rule, 2015.4.10, The Newark Times
Move Over, Millennials, Here Comes Generation Z, 2015.9.18, The Newark Times
Meet Alpha: The Next 'Next Generation', 2015.9.19, The Newark Times
The Complete Guide To Generation Alpha, The Children Of Millennials, 2016.12.21, Forbes

대한민국 세대물성 보고서

KI신서 8130

요즘 애들, 요즘 어른들

1판 1쇄 발행 2019년 4월 29일
1판 6쇄 발행 2020년 10월 26일

지은이 김용섭
펴낸이 김영곤 **펴낸곳** (주)북이십일 21세기북스
정보개발본부장 최연순
영업본부장 한충희 **출판영업팀** 김한성 이광호 오서영
제작팀 이영민 권경민
표지디자인 그래픽바이러스

출판등록 2000년 5월 6일 제406-2003-061호
주소 (우 10881) 경기도 파주시 회동길 201 (문발동)
대표전화 031-955-2100 **팩스** 031-955-2151 **이메일** book21@book21.co.kr

(주)북이십일 경계를 허무는 콘텐츠 리더

21세기북스 채널에서 도서 정보와 다양한 영상자료, 이벤트를 만나세요!
페이스북 facebook.com/21cbooks **포스트** post.naver.com/21c_editors
인스타그램 instagram.com/jiinpill21 **홈페이지** www.book21.com
유튜브 youtube.com/book21pub

서울대 가지 않아도 들을 수 있는 명강의! 〈서가명강〉
유튜브, 네이버, 팟빵, 팟캐스트에서 '서가명강'을 검색해보세요!

ⓒ 김용섭, 2019
ISBN 978-89-509-8087-0 13320

책값은 뒤표지에 있습니다.
이 책 내용의 일부 또는 전부를 재사용하려면 반드시 (주)북이십일의 동의를 얻어야 합니다.
잘못 만들어진 책은 구입하신 서점에서 교환해드립니다.